사랑과 정의의 하나님

Jürgen Moltmann
Der Gott der Liebe und der Gerechtigkeit

사랑과 정의의 하나님

위르겐 몰트만 지음
김 균 진 옮김

서울신학대학교 출판부

일러두기

1. 이 책의 번역은 Prof. Dr. Jürgen Moltmann의 강연 및 논문을 원본으로 사용했다.
2. * : 옮긴이의 주

들어가는 글

친애하는 유석성 총장님,
친애하는 동료 교수님들과 학생 여러분,

서울신학대학교 100주년 기념 학술대회에 저를 초청해 주셔서 큰 영광으로 생각합니다. 귀 대학의 우수한 두 신학자가 튀빙엔 대학교에서 저의 지도로 박사학위를 받았습니다. 그리고 제가 한국에 갈 때마다 기쁜 마음으로 귀 대학을 방문하였습니다. 그런데 귀 대학이 이미 1911년에 개교되었다는 사실을 저는 몰랐습니다.

그래서 여러분들의 백세가 된 모교(Alma Mater)에게 고개 숙여 경의를 표하며 튀빙엔 대학교 신학부의 축복의 인사를 전합니다.

한국의 기독교 신학이 더욱 더 성장하여 꽃을 피우고, 한국의 교회와 국민을 위해 좋은 열매를 거두기를 빕니다!

이제 여러분들께 말씀드리기 전에, 저는 한 가지 큰 기적에 대해 놀라움을 금할 수 없습니다. 우리는 지구 반대편에 있는 한국과 독일에서 살고 있습니다. 우리는 서로 다른 역사를 가지고 있고, 서로 다른 언어를 사용합니다. 그럼에도 불구하고 우리는 서로 잘 이해할 수 있습니다! 온 세계에 걸친 기독교계 안에 – "거룩한 사람들의 친교"는 아니지만 – "신학자들의 친교"가 있습니다. 이 친교는 시간과 공간의 한계를 넘어, 너무도 다양한 문화를 가진 사람들의 정신적 친교를 가져옵니다. 우리의 컨텍스트는 다르지만, 우리가 읽는 성서는 동일한 텍스트입니다. 우리의 문화는 다르지만, 동일한 성령이 우리로 하여금 하나님의 미래를 지향케 합니다!

현대의 세계화(Globalisierung) 훨씬 이전에 하나님의 성령은 너무도 세계적이어서, 예루살렘의 첫 오순절 집회에서 각 사람이 복음을 자기의 언어로 들었고, 여러 가지 다양성에도 불구하고 하나의 새로운 친교를 이루었으며, "한 마음과 한 영"이 되었습니다. 범세계적인 "신학자들의 친교"를 저는 이렇게 생각합니다: 그것은 모든 사람이 똑같이 생각하는 것이 아닐 것입니다. 만일 그렇게 된다면, 끔찍스럽고 지루한 일이 되겠지요. 범세계적인 "신학자들의 친교"는 모든 사람이 동일한 하나의 일, 곧 하나님의 일에 관해 작업하는 것이라고 저는 생각합니다.

하나님께서 그의 영과 진리로서 서울신학대학교를 축복하시길 빕니다. 하나님께서 여러분 모두를 축복하시길 빕니다!

위르겐 몰트만
Jürgen Moltmann

차 례

들어가는 글

1장. 하나님은 사랑입니다
   1. 죽음에 대한 사랑 18
   2. 하나님의 사랑의 신학 22
   3. 생명에 대한 사랑 29
     결 론 34

2장. 하나님의 이름은 정의입니다
   1. 신들의 법: 희생제물의 종교들 39
   2. 역사의 법칙: 카르마와 구약성서 44
   3. 상호성의 법칙: 공자와 모세 48
   4. 하나님의 선제적 호의성의 정의 52

3장. 평화의 하나님
   1. 영혼의 평화 64
   2. 평화의 정치 74

4장. 질병과 치료의 과정 속에서 그리스도에 대한 경험
   1. 다양한 관점에서 본 질병 88
   2. 다양한 관점 속에서의 건강 94
   3. 예수의 관점에서의 건강 99

　　　　4. 그리스도 경험으로서의 질병과 건강　101
5장.　하나님의 기쁨의 광활한 공간 속에서
　　　　1. 하나님의 기쁨　110
　　　　2. 인간의 삶의 기쁨과 고통　123
6장.　하나님의 거룩하심과 삶의 성화
　　　　1. 삶의 문제들　133
　　　　2. 하나님의 거룩하심　138
　　　　3. 생명의 성화의 모험　143
7장.　자비와 동정
　　　"내가 받을 자격이 없는 자비함이 나에게 일어났다"
　　　　1. 경험과 개념 정의　155
　　　　2. 자비로우신 하나님 – 하나님의 자비하심　157
　　　　3. 자비로운 사람 – 인간적인 자비　163
　　　　4. 이슬람과 불교에 있어서 자비　172
　　　　5. 자비로운 구조들이 있는가?　176
8장.　기독교 신학의 생태학적 미래
　　　　1. 새로운 인간상: 이 세계의 중심에서 우주적 통합으로,
　　　　　혹은 세계 지배의 교만에서 우주적 겸손으로　185
　　　　2. 하나님과 세계: 하나님과 세계의 구분에서 삼위일체적 창
　　　　　조론으로, 하나님 없는 세계에서 하나님 안에 있는 세계와
　　　　　세계 속에 있는 하나님으로　191

3. "우리 모두의 어머니가 되신" – "이 땅을 너희는 굴복시켜라?" 198

4. 자연신학: 계시신학의 전제인가 아니면 미래인가? 204

5. 감각의 영성 – 우리가 사는 삶의 신비 210

Der Gott der Liebe und der Gerechtigkeit 215~
(원문)

1장
하나님은 사랑입니다

하나님은 사랑입니다

모든 바람직한 기독교 신학은 성서와 함께 시작한다. 이에 우리도 성서와 함께 사랑의 신학을 시작하고자 한다. 고린도전서 13장에서 사도 바울의 "사랑의 노래(Hohelied)"를 읽을 수 있다:

"내가 사람의 모든 말과 천사의 말을 할 수 있을지라도,
내게 사랑이 없으면, 울리는 징이나 요란한 꽹과리가 될
뿐입니다.

내가 예언하는 능력을 가지고 있을지라도,
또 모든 비밀과 모든 지식을 가지고 있을지라도,
또 산을 옮길 만한 모든 믿음을 가지고 있을지라도,
사랑이 없으면 아무것도 아닙니다.

내가 내 모든 소유를 나누어줄지라도,
내가 자랑삼아 내 몸을 넘겨줄지라도,
사랑이 없으면, 내게는 아무런 이로움이 없습니다.

그러므로 믿음, 소망, 사랑, 이 세 가지는 항상 있을 것인데,
그 가운데 으뜸은 사랑입니다."(1-3, 13)

사랑은 가장 깊이있는 삶의 경험이다. 또한 사랑은 가장 깊은 하나님 경험이다. 사랑의 기쁨이 있는 바로 거기에 하나님이 계시기 때문이다. 여기서 말하는 사랑은 어떤 의미의 것인가? 에로틱한 사랑의 매혹적인 힘과 기독교적 이웃사랑, "자비심"(charity)으로 일컬어지는 자선을 의미하는 것인가? 기독교 역사에서 사람들은 사랑의 두 가지 형태를 구별하면서 하나를 "에로스"(Eros), 다른 하나를 "아가페"(Agape)라 일컬어 왔다. 그러나 이것은 타당하지 않다. 하나님은 오직 한 분이듯이, 단 하나의 사랑만이 존재한다. 신약성서에서 이 사랑은 "아가페"란 이름을 지니고 있다. 그러나 그것은 하나님 사랑과 이웃 사랑은 물론 남녀 간의 사랑 모두를 나타낸다. 그러므로 구약성서에 수록된 솔로몬의 아가서는 인간의 에로틱한 사랑도 "주님의 타오르는 불길"이라 부른다: "사랑은 죽음처럼 강하고, 그의 열정은 격렬하며 주님의 타오르는 불길이다"(아 8:6). 우리는 하나님께서 결합시키신 것을 분리해서는 안 될 것이다. 그래서 다음과 같이 말할 수 있다:

"에로스와 아가페가 서로 기뻐하는 바로 거기에 하나님이 거하신다."(ubi amor et caritas gaudent, ibi est Deus.)

항구도시 고린도*(현재 그리스 남단 지역의 도시)에 위치한 초대 그리스 도인들의 공동체는 대단히 훌륭한 오순절 공동체였다. 이 공동체는 우리가 교회에서 단지 꿈꾸기만 하는 모든 것을 가지고 있었다. 이 공동체는 하나님께 드리는 예배에서 사람의 말과 천사의 말로 찬양의 예배를 드렸다. 거기에는 하나님의 모든 비밀을 알고 모든 지식을 소유한 신학자들이 있었고, 산을 옮길만한, 곧 치유의 은사를 가진 신자들이 있었다. 그들은 "가난한 자들에 대한 하나님의 우선적 선택"도 이미 알고 있었다. 그들은 하나님의 이름으로 모든 것을 희생할 수 있는 마음의 준비가 되어 있었다. 그런데 그들에게 부족한 것이 있었다. 그것은 무엇이었던가? 공동체에 대한 신실함보다 경쟁의 원칙이 그들의 마음을 더 크게 지배하였음이 분명하다. 이에 교회 공동체 안에는 서로 편을 가르는 당(黨)과 분열이 있었다: "어떤 사람은 '나는 바울 편이다', 또 다른 사람은 '나는 아볼로 편이다'라고 말한다." 이것은 오늘날 우리 그리스도인들에게서도 일어나고 있다. 즉 어떤 사람은 루터교인이고, 어떤 사람은 장로교인이고, 어떤 사람은 성결교인이고, 어떤 사람은 감리교인이고, 어떤 사람은 예장통합(PCK)교인이고, 어떤 사람은 기장(PROK)교인 등으로 나누어져 있다. 따라서 이 교회 공동체 안에 있는 그리스도인들에게는 공동의 영보다 자기 자신이 더 중요했다. 이것은 우리가 살아가는 사회 안에서도 마찬가지다. 곧 자기사랑, 자기자랑, 자기중심주의가 사람들의 마음을 지배한다. 이기는 사람들이 있는가 하면, 패배하는 사람들이 있다. "욕망은 근사하고, 인색함은 쿨하다"(Gier ist geil und Geiz is cool). 그러므로 바울은 사랑의 찬미에 "나 자신"에 대한 비판을 첨가한다. 즉 "나는 아무것도 아닙니다", "내게는 아무런 이로움이 없습니다"라고 말한다.(고전 15:2, 3)

바울이 말하는 사랑은 사람들을 자기 자신 위로 들어올려 자기의 나(Ich)를 망각하게 하는 사랑이다. 우리가 우리 자신에게 사로잡혀 불안할 때, 우리는 우리 자신에 대해서만 염려한다. 그러나 사랑 안에는 불안이 없다. 키에르케골(S. Kierkegaard)이 영적인 "죽음에 이르는 병"에서 기술하듯이, 사랑하는 사람은 "절망적으로 내 자신일"(verzweifelt ich selbst sein) 필요도 없고, "절망적으로 내 자신이 아닐"(verzweifelt nich ich selbst sein) 필요도 없다. 내가 경험하는 사랑 안에서, 또 내가 이웃에게 베푸는 사랑 안에서 인정(Anerkennung)에 대한 욕구와 돈 그리고 소유에 대한 탐욕은 사라진다. 사랑 안에는 하나님의 온전한 기쁨이 우리 가운데 있다. 그러므로 다음과 같은 바울의 말이 옳다: 사랑이 없으면 인간이 베푸는 최상의 도움과 업적도, 최고의 종교적 감정과 가장 영리한 인식도 "울리는 징이나 요란한 꽹과리"처럼 속이 비어 있고 공허하다. 요란한 소음 – 그러나 그 뒤에는 아무것도 없다.

이제 우리는 바울의 말씀을 역으로 생각해 봄으로써, 그뒤에 무엇이 숨겨져 있는지를 보고자 한다. 바울은 사랑이 없으면 모든 것이 아무것도 아니라*(부정적 형태로)고 말한다. 그럼 사랑 안에서는 모든 것이 선하다*(긍정적 형태로) 고 말한다면, 바울의 말은 다음과 같이 들릴 것이다:

> 만약 나에게 사랑이 있다면, 나는 사람의 말과 천사의 말을 할 것이다. 왜냐하면 사랑은 이러한 말로부터 교회 공동체를 견고히 하고 주변세계의 기쁨을 위한 사랑의 콘서트를 만들어낼 것이기 때문이다.

> 만약 나에게 사랑이 있다면, 나는 하나님의 비밀을 알고 하나님 때문에 하나님의 지식에 관심을 기울일 것이며, 나의 신앙에 있어 그 무엇도 불가능하지 않을 것이다.

> 만약 나에게 사랑이 있다면, 가난한 자들은 나의 형제자매

가 될 것이며, 나는 병든 자들을 향하신 예수의 뒤를 따라 갈 것이다.

사랑 안에서 나는 더 이상 나 자신에 대해 질문하지 않고, 오히려 나 자신을 잊어버리고 열락을 누릴 것이기 때문이다.

우리가 하나님을 사랑으로 경험한다면, 이 모든 것이 우리와 함께 일어날 것이다,

1. 죽음에 대한 사랑

　모든 사랑이 좋은 것은 아니다. 사랑은 사랑받는 대상에 의해 결정된다: 돈을 사랑하는 사람은 돈에 탐욕스러운 자가 된다, 흡연을 사랑하는 사람은 흡연자가 된다, 명예를 사랑하는 사람은 명예에 얽매인 사람이 된다. 오직 생명에 대한 사랑만이 생명력 있게 만든다. 상호간의 사랑은 서로를 행복하게 만들고, 앞서 행하는 선제적 사랑(zuvorkommende Liebe)은 관대하게 만들며 새로운 것을 창조한다. 생명에 대한 사랑은 자신의 생명과 다른 사람들의 생명, 공동의 생명과 이 땅에 태어난 모든 생명체를 긍정한다. 그러나 생명에 대한 이 사랑은 거꾸로 전도되어 죽음에 대한 사랑으로 변할 수 있다. 그러면 파괴와 죽임에 대한 욕구가 일어나고, 결국 자신의 생명이 희생되는 죽음에 대한 욕구가 일어난다. 그러면 "죽음"은 파괴의 찬란한 신성(Gottheit)이 되어버린다. 이리하여 폭행으로, 파괴로, 방화(Verbrennen)로 그리고 죽임으로 초대하는 "죽음의 종교"가 생겨나게 된다. 이 "죽음의 종교"는 생명에 대한 사랑을 대적하는 실제적인 적이다. 그것이 자행하는 현존(Dasein)에 대한 부정은 현존에 대한 모든 긍정을 대적하는 실제적인 적이다.　세계의 멸망에 대한 죽음의 종교의 의지는 하나님의 창조의 의지를 대적하는 적이다.

　오늘날 인간의 생명 자체가 극도의 위험 속에 처하여 있다. 이 위험은, 생명은 언젠가 사멸하고 죽음의 위협을 당하기 때문에 일어나는 것이 아니다. 이것은 항상 있는 일이다. 인간의 생명이 위험 속에 처한 원인은 더 이상 사랑받지 못함에 있다. 제2차 세계대전 후 프랑스의 작가 알베르 카뮈(A. Camus)는 "생명이 더 이상 사랑받지 못하는 것은 유럽의 비밀이다"라고 진단하였다. 몰락해 가는 독일에서 전쟁의 마지막을 함께 경험한 모든 사람은 카뮈의 말이 옳다는 것을 알고 있다. 생명을 죽이는 일이 계속되었고, 인간의 생명은 아무 가치가 없었다.

a) 테러리즘

오늘날 우리는 새로운 "죽음의 종교"를 직면하고 있다. "너희의 젊은이들은 생명을 사랑하지만, 우리의 젊은이들은 죽음을 사랑한다"고 아프가니스탄의 탈레반 지도자 물라 오마르(M. Omar)는 서구세계의 기자들에게 장담하였다. 2004년 3월 11일 스페인 마드리드(Madrid)에서 대량 살상이 일어난 연후에 테러리스트들의 고백서가 발견되었다: "너희들은 생명을 사랑하지만, 우리는 죽음을 사랑한다." 이 고백은 자살 테러범들 속에 만연된 테러 이데올로기를 나타낸다. 이 테러 이데올로기는 "무신적" 서구세계를 조준하지만, 먼저 이슬람 세계 안에서 수많은 희생자들의 생명을 희생시켰다. 아프가니스탄이나 파키스탄에서, 이라크 혹은 팔레스타인에서 가능한 한 더 많은 사람들을 죽이기 위해 테러리스트들은 도처에서 자신의 몸을 공중 속으로 폭파시키고 있다.

파시즘이 횡행하던 유럽에서 우리는 "죽음에 대한 사랑"의 본보기를 볼 수 있었다: 파시즘을 신봉하던 한 나이 많은 장군은 스페인 시민전쟁에서 "죽음이여 만세(viva la muerte)"라고 외쳤다. 나치 독일 친위대(SS)도 이와 비슷한 구호를 가지고 있었다: "죽음을 주고, 죽음을 취한다(Den Tod geben, den Tod nehmen)." 죽은 사람의 "해골"이 그들의 표식이었다. 죽음을 사랑하는 사람을 우리는 죽음으로 위협할 수 없다. 그는 이 끔찍스러움을 초월하였다. 그래서 그는 죽고자 한다.

b) 위협

오늘 우리가 경험하는 테러의 이면에는 보다 더 큰 위험이 도사리고 있다. 모든 평화의 협약, 무장해제의 협약 그리고 핵무기 봉쇄협약들은 모든 참여자들의 살아남고자 하는 생존의 의지를 공통된 전제로 가진다. 모든 사람은 살고자 한다. 이것은 자명한 것이다. 그러나 만약 어떤 참여자가 생명 대신 죽음을 사랑하기 때문에 더 이상 생존하려 하지 않을 경우, 만약 그 자신의 죽음을 통해 하나님 없는 타락한 이 세계 전체를 자기 자신과 함께 죽음 속으로 파멸시킬 수 있을 경우, 과연 무슨 일이 일어날까? 오늘날까지 우리는 단지 자살 테러범들의 국제적 네트워크를 상대하고 있을 뿐이다. 그러나 만약 핵무기를 소지한 어떤 국가가 생존의 의지를 버리고 이 "악하고" "신앙이 없는" 세계를 파괴하기 위해 자살을 범할 경우, 과연 무슨 일이 일어날까? 만약 어떤 국가가 궁지에 몰리거나 삶에 대한 모든 희망을 잃어버릴 만큼 경제적 파산 국면에 이를 경우, 도대체 무슨 일이 일어날까?

위협은 적대자 자신이 생존을 원할 때에만 그 기능을 발휘할 수 있다. 그러나 "죽음과 함께 계약"을 맺은 사람은 "위협"의 끔찍스러움을 초월하였다. 그러므로 사람들은 그를 더 이상 위협할 수 없다. 종교적 동기에서 사악한 세상을 구원하기 위해 그 자신을 희생제물로 바쳐야 한다고 확신하는 사람은, 더 이상 죽음의 위협을 당하지 않는다. 자신이 파멸하더라도 핵무기와 함께 거대한 세계전쟁을 벌이고자 하는 사람은 이미 위협 저편에 있다. 그는 생명으로 전향되어야 한다!

c) 빈곤

오늘날 세계 어디에나 편재하는 생명의 침해는 국민의 사회적 빈곤화에 있다. 공생은 더 이상 사랑받지 못하고 있다. 40년이 넘게 우리는 언제나 또 어느 곳에서나 – 독일은 물론 한국에서도 – 모든 정치적 노력들에도 불구하고 "부자와 가난한 자 사이의 사회적 간극"이 점점 더 벌어지고 있다는 탄식을 듣고 있다. 제3세계의 가난한 국가들에서 소수의 부유한 상류층이 가난한 다수의 군중을 지배하고 있다. 그뿐 아니라 제1세계의 민주주의 국가들에서도 백만장자의 관리직 수입과 가난한 사람들을 위한 사회적 도움 사이의 간격은 기괴한 모습을 보이고 있다. 그러나 민주주의는 단지 시민들의 자유에 기초할 뿐 아니라, 그들의 평등에 기초한다는 사실을 우리는 유의해야 한다. 삶의 기회에 있어 사회적 정의와 생활환경의 적절한 균형이 없을 때, 한 사회의 공공복리와 그에 따른 사회적 단결은 소멸한다. 프랑스와 미국에서 민주주의 혁명이 일어난 이래로, 개인의 자유와 사회적 평등 사이의 균형은 국가가 감당해야 할 첫 번째 정치적 과제이다. 자유 없는 평등은 공산주의 국가들의 국가 사회주의로 발전하였다. 국가 사회주의는 1990년 좌초되었다. 그 반면 오늘의 평등 없는 자유는 모든 사회의 공공복리를 파괴하는, 민주주의에 적대적인 악성 자본주의로 유도한다. 형제애(Brüderlichkeit) 없이 자유와 평등 사이의 균형은 존재할 수 없다. 우리는 사회적 급경사 지대에서 살아가고 있다. 현대의 치열한 경쟁사회 속에서 승자는 사회적 사다리 위로 올라가고, 패자는 아래로 내려간다. 자신의 실존에 대한 불안은 양자를 모두 괴롭히는데, 먼저 패자가 괴로움을 당하지만, 승자도 괴로움을 당한다. 그러나 불안은 생명력이 아니라 죽음의 위협이다. 이 경우에 그것은 사회적 죽음의 위협이다.

2. 하나님의 사랑의 신학

우리 인간이 사랑이라 일컫는 모든 것은 하나님의 사랑에 초점을 맞추어야 한다. 이 세상에서 우리 인간이 경험하는 사랑의 결핍은, 하나님의 결핍이다. 하나님은 사랑이기 때문이다. 기독교에서 사랑은 아주 독특한 하나님 경험이다. 세계의 어떤 다른 종교도 기독교만큼 신의 존재를 사랑과 동일시하지 않는다.

그러나 우리는 어떻게 하나님을 사랑에 대한 생명의 경험과 결합시킬 수 있는가? 하나님은 높으시다. 모든 사람은 이것을 이해한다. 하나님은 거룩하다. 그것은 자명하게 이해된다. 하나님은 인간에 의해 파악될 수 없다. 모든 사람에게 이것은 자명하다. 그러나 왜 하나님은 사랑과 관계되어야 하는가? 지진과 쓰나미 같은 자연재해를 고려할 때, 혹은 인류의 역사에 일어난 끔찍한 전쟁들을 고려할 때, 모든 것을 인도하는 하나님이 존재하며 이 하나님이 사랑이라고 과연 누가 생각할 수 있겠는가? 그러므로 하나님 부재(Gottlosigkeit)와 현세의 삶에 대한 멸시는 아주 밀접한 관계에 있다.

내가 청소년기에 겪었던 전쟁의 경험을 돌이켜보면, 나는 오로지 예수로 말미암아 하나님 신앙을 갖게 되었다. 상실되어버린 사람들을 찾기 위해 오셨던 그분으로 말미암아 나는 하나님의 사랑을 경험했고 새로운 생명에 눈을 뜨게 되었다. 그분이 나를 찾으셨기 때문이다. 이제 나는 이것을 세 단계로 기술하고 싶다:

a) 예수의 보내심(Sendung)은 하나님의 사랑을 계시하시고 경험케 한다. 예수는 사랑받지 못하는 사람들에게 하나님의 사랑을 가져온다. 그는 병자들을 치유하시고 죄인들을 받아주시며 그들과 함께 음식을 나누신다. 그는 가난한 사람들에게 하나님 나라의 복음을 선포하신다. 병자들의 병이 치유될 때, 그들은 하나님의 사랑을 경험한다. 불행을 당한 사람들의 죄가 용서받을 때, 그들은 하나님께서 그들을 사랑하시고 미워하지 않는다는 것을 경험한다. 복음 속에서 가난한 사람들은 하나님께서 그들과 함께 하나님 나라를 이 땅 위에 세우고자 하심을 듣는다. 하나님 나라를 가난한 사람들에게 열어주고, 하나님의 능력을 병자들에게 가져오고, 하나님의 법을 죄인들에게 돌리듯이, 예수는 사랑없는 이 세상 속에 하나님의 사랑을 가져온다. 이 사랑은 앞서 행하는 선재적 (zuvorkommende) 사랑이다. 이 사랑은 병자들을 건강하게 하고 추한 것을 아름답게 하며 불의한 것을 바르게 고치는 사랑이다. 누구든지 예수를 만나는 사람은 하나님의 이 놀라운 사랑을 만난다. 이것은 예수 당시나 오늘이나 동일하다.

b) 예수의 십자가의 고난과 자기희생의 죽음은 하나님의 깊은 사랑을 계시한다. 그리스도는 우리와 함께, 우리를 위해 고난당하신다. 하나님의 사랑은 고난을 당할 수 있는 사랑이요, 하나님은 우리 가운데서 우리의 아픔과 괴로움 속에 거하신다.

기독교 신앙의 중심점에는 예수의 수난의 역사가 서 있고, 그의 수난의 중심점에는 하나님으로부터 버림받은 예수의 하나님 경험이 서 있다. 예수는 "나의 하나님, 어찌하여 나를 버리셨나이까?"라는 부르짖음과 함께 돌아가셨다. 이를 통해 그는 하나님으로부터 버림받은 수많은 사람들의 부르짖음을 자신 안에 받아들이셨다. 왜 하나님 곧 "예수 그리스도의 아버지"는 그 자신의 사랑하는 아들을 "버리셨는가?" 바울은 우리에게 이렇게 대답한다: 하나님은 우리를 향한 사랑 때문에 그렇게 하셨다. "자기 아들을 아끼지 않으시고 우리 모두를 위하여 내어주신 분이, 어찌 그 아들과 함께 모든 것을 우리에게 선물로 거저 주지 않으시겠습니까?"(롬 8:23)

얼핏 보기에 이것은 매우 잔인하게 보인다. 하나님은 자신의 아들을 "희생시키셨다"는 말인가? 그러나 하나님의 아들 예수께서 고난당하실 때, 예수가 "아바, 나의 사랑하는 아버지"라고 그토록 친밀하게 불렀던 하나님도 고난당하신다. 예수는 하나님으로부터 버림받음 속에서 죽음을 당하셨고, 그의 아버지 하나님은 아들의 죽음을 함께 당하신다. 예수의 수난은 하나님 자신을 사로잡는다. 이리하여 그의 수난은 하나님 자신의 수난이 된다. "나를 본 사람은 아버지를 보았다"라고 예수는 요한복음 14장 9절에서 말씀하신다. 그러므로 우리는 예수의 희생적 헌신 속에서 아버지의 헌신을 본다. 예수의 사랑 속에서 하나님의 사랑을 본다.

이것은 가장 깊은 사랑, 곧 자기헌신(Selbsthingabe)이다. "자기 형제들을 위해 자신의 생명을 내어주는 이보다 더 큰 사랑을 가진 사람은 없다." 그러나 이같은 그리스도의 헌신은 무엇을 위한 것인가? 이에 대해 두 가지 매우 중요한 답변이 있다:

b-1) 우리의 생명의 고통, 우리의 죽음의 불안 그리고 하나님에 대한 우리의 곤궁함 속에서 우리 가운데 거하시기 위해 그리스도는 자기를 희생하였다. 자신을 희생적으로 헌신하시는 그리스도는 우리의 형제와

자매가 되실 만큼 우리 가운데 한 사람이 되셨다. 그 무엇도, 그 누구도, 우리 자신마저도 하나님의 이같은 헌신적 사랑에서 우리를 분리시킬 수 없다:

> "나는 확신합니다. 죽음도, 삶도, 천사들도, 권세자들도, 현재 일도, 장래 일도, 능력도, 높음도, 깊음도, 그 밖에 어떤 피조물도 우리를 우리 주 예수 그리스도 안에 있는 하나님의 사랑에서 끊을 수 없습니다"(롬 8:38-39).

밤, 곧 죽음의 밤과 하나님의 암흑의 밤이 우리를 덮칠 때, 우리는 "그리스도께서 여기에 계시다!"라고 부릅시다!

b-2) 우리의 죄가 하나님으로부터 우리를 분리시킬 때, 우리 편에 서시기 위해 그리스도는 자기를 희생하였다. 그리스도께서 우리의 죄악을 "짊어지심"으로써, 하나님은 인간의 죄를 그 자신의 고난으로 돌리신다.

> "그는 우리의 질병을 짊어지시고 우리의 아픔을 자신에게 지우신다."

그것은 그 하나이다.

> "그가 찔린 것은 우리의 허물 때문이고, 그가 상처를 받은 것은 우리의 악함 때문이다. 그가 징계를 받음으로써 우리

가 평화를 누리고, 그가 매 맞음으로써 우리의 병이 나았다."(사 53:4-5)

이것은 다른 하나이다.

c) 십자가에 달리시고 죽임을 당하신 그리스도의 부활은 변화시키시고 생명을 창조하시는 하나님의 사랑의 힘을 계시한다. 부활은 단지 역사적 사건, 곧 예수에게서 일어났고 그리스도 신앙의 근거와 시작이 된 사건에 불과하지 않다. 부활의 영이 우리 자신을 사로잡을 때에야 비로소 우리는 부활을 참되게 이해하게 된다. 이때 예수 그리스도의 부활은 우리를 위한 거듭남, 충만한 생명의 거듭남이 된다. 우리가 새로운 시작을 인식하고, 우리의 작은 생명 위에 죽음을 넘어서는 하나님의 광활한 공간이 열려지는 것을 경험할 때, 우리는 다시 일어서게 된다. 어떤 사람도 이같은 새로운 시작을 경험하기에 너무 젊거나, 너무 늦지 않다. "너는 네 절망만큼 늙고, 네 희망만큼 젊다"(Albert Schweitzer)

예수는 새로운 종교를 창설하지 않았다. 오히려 그는 새로운 생명을 이 사멸하는 세상 속으로 가져오셨다.

"이 생명의 말씀은 태초부터 계신 것이요, 우리가 눈으로 본 것이요, 우리가 지켜본 것이요, 우리가 손으로 만져본 것입니다. 이 생명이 나타나셨습니다. 우리는 그것을 보았습니다. 그래서 우리는 이 영원한 생명을 여러분에게 증언하고 선포합니다."(요일 1:1-2)

이와 같이 초대교회 그리스도인들은 부활하신 예수께서 그들에게 나타내신 새 생명을 누렸습니다. 마찬가지로 오늘날 우리도 주님의 부활을 우리의 새 생명으로서 경험할 수 있습니다. 우리의 생명은 부활의 변화시키는 능력을 통해 활력을 가지게 됩니다. 생명을 사모하는 뜨거운 사랑이 우리를 사로잡습니다. 위축되어 있던 우리가 활력을 되찾게 됩니다. 우리는 최선을 다합니다. 우리는 죽음에 대해 저항하며, 생명을 억압하고 파괴하며 죽이는 세력들에 대하여 저항합니다. 우리는 무관심을 극복하고 하나님의 위대한 창조공동체에 있는 다른 사람들과 모든 생명체들에 대한 사랑의 열정에 사로잡히게 됩니다. 우리는 병들고 억압받으며 연약한 생명에게 연민의 정을 품고 그 생명이 새로운 힘을 가지도록 격려합니다. 부활의 이런 새 생명은 우리가 공동체에서 그리스도와 함께 경험하는 사랑의 폭풍이며, 우리를 하나님과 연합시키는 사랑의 폭풍입니다.

"사랑 안에 거하는 자는 하나님 안에 거하고 하나님도 그의
안에 거하시느니라." (요일 4:16)

이것은 놀라운 행복체험입니다. 이런 행복은 우리가 일단 한 번 체험하면 결코 우리를 떠나지 않는 체험이며, 우리를 죽음 너머로 이끌어 주는 체험입니다.
죽음으로부터 일어나 생명의 충만함에 이르는 부활은 하나님의 사랑을 가장 크게 경험하는 사건입니다. 왜 초대교회 그리스도인들이 이런 사랑을 단지 하나님의 속성으로서가 아니라 하나님의 영원한 삼위일체

적 본질로 간주했는지 알 수 있습니다. 하나님은 어떤 때는 화를 내고 어떤 때는 사랑하시는 분이 아닙니다. 그는 사랑입니다. 루터의 표현을 빌면 하나님은 영원부터 영원까지 "사랑의 용광로"입니다.

3. 생명에 대한 사랑

생명, 곧 이웃의 생명, 공동의 생명 그리고 이 땅의 생명을 사랑할 때, 우리는 그의 피조물에 대한 하나님의 사랑에 화답한다. 개인의 생명, 사회적 생명 그리고 정치적인 생명을 하나님의 사랑으로 충만케 할 때, 우리는 이 모든 생명들을 거룩하게 한다.

a) 사랑을 받고 사랑할 수 있을 때, 우리의 생명은 거룩*(성결)하게 된다. 인간성은 선물(Gabe)일 뿐만 아니라, 우리 인간 현존의 과제(Aufgabe)이기도 하다. 위험과 경쟁의 투쟁이 가득한 시대 속에서 인간성을 실천하는 것은 생명의 용기를 요구한다. 테러를 당한 인간의 의식은 생명의 의지를 마비시킨다. 이리하여 자유롭게 테러를 감행할 수 있게 된다. 오늘날 인간성은 테러에 대항하여 그리고 위협에 대항하여 용기있게 실천되어야 한다. 어떻게 인간의 생명이 생명력을 가질 수 있는가? 우리는 몇 가지 요인들을 열거하고자 한다:

a-1) 인간의 생명은 긍정되어야 한다. 왜냐하면 그것은 부정될 수도 있기 때문이다. 어린 아이는 오로지 긍정의 분위기 속에서만 제대로 성장하고 건강하게 살아갈 수 있다. 만약 그 아이가 "원하지 않은" 아이로서 거부당하는 분위기 속에서 태어날 경우, 그는 영적으로 위축되고 육체적으로 제대로 자라지 못하게 된다. 아이는 부모와 이웃의 긍정을 경험할 때 자신을 긍정할 수 있다. 이것은 생명을 위해 반드시 필

요하다. 아이에게 해당하는(gilt) 것은, 모든 사람에게 한평생 해당한다. 수용과 긍정 그리고 가치의 존중을 경험할 때, 우리의 육체와 영혼은 생명력을 갖게 된다. 거부와 부정 그리고 모욕을 경험할 때, 우리는 소극적으로 되고 고독해지며 비참해지며 병들게 된다. 인간의 사랑은 상대방을 생명력 있게 만든다. 그러나 우리가 믿음 속에서 경험하는 하나님의 사랑은 우리로 하여금 상처받지 않도록 만드는 자기의식을 우리에게 주신다:

> "나는 하나님의 사랑을 받고 있다.
> 원수요 적대자인 로티(Rotti)가 나에게 무엇을 할 수 있는가"

독일교회의 어떤 찬송가는 노래한다. 하나님을 통한 생명의 긍정은 우리가 당하는 생명의 모든 부정보다 더 크다.

a-2) 개인의 생명의 본질은 공동의 생명에 대한 참여에 있다. 참여를 경험할 때 우리는 생명력 있게 된다. 다른 사람의 생명에 참여할 때, 우리는 계속 생명력을 얻게 된다. 간단히 말한다면, 당신에게 관심이 있을 때, 당신은 생명력을 가진다! 우리는 반대되는 경우를 쉽게 검증할 수 있다: 우리가 다른 사람의 생명에 대한 관심을 잃어버릴 때, 우리는 참여가 없는(teilnahmslos) 사람이 된다. 우리는 무감각하게 된다. 무감각(Apathie)은 죽음에 이르는 병이다. 참여의 부재(Teilnahmslosigkeit)는 많은 노인들이 죽기 이전에 그들에게 일어나는 영혼의 죽음이다. 사랑은 인간에게 참여의 능력을 부여한다. 그는 함께 기뻐할 수 있고 함께

고난당할 수 있다.

a-3) 인간의 생명은 행복의 추구를 그 특징으로 가진다. 이것은 아주 자연스러운 일이다. 왜냐하면 우리는 하나님을 향해 창조되었기 때문이다. 초대 교부 어거스틴(Augustin)은 말한다.

> "나의 하나님, 당신은 우리로 하여금 당신을 향하도록 창조하셨고, 우리의 마음은 당신 안에서 안식을 발견하기까지 우리 안에서 불안해 합니다."

이로써 그는 인간 실존의 특징을 적절하게 나타낸다. 우리 인간존재는 행복과 하나님을 찾음으로써 역동성(Dynamik)을 얻는다. 미국의 독립선언문은 이것을 "행복의 추구"(the pursuit of happiness)라 부르며 인간의 권리라고 설명한다. 모든 인간은 행복을 추구할 권리를 가진다. 이것은 사적 권리일 뿐만 아니라 공적 권리이기도 하다. 그러므로 우리는 자신의 잠재력을 실현할 수 있는 삶을 "좋은 삶"이라 생각한다. 그러나 우리 인간은 자기 자신을 위해서가 아니라 오직 다른 사람들과 함께 행복할 수 있다. 그는 자기 혼자 행복할 수 없다. 오직 하나님의 사랑 속에서 행복할 수 있다*(불행한 사람들이 우리 주위에 있는 한, 우리는 행복할 수 없다. 영적 평화도 사실상 불가능하다).

이같은 "행복에 대한 추구"를 진지하게 생각하고 단지 우리의 사적 즐거움만을 얻고자 하지 않을 때, 우리는 가난한 자들과 병든 자들, 버림받은 자들과 도움이 없는 자들의 불행을 보게 되고, 이들로 인해 고난당하고, 불행한 자들과 함께 그리고 그들을 위해 외치기 시작할 것이다. 연민

(Compassion), 그것은 생명의 함께 괴로워 함(Mitleidenschaft)이요, 비참한 자들과 함께 고난당함(Mitleiden)이다. 그것은 행복에 대한 추구의 이면이다. 그 자신이 행복할 수 없는 사람은 동정(Mitleid)을 느낄 수 없다. 동정을 느끼지 못하는 사람은 행복하게 될 수 없다. 우리를 행복하게 만드는 동시에 함께-고난당하게(mit-leiden) 하는 것이 사랑이다.

b) 공동의 생명. 사랑은 사귐의 공동체(Gemeinschaft)를 창조한다. 우리 사회에서 "부와 가난의 가위"는 계속해서 더 갈라지고 있다. 그러나 빈곤에 대한 대안은 부(富)가 아니다. 부와 가난에 대한 대안은 사귐의 공동체이다. 가난을 공동으로 짊어진다면, 우리는 가난 속에서도 잘 살 수 있을 것이다. 이것을 우리는 전쟁 이후 굶주림의 시대에 독일과 한국에서 경험하였다. 사회가 불의할 때, 가난은 고통으로 느껴진다. 부자들이 사귐의 공동체를 해약하는 일을 저지를 때, 국민의 정당한 분노가 일어난다. 모든 사람이 동일한 상황 속에 있을 때, 사람들은 서로 도와준다. 그러나 어떤 사람은 이기고 어떤 다른 사람은 패배함으로써 평등이 깨어지면, 상호 간의 도움은 끝나게 된다.

여기서 내가 말하는 "사귐의 공동체"는 자발적인 연대 공동체(Solidargemeinschaft)를 뜻하는 동시에, 사회적 정의 속에서 사회의 내적 단결(Zusammenhalt)을 뜻한다. 정치적 사귐 공동체를 위해 필요한 요소들은 생존의 보장(Daseinssicherung)과 생존의 보호(Daseinsvorsorge), 이를테면 의료보험, 사회보험 그리고 연금보험이다. 사귐의 공동체는 각 사람의 생명을 위한 이같은 보장들을 수용한다. 이를 위해 사귐의 공동체는 정의로운 조세 시스템을 필요로 한다.

"자유 - 평등- 형제애": 누가 인간의 형제애를 옹호하는가? 기독교 교회의 사명은 복음을 선포할 뿐 아니라 공동체를 형성하는 데 있다. 기독교를 확장할 뿐 아니라, 예수 그리스도의 형제자매의 기독교적 공동체를 세우는 데 있다. 기독교적 형제애의 원형은 사도행전 4장 32-35절에 기술된 최초의 오순절 공동체이다:

"많은 신도가 다 한 마음과 한 뜻이 되었다…"

오늘날 우리는 경쟁사회 속에서 나날이 점증하는 인간의 불평등과 함께 살아간다. 보다 중요한 것은, 기독교 공동체가 상호 신뢰의 장소, 인정과 사랑의 장소가 되는 데 있다. 이 공동체 안에서 모든 사람은 하나님 앞에서 평등하다. 더 이상 부(富)나 가난, 능력이나 장애에 따라 인격의 가치를 판단하지 않는다. 모든 사람의 인간적 존엄성이 존중받고, 그리스도 안에 있는 "형제" 혹은 "자매"로서 환영받고 영접된다. 또한 기독교 공동체는 상호 간의 도움의 구심점이 된다. 고독한 사람들, 병든 사람들, 가난한 사람들이 기독교 공동체 안에서 본향을 발견한다. 현대의 경쟁사회는 사람들을 개체화시키는 반면, 그리스도의 공동체는 사람들을 결합시킨다. 이 공동체는 사회적 사랑의 실재(Realität)이다.

결 론

우리가 하나님을 사랑한다면, 우리는 무엇을 행할 것인가?

- 우리는 하나님의 선하심에 대해 그를 칭송하고 찬양할 것이다.

- 우리는 하나님의 사랑을 기뻐하고 행복할 것이다.

- 우리는 하나님의 이름을 거룩하게 하고 그의 임재를 향유할 것이다.

- 우리는 "하나님을 영화롭게 하고 그를 영원히 향유하도록" 창조되었다.

2장

하나님의 이름은 정의입니다

하나님의 정의와 인간의 정의

교황 베네딕트 16세(Benedikt XIV.)가 "하나님은 사랑이다(Gott ist Liebe)"라는 교서를 공표했을 때, 가톨릭교회에 소속된 해방신학자 출신인 나의 친구들은 교황이 "하나님은 정의이다(Gott ist Gerechtigkeit)"를 선언하는 것이 더 바람직했을 거라고 말하였다. 사실상 정의의 세계는 사랑의 나라와는 다른 세계이다. "사랑"은 우리의 가장 내밀한 감정들과 관계되어 있다. 사랑은 인간과 인간, 그리고 우주 안에 있는 사물들을 서로 결합시킨다. 우리의 마음 속에서 사랑은 우리를 일으켜 세우며, 생명의 뜨거운 기쁨으로 우리를 충만케 한다. 이는 우리가 사랑 안에서 다른 사람들에게 희생적으로 헌신하기 때문이다. 그리스시대 이래로 에로스(Eros)는 우주 안에 있는 "모든 사물들의 영적 교감(Sympathie)"으로 일컬어진다. 사랑은 새로운 생명을 낳는다. 상대방을 끌어당기는 매력(Anziehungskraft)은 원자와 분자 그리고 세포를 결합시킨다. 끌어당기는 매력, 영적 교감 혹은 사랑은 인간이 사는 땅에 평화를 가져오고, 사물들이 있는 우주 안에 생명을 가져온다.

정의는 하나의 다른 세계를 창조한다. 정의는 사랑보다 더 합리적이다. 정의는 우리의 자기존중(Selbstachtung)의 내적인 핵심과 관계된다. 정의는 사회적인 것이며, 불의한 사회의 균형(Ausgleich)을 정치적으로 창출한다. 정의는 조화로운 세계를 창출하는 열쇠이다. 불의는 인간을 화나게 만들고 국민의 정당한 분노를 유발한다.

정의를 실현하기 위해 혁명이 일어나고 전쟁이 발발한다. "정의로운 전쟁"에 대한 규정들은 있지만, "사랑이 충만한" 전쟁(liebevollen Krieg)에 대해 우리는 한 번도 들어본 적이 없다. 독재자의 불의와 폭력에 대한 국민의 저항권은 존재하지만, "사랑하는" 저항(liebenden Widerstand)에 대해 그 누구도 말한 적이 없다. 사랑은 오직 폭력 없이 존재할 수 있지만, 정의는 위급한 경우 폭력을 요청할 수 있다.

나는 이 강연에서 서로 분리되어 발전한 정의의 상이한 개념들에 대해 고찰하고자 한다. 이를 통해 예수께서 산상설교에서 말씀하신 "보다 나은 정의"에 이르고자 한다. 신학자로서 나는 하나님의 정의와 인간의 정의의 관계를 유념하고자 한다. 정의는 이상(Ideal)이 아니라, 상이한 자들과 동일한 자들, 신들과 인간들의 실제적 관계이기 때문이다.

1. 신들의 법: 희생제물의 종교들

　세속적 국가들은 서구 계몽주의의 결과물이다. 이 국가들은 200년 전부터 비로소 있게 되었다. 현대세계 이전에 모든 국가들은 종교적 국가들이었다. 세속적 국가에서 종교는 "사적인 일"로 간주된다. 그러므로 세속적 국가들은 종교에 대해 관용적이다. 종교적 국가에서 종교는 국가의 가장 높은 목표이다. 왜 그러한가? 국가의 신들은 국가의 안녕과 국민들의 평화를 지켜주기 때문이다. 따라서 모든 시민들은 국가의 신들을 적절한 방법으로 숭배해야 한다. 공적으로 바치는 희생제물을 통해 국가의 신들은 심기가 관대해진다. 그렇지만 신들이 신성모독, 충분치 못한 희생제물 혹은 시민들의 불순종으로 말미암아 진노하면, 기근과 전염병, 자연재해와 전쟁이 온 나라를 엄습하게 된다. 그렇게 되면 국민들은 예언자 요나 당시 니느웨 백성들처럼 죄를 회개하거나, 그들 가운데 있는 악인을 죽여야 한다.

　요나서는 이 두 가지에 대해 설명한다. 즉 예언자 요나는 하나님께 불순종하고 하나님의 눈을 피해 도망갔기 때문에, 하나님은 바다에 풍랑이 일어나게 한다. 뱃사람들은 요나를 희생제물로 바쳐야만 바다가 잠잠케 될 것이라 믿는다. 요나는 이것을 알고 있었다. 그래서 요나는 그들에게 "나를 취해서 바다에 던지시오. 나 때문에 이 풍랑이 당신들에게 일어난 것을 알고 있기 때문이오"라고 말하였다. 그들이 요나를 희생제물로 바치자, 하나님께서 이를 받으시고, 바다는 다시 잠잠해졌다. 이같은 신들의 법과 함께 요나는 40일 후에 니느웨가 멸망할 것이라 선포한다. 그러나 니느웨 백성들이 자신들의 죄악을 회개하자, 니느웨는 멸망하지 않는다. 이스라엘의 하나님은 자비를 베푸셨고 신들의 법을 파기한다.

"요나는 이 일이 매우 못마땅하여 하나님에게 화가 났다."
(요나 4:1)

멸망이 일어날 것이라고 하나님의 이름으로 선포했으나, 멸망이 일어나지 않았기 때문이다. 이같은 요나 이야기는, 인간은 희생제물과 회개를 통해 신들의 의지에 영향을 미칠 수 있다고 가르친다.

고대세계의 신 황제, 제사장 왕, 중국의 "천자"가 감당해야 할 가장 중요한 사명은 신들의 호의를 확보하는 일이었다. 로마제국의 황제는 그의 제국의 최고의 제사장, 곧 폰티펙스 막시무스(pontifex maximus)이기도 했다. 중국의 황제는 그가 다스리는 영토의 제사장이기도 했다. 그는 하늘이 자비를 베풀고 관대해지도록 하기 위해 1914년까지 베이징에 있는 하늘성전에서 고대시대의 아주 오래된 제의를 드렸다. 황제 자신이 바로 신이었다. 그러나 하늘이 황제에게 진노하여 지진과 홍수가 일어나 영토를 황폐화시키면, 황제는 하늘의 이름으로 폐위될 수밖에 없었다.

신들을 가장 크게 진노케 하는 것은 무엇인가? 그것은 신들에 대한 불순종, 공적인 희생제의에 불참한 인간들을 통한 신성모독이라 생각되었다. 백성들이 생명을 부지하도록 하기 위해 신성모독을 범한 자들은 죽임을 당해야 했다. 고대 이스라엘에서는 다음과 같은 법조문이 효력을 가지고 있었다:

> "주의 이름을 모독하는 사람은 반드시 사형에 처해야 한다.
> 온 회중이 그를 돌로 쳐죽여야 한다." (레 24:16)

로마제국에서 그리스도인들은 "무신론자"로 간주되어 박해를 당했는데, 그 까닭은 그들이 국가의 신들을 "마귀"로 간주하고 이들에 대한 국가의 희생제의를 거부했기 때문이다. 자연재해가 일어나면, 그리스도인들이 이에 대한 "책임이 있는 자"로 간주되어 특별히 혹독한 벌을 받았다. 티버강의 범람으로 로마가 황폐해지고, 나일강의 범람으로 그 땅이 폐허가 되면, "그 즉시 그리스도인들은 사자 앞으로 끌려왔다"고 초대교부 터툴리아누스(Tertullianus)는 탄식하였다.

기독교 제국에서 이교의 제의들은 신성모독으로 간주되어 엄격히 금지되었다. 흉년이 일어나고 전염병이 유행하면, "불신앙의" 사람들로 간주된 유대인들은 하나님의 진노에 대해 책임이 있다고 여겨져 추방을 당하거나 죽임을 당하였다.

1706년 독일 튀빙엔(Tübingen) 대학의 법학과와 신학과는 "신성모독"에 관한 공동 선언문을 발표했는데, 여기서 "신성모독"은 "하나님을 진노하도록 자극하고 전 국토 안에 기근과 지진, 전염병을 야기할 수 있는 가장 혐오스럽고 가장 큰 범죄"로 규정되었다.

오늘날에도 많은 사람들이 이렇게 생각한다. 2001년 9월 11일 무슬림들이 뉴욕의 세계무역센터(World Trade Center)에 테러를 자행해 3,000명을 살상했을 때, 잘 알려진 개신교 TV 설교자 제리 폴웰(J. Falwell)은 이 대량살상을 "동성애에 빠진 뉴욕에 대한 하나님의 심판"이라 선언했다. 이리하여 하나님은 졸지에 살인을 범한 테러범들 편에 선 신이 되어버렸다. 이슬람 근본주의자 물라*(Mullah, 이슬람교의 법률·종교학자에 대한 경칭)는 인도네시아 아체(Aceh) 지방을 덮친 쓰나미를 사악한 이슬람 주민들에 대한 하나님의 심판으로 해석하였다. 아프리가에서는 "에이즈는 하나님의 심판이다"라는 잘못된 신학적 문구가 이 역병에 걸린 여인들을 두 번 죽이고 있다. 에이즈에 걸린 이 여인들은 종교적으로 낙인찍혀 자신들이 살던 마을에서 쫓겨나고 있다. 이같은 신들에 대한 믿음은 현대세계에서 아직도 사라지지 않고 있다. 현대세계에서도 여전히 일련의 사람들은 질병과 죽음을 직면했을 때, 신들의 섭리와 개인적 계약을 맺는다. 즉 내가 병들지 않으면, 이런 저런 선한 일을 하겠다고 신들에게 약속한다. 그들은 재난이 지나가도록 하기 위해 죄를 짊어지고 제물로 희생되어야 할 희생양을 찾는다. 그 사회의 소수자로서 살아가는 이방인들이 언제나 악에 대한 책임을 져야 할 희생양이 된다.

이같은 희생제물의 종교들(Opferreligionen)은 성서를 통해 거부되었다. 아브라함이 이삭을 희생제물로 바치려고 했을 때, 하나님은 자신이 준비한 양을 통해 이를 제지한다. 그 이후로 이스라엘에서는 인간을 희생제물로 바치는 제의가 폐기되었다.

하나님 없는 세상과 화해를 이루신 예수 그리스도의 희생적 헌신과 함께 신들에 대한 두려움과 희생제의는 그리스도인들에게 있어서 만일회적으로 끝나버렸다. 이른바 희생제물을 통해 "하나님의 진노"가 화해를 받는 것이 아니라, 고린도후서 5장 19절 말씀에서 명확하고 분명하게 말씀하신 것처럼, 하나님은 그리스도로 말미암아 그를 부인하고 불법을 자행하는 세상과 자기의 화해를 이루신다. 인간에게 적대적인 하나님이 우리와 화해되어야 하는 것이 아니라, 오히려 하나님을 적대하는 죄인된 우리가 하나님으로 말미암아 하나님과 화해되어야 한다. 이것은 십자가에 달린 하나님의 아들의 희생적 헌신 속에서 일어났다. 자연재해와 인간의 범죄는 하나님의 진노의 계시가 아니라 파괴된 자연의 표징이다. 그리스도를 통한 이 자연의 화해를 우리는 신뢰한다.

2. 역사의 법칙: 카르마와 구약성서

　인도의 카르마*(Karma: 업 혹은 업보) 이론과 구약성서의 지혜는 희생제물의 종교들이 신들에게 책임을 돌리는 것을 행동하고 고난당하는 인간의 역사 속에서 발견한다. 우리에게 일어나는 많은 사건들은 우리의 행위로 말미암은 필연적 귀결로서 일어난다: "사람은 잠자리에 들어간 그대로 누워 있을 것이다." 혹은 "바람을 심는 자는 폭풍을 거둘 것이다." 혹은 "너무 늦게 오는 사람은 삶의 벌을 받을 것이다." 우리의 모든 행위는 정당한 결과를 가지며, 이 결과를 통해 우리의 행위는 보응을 받는다. 선한 행위는 아름다운 삶을 결과로 가지며, 악한 행위는 좋지 않은 삶을 그 결과로 가진다. "모든 사람은 자신의 행복의 대장장이이다." 모든 행위는 이를 행한 행위자에게 보이지 않는 운명을 가져오는데, 이 운명을 통해 정당한 결과가 일어난다. 이것은 인도 말로 "카르마"라 일컬어진다. 이와 유사한 표상들이 많은 민족들의 삶의 지혜 속에서 발견된다. 구약성서에서 그것은 "행위와 결과의 연관성"(Tun-Ergehens-Zusammenhang)이라 일컬어진다. 미리 결정되어 있는 행위와 결과의 연관성은 개인의 삶과 관련될 수 있지만, 그 뒤에 오는 세대들에게도 적용될 수 있다. 즉 "아버지들이 신 포도를 먹었는데, 그 아들들의 이가 시리게 될 것이다"라는 말씀이 그것이다. 인도의 환생설*(산스크리트어로 'Samsara', 이는 생명체가 생사를 반복함, 곧 윤회를 가리킴)은 다음의 삶에서 정당한 보상을 받을 것이라 가르친다. 만약 그 보상이 지금의 삶에서 주어지지 않는다면 말이다: "곡식을 훔친 사람은 다음 생에서 쥐로 환생할 것이다." "카르마는 삼

사라, 곧 윤회를 가능케 하는 연료이고, 경건한 사람들의 모든 고행의 목적은 카르마를 더 이상 남기지 않으며 세계의 사건이 정지상태에 이르는 데 있다"(R. Hummel). 그러나 이것은 탐욕을 포기하고 인식을 통해 무지를 극복함으로써만 이루어질 수 있다.

구약성서에서 행위와 운명 사이의 연관성은 하나님의 법으로 생각된다. 자연법이 우주의 원인과 결과를 결정한다면, 역사의 법칙은 우리 인간의 행위와 그에 따른 결과를 결정한다. 여기서 하나님은 개별의 모든 선한 행위와 악한 행위에 대해 상을 주거나 벌을 줄 필요가 없다. 하나님은 역사의 내적인 질서를 통해 이를 행하시며, 이를 통해 세계를 보존하신다. 이것을 우리는 세계의 내재적 응보의 법칙(immanente Vergeltungsgesetz)이라 부를 수 있다. 이 법칙에 따르면, 선한 것은 선한 것을 낳고, 악한 것은 악한 것을 그 결과로 가진다.

이것은 인간이 살아가고 행동하며 고난당하는 사회적 연관성에도 해당한다. 여기서 응보의 법칙은 황금률의 형식을 가진다: "다른 사람이 너에게 행하기를 원하지 않는 것을 너는 그 누구에게도 행하지 말아라." 이것은 "너가 나에게 하듯이, 나는 너에게 한다"는 상호성의 공동체를 만든다.

역사적 응보의 이론, 곧 카르마 이론과 구약성서의 행위-결과의 연관성의 첫째 문제는 바로 여기에 있다. 즉 이들의 논리는 단지 행위에서 출발하여 결과로 움직일 뿐이고, 거꾸로 결과에서 출발하여 행위를 추론하지 않는 데 있다. 물론 도덕적 인과율이 존재한다: "흡연을 많이 하는 사람은 폐암에 걸린다", "빨간 신호등일 때 거리를 횡단하는 사람은 자동차에 치일 수 있다."

그러나 결과에서 행위를 추론할 수 있는 역사적 인과율은 존재하지 않는다. 새로 태어난 아이가 장애인이 된 것은 누구의 죄로 인한 것인가? 어머니인가, 아버지인가 아니면 조상들인가? 아우슈비츠에서 죽은 자들은 그들의 조상의 어떤 죄악으로 인해 죽은 것인가? 남아프리카에서 개최된 디트리히 본회퍼(D. Bonhoeffer) 학회에서 한국의 한 여신학자는, 본회퍼가 요절한 것은 그 가족의 나쁜 카르마를 물려받았기 때문이라고 설명하였다. 그러나 본훼퍼는 나치에 의해 살해당했고, 이 일은 카르마와 전혀 무관하다. 또 그것은 행위와 결과의 연관성 때문에 일어난 것도 아니다.

이러한 역사적 응보의 법칙(Vergeltungsgesetz)은 이미 구약성서의 탄식시편에서 부인되고 있다: "어찌하여 하나님 없는 사람들은 잘 되고, 의로운 사람들은 그토록 많은 고난을 당하는가?" 그러므로 우리는 다음과 같은 결론에 도달한다. 즉 실제적 역사 속에서 행위와 결과 사이에는 연관성이 지배하지 않으며, 정의도 지배하지 않는다는 것이다.

이스라엘의 하나님은 결코 역사적 응보의 법칙에 대한 근거가 아니다. 오히려 하나님은 카르마를 반박하며, 행위와 결과의 역사적 연관성을 깨뜨린다. "네 모든 죄를 용서해 주시고 네 모든 병을 고쳐주시며 네 생명을 파멸에서 속량해 주시며 너를 사랑과 자비로 단장해 주시는"(시 103:3-4) 하나님은 카르마와 운명을 무효화시키는 새로운 삶의 창조자이다. 끝없는 응보(보복) 대신 하나님은 새로운 시작을 창조하신다. 그의 은혜는 인간의 자유를 가능케 하는 영원한 근거이다.

죄와 운명의 강압 한 가운데서 하나님의 긍휼은 인간에게 생명의 미래를 열어주신다.

구약은 응보(보복 Vergeltung)의 책이 아니라 약속의 책이다. 요한복음 9장 2~3절에서 예수 그리스도는 태어나면서 앞을 못 보는 소경을 치유하면서 카르마의 법칙과 행위-결과의 연관성을 무효화시킨다:

> "제자들이 예수께 물었다. '선생님, 이 사람이 눈먼 사람으로 태어난 것이 누구의 죄 때문입니까? 이 사람의 죄입니까? 부모의 죄입니까?'
> 예수께서 대답하셨다. '이 사람이 죄를 지은 것도 아니요, 그의 부모가 죄를 지은 것도 아니다. 하나님께서 하시는 일들을 그에게서 드러내시려는 것이다.'"

3. 상호성의 법칙: 공자와 모세

사회적이며 정치적인 정의의 윤리를 위해 예로부터 상호성(Gegenseitigkeit)이 그 기초로서 제시되었다. 인류 도덕의 내용을 표현할 수 있는 유일한 단어가 있는지에 관한 질문에, 공자는 "그것은 상호성이다"라고 적절하게 대답했다. 그런데 상호성은 모든 인간의 평등을 전제하지 않는가? 공자는 그의 귀족주의적 윤리에서 이것을 간과하였다.

구약성서에서 상호성은 응보(Vergeltung)을 뜻하기도 한다. 선한 것은 선한 것으로, 악한 것은 악한 것으로 갚아주는 응보는 보복과 전혀 무관하다. 그것은 상쇄하는 것(Ausgleich)을 그 목적으로 가진다. 상쇄를 통해 인간의 평화로운 공존이 보장된다.

이것은 로마제국의 법률학자 울피아누스(Ulpian)의 정의에 대한 독창적 개념 속에 잘 표현된다.

> "정의는 모든 사람들에게 그들의 권리를 부여하는 확실하고 지속적인 의지이다." (Justitia est constans et perpetua voluntas jus suum unicuique distribuendi)

"모든 남성에게 그의 것을, 모든 여성에게 그녀의 것을." 이것은 모든 남녀 시민들의 평등처럼 들리지만, 평등을 반드시 전제할 필요는 없다. 노예제도를 가진 고대 로마의 사회에서 그것은 다음과 같은 뜻을 가질 수도 있었다. 즉 모든 주인에게 그의 것을, 모든 노비에게 그의 것을! 계급사회에서 모든 사람은 자기의 자리를 가진다. 그러나 하나의 이상적 사회에서 이 공식은 평등과 차이(Gleichheit und Verschiedenheit)를 함께 고려할 수 있을 것이다. 이것을 1848년 공산주의 선언은 다음과 같이 말한다: "각 사람은 그의 능력에 따라 – 각 사람은 그의 필요에 따라."

선을 선으로, 악을 악으로 보복하는 것은 하나님의 천상의 법질서로 간주되기도 했다. 여기서 하나님은 정의로운 재판장으로 생각된다. 하나님 앞에서 모든 인간은 평등하다. 정의로운 응보에서 하나님은 선한 자들에게 상을 주고, 악한 자들에게 벌을 내림으로써 정의롭게 응보한다. 하나님은 각 남자와 각 여자에게 그들이 받아야 할 것을 주심으로써 평화를 보존한다. 상호성의 인간적 법질서를 훼손하는 사람은 신적인 세계질서도 훼손한다. 범죄자가 벌을 받는 것은 단지 인간적 균형을 회복하기 위함만은 아니다. 이와 더불어 범죄자를 벌함으로써 신적인 세계질서가 회복되어야 한다. 살인자는 사형의 벌을 받아야 하는 것은 단지 인간적으로 상쇄하기 위함만은 아니다. 사형은 훼손된 하나님의 질서를 회복시키기도 한다. "눈은 눈으로, 이는 이로"라는 구약성서의 응보의 법칙은 보복을 목적하는 것이 아니라, 정의롭게 상쇄하는 것을 목적한다.

이같은 탈리온 법칙(jus talionis 동해보복법)은 그 이면에 놀랍게도 황금률(goldene Regel)을 가지고 있다. 공자는 이 황금률을 부정적 형태로 명시한다.

"내가 하고자 하지 않는 것을 남에게 베풀지 않는 것이다."

(己所不欲 勿施於人 『論語』「衛靈公 23」)

마태복음 7장 12절에서 예수는 똑같은 것을 말하는데, 긍정적 형태로 이를 표현한다:

"그러므로 무엇이든지 남에게 대접을 받고자 하는 대로, 너희도 남을 대접하여라. 이것이 율법이요 선지자니라."

이같은 상호성의 윤리적 법칙은 모든 인간의 평등을 전제한다. 그러나 공자의 당대에는 모든 인간이 평등하지 못했고, 예수의 당대에도, 오늘날에도 그렇지 못한 상황이다. 강자들과 약자들, 부유한 자들과 가난한 자들이 서로 대립하는 세계 속에서 황금률은 아무도 지키지 않는 하나의 아름다운 이상일 뿐이다. 승리자가 패배자에게 두려워 할 것이 무엇인가? 부유한 자가 가난한 자에게 두려워 할 것이 무엇인가? 능력 있는 자들이 무엇 때문에 장애자들을 배려해야 하는가? 인류의 현재 세대는 모든 원유와 귀중한 자연자원을 소비하고, 앞으로 태어날 장래 세대의 희생의 대가로 삶을 향유한다. 어떻게 이런 일이 일어나는가? 그 까닭은, 장래 세대는 현재 세대에게 압력을 가할 수 있는 목소리와 힘을 갖고 있지 못하기 때문이다. 강자들은 약자들에 대해 폭력을 휘두르지만, 황금률은 이를 저지하지 못하는 상황이다.

아름다운 황금률은 억압당하는 자들의 해방 없이, 약자들의 권리 없이, 앞으로 태어날 장래 세대에 대한 고려 없이는 현실화될 수 없다. 현존하는 세계의 세력관계(Machtverhältnisse) 속에서 내 친구 한스 큉(H. Kng)이 제안했던 아름다운 "세계 에토스"(Weltethos)는 가난한 자들,

장래의 세대들 그리고 이 땅을 위한 해방의 에토스이다.

상호성의 정의는 두 가지 약점을 지닌다:

a) 상호성의 정의는 확정하는 정의이지 창조적 정의가 아니다. 기존의 사회질서를 유지하기 위해 이 정의는 선한 행위와 악한 행위를 확정하고 그것을 적절히 응보할 뿐이다. 그러나 이것만으로는 너무 부족하다.

b) 상호성의 정의는 행위자만을 고려하며 희생자는 고려하지 않는다. 그래서 악을 행한 자는 벌을 받아야 한다고 말하지만, 희생자에 대해서는 아무것도 말하지 않는다. 이것은 인간이 남긴 일에 따른 정의이지, 고난당하는 자들을 위한 정의가 아니다. 이것은 일면적이다.

4. 하나님의 선제적 호의성의 정의

a) 정의의 해

이제 우리는 창조적이고 구원하며 치유하고 바르게 회복하는 정의(justitia justificans)에 대해 살펴보고자 한다. 우리는 이 정의를 구약성서에서 특별히 시편과 예언서에서 발견한다. 예수 그리스도의 의롭게 하시는 의에 대한 이해의 기초는 여기에 있다.

이스라엘의 하나님은 "정의의 해"(말 4:20)로서 경배를 받으신다. 이것은 종교적 시문학 그 이상의 것이다. 아침에 해가 떠오르고 모든 것이 소생하듯이, 해가 모든 것을 결실하게 만들고 온기를 불어넣고 빛을 비추듯이, 하나님의 정의는 모든 생명을 돌보신다. 하나님께서 이 땅을 바로 잡으시기 위해 오실 때, 그는 모든 연약한 것을 일으켜 세우고, 죽어가는 것을 소생시키시며, 잘못된 것을 바르게 세울 것이다.

하나님께서 법적으로 판결하신다면, 그는 구원하실 것이다. 마르틴 루터(M. Luther)가 "주님, 주님의 정의로 나를 건져 주소서"라는 시편 31편 1절 말씀을 읽었을 때, 그는 하나님의 법적 판결에 대한 두려움을 버리고, 인격적으로 하나님의 자비 혹은 은혜라 불릴 수 있는 하나님의 의롭게 하는 정의를 신뢰하게 되었다. 시편 96편 11~13절이 묘사하듯이, 하나님께서 오시면, "정의의 해"가 불의한 인간세상과 착취당한 이 땅 위에 떠오를 것이다.

"하늘은 즐거워하고 땅은 기뻐 외치며,

바다와 거기 가득 찬 것들도 다 크게 외쳐라.
들과 거기에 있는 모든 것도 다 기뻐하며 뛰어라.
그러면 숲속의 나무들도 모두 즐거이 노래할 것이다.
주님이 오실 것이니,
주님께서 땅을 심판하러 오실 것이다.
숲속의 나무들도 주님 앞에서 즐거이 노래할 것이다.
주님은 정의로 세상을 심판하시며,
그의 진실하심으로 뭇 백성을 다스리실 것이다."

하나님의 정의는 위험으로부터 건지시고 상처를 치유하시며, 폭력으로 인해 고난당하는 이들에게 공의를 세우시며(시 103:6; 146:7), 정의로운 창조(gerechte Schöpfung)가 살아나게 할 것이다. 하나님의 정의는 폭력을 행하는 자들로 말미암은 희생자들, 가난한 자들, 비참하고 연약한 자들, 그리고 능욕을 당한 이 땅을 향하신다. 시편 82편에서 가난한 자들과 이 땅을 구원하고 자유케 하는 하나님의 정의는 심지어 신들을 판단하는 척도(Maß)로 고양된다:

"하나님이 하나님의 법정에 나오셔서 신들을 모아들이시고
재판을 하셨다.
하나님께서 신들에게 말씀하셨다.
'언제까지 너희는 공정하지 않은 재판을 되풀이하려느냐?
언제까지 너희는 악인의 편을 들려느냐?
가난한 사람과 고아를 변호해 주고 가련한 사람과 궁핍한
사람에게 공의를 베풀어라.

가난한 사람과 빈궁한 사람을 구해 주어라. 그들을 악인의
손에서 구해 주어라.'
그러나 그들은 깨닫지도 못하고 분별력도 없이 어둠 속에서
헤매고만 있으니, 땅의 기초(터)가 송두리째 흔들렸다.
하나님이여, 일어나셔서 이 세상을 재판하소서.
온 나라가 하나님의 것이기 때문입니다."

위의 마지막 문장에서 하나님의 구원하는 정의는 이스라엘의 하나님의 척도로 고양된다: "하나님의 법정(Gericht)"은 구원을 뜻하며, 하나님의 "판결"(Richten)은 가난한 자들을 "해방하며" 비참한 자들을 "일으켜 세우는" 데 그 목적이 있다. 하나님께서 "이 땅을 재판하시면", 그는 이 땅의 상처를 치유하고 예기치 못한 생명의 기쁨으로 이 땅을 충만케 할 것이다. 하나님은 이 땅을 "환호하게" 하시고, 모든 살아있는 것들로 하여금 기뻐 "환성을 울리게" 하실 것이다.

b) 예수와 "보다 나은 의"

예수는 산상설교에서 "보다 나은 의"에 대해 말씀하신다(마 5:20). 예수께서 말하는 "보다 나은 의"는 무엇을 뜻하는가?

이에 대한 답변은 산상설교 자체 안에 있다: 상호성에 기반한 윤리에 반해, 예수는 선제적 호의성(Zuvorkommenheit)의 윤리를 가르친다. 이것은 산상설교의 반대명제를 통해 분명해진다: "

"나는 너희에게 말한다. '눈은 눈으로, 이는 이로 하지 말고, 오히려 누가 너더러 억지로 오리를 가자고 하거든, 십리를 같이 가 주어라.'"(마 5:41) 상호성의 윤리는 이렇게 말한다: 네 이웃을 사랑하라, 그도 너

를 사랑하기 때문이다; 네 원수를 미워하라, 그도 너를 미워하기 때문이다. 그러나 예수는 우리에게 이렇게 가르친다: "너희 원수를 사랑하고, 너희를 박해하는 사람을 위하여 기도하여라. 그래야만 너희가 하늘에 계신 너희 아버지의 자녀가 될 것이다. 아버지께서는 악한 사람에게나 선한 사람에게나 똑같이 해를 떠오르게 하시고, 의로운 사람에게나 불의한 사람에게나 똑같이 비를 내려주신다. 너희를 사랑하는 사람만 너희가 사랑하면, 무슨 상을 받겠느냐? 세리도 그만큼은 하지 않느냐? 또 너희가 너희 형제자매들에게만 인사를 하면서 지내면, 남보다 나을 것이 무엇이냐? 이방 사람들도 그만큼은 하지 않느냐? 그러므로 하늘에 계신 너희 아버지께서 완전하신 것같이, 너희도 완전하여라."(마 5:43-48)

이같은 예수의 말씀에서 '정의의 해', 곧 악한 사람과 선한 사람에게 빛을 비추어 이들에게 생명을 부여하고 서로 화해시키는 해가 다시 등장한다. 자기의 살해자를 위한 십자가에 달린 그분의 기도는 우리에게 보복 대신 용서를 가르친다: "그들은 자신들이 행하는 것을 알지 못하기 때문입니다." 상호성의 윤리에서 사람들은 다른 사람들이 행하는 바에 따라 악은 악으로 선은 선으로 보응한다. 이에 반해 선제적 호의성의 윤리에서 우리는 새로운 것을 행하고 완성한다. 우리는 원수들이 우리에게 강요하는 원수관계에 응하지 않는다. 우리는 우리의 원수들의 원수가 되지 않는다. 우리는 "하늘에 계신 우리 아버지의 자녀"이며, 우리가 행하고 당하는 모든 것 안에서 하나님께 상응하여 살고자 노력한다. 물론 우리는 하나님처럼 완전할 수 없다. 그렇지만 우리가 하나님의 아들 예수 그리스도에게 상응하여 살아간다면, "하늘에 계신 우리 아버지의 자녀"로서 살아갈 수 있을 것이다. 우리는 적의에 찬 사람들이 우리에게 강요하는 행위의 원칙을 따르지 않는다. 우리는 세상 사람들과 달리 행동한다. 해와 비처럼 우리는 원수들의 생명과 우리 공동의 생명을 배려한다. 우리는 우리의 원수들과 싸우는 것이 아니라, 그들의 원수관계와 싸운다. 우리는 폭력을 가지고 원수들과 싸울 수 있겠지만, 오직 선제적 사랑(zuvorkommende Liebe)을 통해서 우리는 원수에게서 원수관계를 제거해버릴 수 있다. 우리는 공격성에 대해 공격성으로 맞대응하여 싸우지 않는다. 오직 불안한 자들을 공격적으로 만드는 불안을 그들로부터 빼앗아버리는 방법으로 공격성에 맞대응하여 싸울 수 있다.

어떤 정의가 보다 나은 정의인가? 예수께서는 우리에게 창조적이고, 앞서오며, 생명을 장려하며, 바르게 회복하는 정의를 가르친다. 왜 그러한가? 그것은 이 정의가 하늘에 계신 하나님 아버지의 정의이기 때문이다.

c) 바울: 의롭게 하는 정의

복음서에 따르면, 예수는 병자들의 치유와 죄인들의 용서, 이 두 가지를 가져왔다. 가난한 자들에 대한 그의 복음은 희생자들에게 초점을 가진다. 이에 비해 바울에게서 우리는 가해자들에게 초점을 가진 하나님의 정의를 발견한다. 이것은 하나님의 선제적 은혜로 말미암은 죄인의 칭의에 관한 해방시키는 이론이다.

"그러나 이제는 율법과는 상관없이 하나님의 의가 나타났습니다. 그것은 율법과 예언자들이 증언한 것입니다... 모든 사람이 죄를 범하였습니다. 그래서 사람은 하나님의 영광에 못 미치는 처지에 놓여 있습니다. 그러나 사람은 그리스도 예수 안에서 얻는 구원으로 말미암아 하나님의 은혜로 값없이 의롭다는 선고를 받습니다." (롬 3:21,23-24)

여기서 바울은 어떤 정의를 말하는가? 그것은 선과 악에 대한 보응의 정의가 아니다. 오히려 그것은 하나님의 창조적인 정의, 곧 죄인들과 하나님 없는 자들을 징벌하지 않고 예수 그리스도에 대한 믿음 안에서 그들을 의롭게 하는 정의이다. 하나님은 인간의 무신성*(하나님 없음)에 대해 성육신으로 대답한다. 하나님은 인간의 파멸에 대해 그들의 구원으로 대답한다. 바로 이것이 "보다 나은 의"이다. 이같은 하나님의 정의로 말미암아 추한 죄인이 새로운 광채로 다시 살아난다. 이러한 하나님의 정의로 말미암아 "정의가 깃들여 있는" "새로운 땅"(벧후 3:13)이 생성된다. 이 정의 안에서 우리는 하나님과 함께, 우리 자신과 함께, 우리의 이웃과 함께, 또 우리의 원수들과 함께 평화를 누리게 된다. 이 정의 안에서 우리는 도래하는 하나님의 영광에 대한 확고한 희망을 갖게 될 것이다.

3장
평화의 하나님

평화의 하나님

"평화의 하나님께서 여러분 모두와 함께 계시기를 빕니다."
 이 말씀은 로마에 있는 교회 공동체에 보낸 사도 바울의 평화의 인사이다.(롬 16:20) "평화의 하나님"은 설립 100주년을 맞이한 한국의 서울신학대학교를 축하하는 나의 세 번째 강연 주제이다. 불의하고 폭력이 난무하는 이 세상 속에서 모든 사람들과 하나님의 모든 피조물들이 평화를 찾지만 이를 발견하지 못하기 때문이다. 그러므로 우리는 "모든 이성보다 더 높은" 평화를 달라고 하나님께 간구한다.
 세계 많은 민족들과 한국에 있는 가족들이 강제적 분리로 인해 고난을 당하고 있다. 우리가 살아가는 이 사회 속에서는 계층과 인종, 성(性)의 불의한 분리로 인해 많은 사람들이 고난을 당하고 있으며, 이 세계의 글로벌화된 갈등으로 인해 고난을 당하고 있다. 우리는 우리 자신의 영혼 안에서 평화를 찾지만, 우리의 마음은 상처받고 괴로움을 당하며, 우리의 양심은 죄책에 시달리고 있다. 우리 안에는 평화가 없다. 우리가 우리 자신 안에서 평화를 발견하지 못한다면, 이 세상 안에서도 평화를 창조할 수 없을 것이다. 평화가 없는 사람들은 평화를 확장시킬 수 없다. 하나님과의 평화를 찾을 때만이, 우리는 평화로운 사람이 될 수 있을 것이다.
 "평화가 여러분과 함께 하기를!", 이것은 유대인, 그리스도인, 무슬림들이 나누는 평화의 인사이다. 이것은 다음의 사실을 의미한다. 즉 우리는 평화적인 의도를 가지고 열려 있는 손과 함께 당신들에게 옵니다. 열린 팔로 우리를 받아주십시오! 사람들이 이 말을 정직한 뜻으로 말하는 거라면, 이것은 좋은 일이다. 그렇지만 사람들이 "평화의 하나님"을 버리면, 우리가 가져오거나 받아들이고자 하는 평화는 그의 참된 주체를 잃어버리게 될 것이다. 그렇게 되면 모두가 누리는 공동의 평화는 내가 다른 사람들에게 강요하고자 하는 "나의 평화"로, 혹은 다른 사람들이 나를 그 아래 예속시키고자 하는 "그의 평화"로 변모할 것이다. 유대교를 믿는 이스라엘 사람과 이슬람교를 믿는 팔레스타인 사람 사이의 분쟁 속에서 누가 평화를 결정할 것인가(diktieren)? 누가 남한과 북한 사이의 평화를 결정할 것인가? 누가 부자들과 가난한 자들 사이의 평화를 강요할 것인가? *(이에 대한 기준이 사라지게 된다)

참으로 우리 모두가 함께 누리는 공동의 평화를 원한다면, 우리는 우리 인간을 배제하고 하나님을 바라보아야 할 것이다. 이때 우리는 하나님의 평화, 곧 우리와 다른 사람, 우리와 우리의 적들을 포용하고, 그 안에서 우리가 화해하고 정의와 사랑 속에서 평화에 이를 수 있는 자유의 공간을 창출하는 참 평화를 발견할 수 있을 것이다. 하나님은 우주적이시므로, 하나님의 평화도 우주적이다. 이 평화는 어느 누구도 배제하지 않고 모두를 포괄한다. 성탄절 이야기가 명시하듯이, 하나님의 평화는 "땅 위에서의 평화"이다. 하나님의 평화는 이 땅 위에 있는 다른 사람들과 원수들의 평화이기도 하다. 하나님의 평화는 심지어 인간 세계를 넘어서 모든 "신음하는 피조물"을 포괄한다(롬 8:19). 하나님의 평화는 샬롬(shalom)이요, 창조 전체의 생명이기 때문이다. 그러므로 우리는 "이 땅 위에서" 그의 평화를 찾을 뿐 아니라, 우리 모두의 어머니인 이 땅과 하나님의 평화를 찾는다. 우리의 평화는 적대적이고 폭력을 행하며 자기 자신으로 말미암아 위험스럽게 되었고 깊은 상처를 받은 이 세계를 구원하게 될 우주적 평화의 나라의 한 부분일 뿐이며 미리 맛보기(Vorgeschmack)에 불과하다.

나는 이 강연에서 정치의 문제와 함께 시작하지 않고 영혼의 문제와 함께 시작하고자 한다. 이것을 들을 때 좀 의아해 하는 사람도 있을 것이다. 그렇지만 하나님과 우리 영혼의 평화 없이 우리는 이 세상의 평화를 위해 아무것도 행할 수 없을 것이다. 내적으로 평화를 얻은 사람만이 그가 살아가는 주변 환경 속에 평화를 확장시킬 수 있을 것이다. 극단적으로 이렇게 말할 수 있다. 즉 영혼의 평화 없이 이 세상 속에 "정의로운 평화"는 존재하지 않을 것이다. 모든 것은 마음의 믿음에서 시작한다. 그러나 여기서 그치지 않는다. 예수 그리스도는 그의 생명의 헌신적 희생을 통해, "그의 피"를 통해, 하늘과 이 땅 위에 평화를 창조하셨다. 이 평화는 이 땅 위에서의 사회구원(Sozialheil)과 우주 안에서의 자연구원(Naturheil)의 우주적 차원을 가진다. 이를 위해 나는 비폭력적인 평화의 정치와 원수사랑의 정치 곧 "칼 대신 보습"에 대해 살펴보고자 한다.

1. 영혼의 평화

우리는 어거스틴(Augustin)과 그 이후 기독교의 영적 전통에 따라 "영혼"을 인간의 내적인 삶, 곧 인간의 자기 자신에 대한 관계로 이해한다. 이 관계는 모든 인간에게 있어서 제각기 다르다. 그러므로 그것은 개인적이다.

인간의 자기관계(Selbstverhältnis)는 그의 하나님관계(Gottverhältnis)에 상응한다. 왜 그러한가? 모든 인간은 하나님의 형상이기 때문이다. 참으로 자기 자신을 인식하는 사람은 하나님을 그 자신 안에서 인식하고, 하나님 안에서 자기 자신을 인식한다. 이것을 사람들은 흔히 다음과 같이 표상하였다. 즉 모든 인간의 영혼 가장 깊은 곳에는 하나의 거울(Spiegel)이 숨겨져 있다. 이 거울을 발견하는 사람은 자신을 인식하는 동시에 하나님을 인식한다. 왜냐하면 하나님도 이 거울을 보시기 때문이다.

하나님께 상응하는 영혼의 개념으로부터 다음의 사실이 귀결된다. 즉 우리가 하나님과의 평화를 얻지 못한다면, 영혼의 평화도 얻을 수 없다는 것이다. 우리의 영혼이 죄책에 시달릴 때, 죄가 우리의 영혼을 지배한다. "죄"는 하나님으로부터의 분리, 하나님의 부재(Gottesferne), 하나님과 원수관계를 의미한다. 일반적으로 영혼은 교만함으로 죄를 상쇄하고자 한다. 이 때 영혼은 자기 자신과 화합하지 못하고 자신과 함께 무너져버린다. 이리하여 죄를 범하고 하나님으로부터 분리된 영혼은 병들게 된다. 키에르케골은 이것을 "죽음에 이르는 병"이라 일컬었다.

다른 사람들이 행한 불법과 폭력으로 인해 영혼이 병들고 상처를 받았을 때, 영혼은 그가 당한 굴욕감과 함께 자기 자신을 괴롭히게 된다. 이리하여 죄가 영혼을 지배하게 된다. 그러나 그것은 그 자신의 죄가 아니라, 다른 사람들의 낯선 죄이다. 이 때에도 우리의 영혼은 병들게 되고, 자기 자신과 화합하지 못하며, 자신의 영혼에 대한 자기증오(Selbsthass)가 일어난다. 이리하여 영혼 안에 있는 하나님의 형상은 어두워지고, 영혼은 하나님의 거울을 더 이상 볼 수 없게 된다.

　첫 번째 경우에 우리는 불법과 폭력을 저지른 가해자들이다: "나는 내가 원하는 선한 일을 하지 않고, 도리어 원하지 않는 악한 일을 합니다. 내가 해서는 안 되는 것을 하면, 그것을 하는 것은 내가 아니라, 내 속에 자리를 잡고 있는 죄입니다."(롬 7:19-20) 그리하여 우리는 사도 바울과 함께 "누가 이 죄(죄의 세력)의 몸에서 나를 건져 주겠습니까?"라고 외치게 된다.

　두 번째 경우에 우리는 불법과 폭력의 희생자들이다. 우리는 굴욕과 모욕을 당했다고 느끼며, 우리의 자기의식 안에서 깊은 괴로움을 당하게 된다. 누가 우리를 이 괴로움의 심연에서 일으켜 세울 것인가? 누가 우리를 치유하여 우리가 다시 머리를 들고 올바른 발걸음으로 인생을 살아갈 수 있게 될 것인가?

　악을 범한 행악자들은 자기 자신과의 평화와 하나님과의 평화를 얻기 위해 죄의 용서를 필요로 한다. 시편 103편에 명시된 것처럼 악의 희생자들은 "폭력으로 인해 고통당하는 이들에게 공의를 세우시는" 하나님의 일으켜 세우심(Aufrichtung)을 필요로 한다. 그렇지 않고서 그들은 자기 자신과의 평화를 얻지 못할 것이다.

　죄악을 범한 행악자로서 우리는 어떻게 하나님과의 평화와 우리 자신과의 평화를 얻을 수 있는가? 이에 대한 답변을 우리는 잘 알고 있다. 즉 우리가 범한 죄의 용서를 통해서이다. 그러나 하나님은 어떻게 우리의 죄를 용서할 수 있는가? 우리는 이에 대한 답변도 잘 알고 있다: "피"를 통해서, 다시 말해 십자가에서 일어난 예수 그리스도의 생명의 희생을 통해서! 그래서 우리는 "세상 죄를 지고가는 하나님의 어린양(Agnus Dei)이여, 우리를 불쌍히 여기소서"라고 찬양한다. 우리는 믿기 때문에 이같은 죄의 용서를 받는가? 그렇지 않다: 우리가 믿게 하기 위해서이다! 왜냐하면 "우리가 하나님을 부인하고" "아직 죄인이었을 때에"(롬 5:5,8), 그리스도께서 우리를 위해 돌아가셨기 때문이다. 우리가 믿고 우리의 죄를 고백하기 이전에, 그리스도께서 "우리를 위해" 돌아가셨다. 하나님의 사랑은 우리 앞서 오는(zuvorkommende, "호의적"이라 번역되기도 함) 사랑이다. 하나님은 우리가 인식하기 전에 우리의 죄를 그리스도로 말미암아 용서하신다. 그러나 이것은 우리가 죄를 고백하고 진리를 통해 자유롭게 되기 위함이다. 그러므로 그리스도는 믿지 않는 자들을 위해서도, 타종교를 믿는 자들(Andersglaubigen)을 위해서도 돌아가셨다. 심지어 그는 그의 원수들의 죄를 용서하기 위해 돌아가셨다: "아버지여, 그들을 용서하소서. 그들은 자신이 행하는 것을 알지 못하기 때문입니다"라고 예수는 십자가에서 기도한다.

　이것은 우리 자신을 위해서는 물론 다른 사람들에 대한 우리의 생각을 위해서도 중요하다. 우리의 죄가 용서되고, 우리가 하나님과 그리고 우리 자신과의 평화를 찾았다면, 다른 사람들의 죄도 하나님의 용서를 받았다고 보아야 한다. 그리하여 우리는 그들을 하나님의 평화 속에서 바라보게 된다.

　이것은 다음과 같은 정치적 결과를 가진다: 지금도 나의 기억에 생생하게 남아 있다. 그것은 독일 연방의회에서 섬광과 같은 순간(Sternstunde)이었다. 믿음의 확신을 가진 개신교회 신자이며 후에 독일 대통령이 된 구스타프 하이네만(Gustav Heinemann)이 의회에서 연설을 하였다. 당시의 냉전체제 속에서 한 연설에서 그는 공산주의 진영과 서구세계의 관계 문제를 다루었다. "그리스도는 공산주의자들을 대적하지 않는다"고 하이네만이 말했을 때, 항의의 폭풍이 거세게 일어났다. 그렇지만 그는 계속해서 말하였다: "그리스도는 그들을 위해 돌아가셨다." 그러자 사람들은 당혹스러운 침묵에 빠졌다. 그리스도는 공산주의자들을 위해서도 돌아가셨다. 우리는 이것을 알고 있다. 왜냐하면 그리스도는 "우리가 아직 하나님 없는 자들이었을 때" 우리를 위해 돌아가셨기 때문이다.

　그렇지만 우리의 죄에 대한 하나님의 용서를 받았다 하여 우리는 이미 하나님과의 평화를 누리고 있는가?

> "우리 주 예수를 죽은 사람들 가운데서 살리신" 하나님을 우리는 믿습니다. 예수는 우리의 범죄 때문에 죽임을 당하셨고, 우리를 의롭게 하시려고 살아나셨습니다." (롬 4:25)

　십자가에서 예수는 우리의 죄악들을 "짊어지셨고" 이들을 우리의 영혼에서 제거하였다. 그렇지만 예수의 부활에서 비로소 새롭고 의로운 삶이 하나님과의 평화 속에서 시작된다. 죄의 용서는 우리가 그리스도로 말미암아 경험하는 구원의 절반에 불과하며, 나머지 절반은 부활하였고

의로운 삶에 있다: "누구든지 그리스도 안에 있으면, 그는 새로운 피조물입니다. 옛 것은 지나갔습니다. 보십시오, 새 것이 되었습니다."(고후 5:17) 우리는 용서를 경험한 죄인인 동시에, 부활의 영으로 말미암은 새로운 인간이다. 이것이 하나님의 완전한 평화이다.

이것은 평화에 대한 우리의 이해를 위해서 중요하다. 흔히 우리는 평화에 대해 다음과 같이 생각한다: 처음에 다툼이 있고 그 다음에 평화가 임한다. 그러고 나서 모든 것이 다툼이 없었던 이전처럼 다시 좋아진다. 평화에 대한 이같은 생각은 일면적이고 심지어 잘못된 생각이다. 하나님의 평화는 단지 다툼을 제거하고 안정(Beruhigung)을 회복하는 것이 아니라, 과거의 적대적이고 불안에 사로잡힌 삶의 자리에 대신 임하는 충만하고 새로운 삶에 있다. 적대적인 삶이 화해되는 것은 좋은 일이지만, 그것으로는 충분하지 않다. 새로운 생명으로의 부활과 함께 원수들로부터 새로운 사귐의 공동체(Gemeinschaft)가 형성된다. 죄의 용서는 과거를 향한(nach rückwärts) 하나님의 행위라면, 새로운 삶으로의 부활은 앞을 향한(nach vorwärts) 하나님의 행위이다. 화해는 적의에 찬 과거를 종결시키며, 생명으로의 부활은 새로운 미래의 시작이다.

서방교회에서는 항상 그리스도의 십자가가 중심점에 서 있었고, 십자가와 함께 그리스도의 대리적 고난과 죽음으로 말미암은 죄의 용서가 중심에 서 있었다.

그러나 동방교회에서는 그리스도의 부활과 함께 새로운 생명의 시작이 중심에 서 있다. 정교회는 부활절을 찬양한다.

"부활의 날,
빛이 우리에게 민족의 축제에 비춰게 하자,
우리 서로 포옹하자!
우리를 미워하던 자를 '형제'라고 말하자!
부활이 우리에게서 모든 것을 지나가버리게 하자!"

사도 바울도 이렇게 말한다:

"그러므로 우리는 믿음으로 의롭다 하심을 받았으므로, 우리 주 예수 그리스도로 말미암아 하나님과 더불어 평화를 누리고 있습니다." (롬 5:1)

바울의 이 말은 삶을 위해 어떤 실천적 귀결을 가지는가?

a) 우리는 우리의 죄를 인식하고 우리 자신에 대한 진실을 부끄러움과 두려움 없이 고백할 수 있게 된다. 우리의 죄는 용서를 받았고, 심판의 차가운 진리가 아니라 따뜻한 사랑의 진리가 있기 때문이다. 죄의 고백은 우리의 마음을 가볍게 하며 우리를 자유롭게 한다.

b) 우리는 우리를 죄의 곤경으로 이끌었던 삶의 옛 방향(Orientierung)을 버리고, 생명으로의 부활의 새로운 방향을 취한다. 이같은 마음의 회개는 고통이 아니라 기쁨이다.

c) 우리는 우리의 죄로 말미암아 일어난 비참함을 가능한 더 좋게 회복하고자 노력한다. 사실 상 우리는 아무 것도 "다시 좋게 만들" 수 없다. 왜냐하면 우리는 이미 일어난 일을 일어나지 않은 일로 만들 수 없기 때문이다. 그러나 우리는 우리의 잘못으로 말미암아 고난당하는 사람들을 도울 수 있다. 이로써 우리는 그들의 고난과 우리의 책임을 인정한다.

이것은 참회의 전통적인 세 가지 단계들(Schritte)이다. 하나님과의 평화가 없을 때 이 단계들은 고통으로 느껴지지만, 하나님과의 평화 속에서는 생명의 큰 기쁨이 된다. 성서적으로 참회는 잃어버린 아들이 집으로 돌아오는 귀향이며 아버지의 기쁨이다.

우리가 죄의 희생자일 경우, 하나님과의 평화 그리고 우리 자신과의 평화를 우리는 어떻게 찾을 수 있는가? 우리는 이것을 알지 못한다. 왜냐하면 기독교는 항상 가해자들에게 초점을 맞추어 왔고 희생자들을 망각했기 때문이다. 우리는 악의 가해자들을 어떻게 대해야 하는지에 대해서는 알고 있지만, 악의 희생자들에 대해 어떻게 해야 할 것인지 알지 못한다. 신학전통에서 우리는 죄인을 의롭게 하는 칭의를 알고 있다. 그러나 희생자들의 칭의에 대해서도 알고 있는가?

바울의 죄론(Sündenlehre)을 공관복음서의 예수와 비교할 때, 우리는 다음의 사실을 발견한다. 즉 예수의 첫째 관심은 죄인들이 아니라, 병자들, 가난한 자들, 그의 민족으로부터 배척당하는 자들에게 있었고, 가난한 민중들(ochlos)을 "불쌍히 여겼다"는(마 9:36) 것이다. 예수는 악의 희생자들을 불쌍히 여기시고 이들을 일으켜 세우시며, 이들을 그의 사귐의 공동체 안으로 받아들이시고 그들에게 하나님 나라를 약속한다.

구약성서의 시편을 읽을 때, 우리는 다음의 사실을 발견한다. 즉 하나님의 정의는 공의를 세우는 정의라는 것이다: "주님은 공의를 세우시며 억눌린 모든 사람의 권리를 변호하신다."(시 103:6; 146:7) 하나님의 정의는 선은 선으로, 악은 악으로 갚아주는 보응의 정의(vergeltende Gerechtigkeit)가 아니다. 오히려 하나님의 정의는 희생자들을 위해 공평을 세우시는 정의이며, 가해자들을 바르게 고치시는 정의이다.

그리스도께서 이 세상의 죄를 짊어지시고 죄를 용서하기 위해 돌아가시기 전에, 그 자신이 불법과 폭력의 희생자가 되셨다. 그리스도께서 걸으셨던 수난의 길은 그를 불법과 폭력의 희생자들에게로 인도한다. 이 희생자들은 그리스도 안에서 그들의 신적인 형제, 곧 그들의 비천함 속으로 들어와서 그들의 무력함을 함께 나누는 형제를 인식한다. 예수는 이들과 연대함으로써 그의 하나님과 하늘 아버지를 이 땅 위에로, 하나님의 버림을 받은 이 세상의 지옥 속으로 데려온다. 그 이후부터 예수의 십자가는, 하나님께서 악의 희생자들의 고통에 동참하시고 비천함 속에서 우리 가운데 거하신다는 것을 나타내는 표징이다.

마태복음 25장의 거대한 세계심판에 관한 이야기에서 사람의 아들(人子)은 자기를 죄의 희생자들 편에 세우시고, 굶주린 자, 목마른 자, 이방인, 병든 자, 갇힌 자들을 "나의 지극히 작은 형제들"이라 부른다.

우리가 이것을 인식할 때, 우리의 영혼에 어떤 일이 일어나는가? 믿음을 통해 우리의 상처받고 비천해진 영혼은 상처받으시고 비천해지신 그리스도와 연합하게 되고, 그리스도는 괴로움을 당하는 영혼을 그의 팔로 안으신다. 그는 우리의 고통과 슬픔을 짊어지심으로 우리를 그의 부활과 생명 속으로 받아들인다.

지난 몇 년 동안 독일에서는 가톨릭교회와 기숙사학교(Internaten)에서 일어난 성적 범죄의 희생자들에 대한 광범위한 토론이 진행되었다. 어린 아이로서 사제 혹은 교사에게 성적으로 오용당한 경험이 있는 성인들은 때로 30년 동안 이에 대해 입을 열 수 없었고 수치심 때문에 침묵을 지켰다. 교회들과 학교들은 죄의 희생자가 된 이들을 어떻게 도울 수 있는지 알지 못했다. 그러나 우리는 세 가지 단계를 발견하였다:

a) 진실만이 희생자들을 자유롭게 할 수 있다. 그들은 그들의 고난에서 뿐만 아니라, 그들의 굴욕에서 벗어나야 한다. 성적으로 오용된 희생자들은 그들에게 가해진 치욕스러운 일에 더하여 수치심이 가중된다. 그들의 영혼은 정신적 상처를 입었다. 그들은 인간으로서 그들의 존엄성에 대한 존중을 필요로 하며, 그들에게 불의한 일이 가해졌음에 대한 인정을 필요로 한다. 그들은 사랑의 보호영역(Schutzraum)을 필요로 한다. 그래서 그들이 당했던 것에 대해 치욕감 없이 이야기할 수 있어야 한다. 그들은 다시 자기 자신을 존중할 수 있게 되어야 한다. 그들은 영원히 희생자로 머물러서는 안 된다.

b) 고난당하신 그리스도 안에서 인간의 이 비참함의 심연 속으로 들어오신 하나님은, 그들에게 자기 자신과의 평화를 주시고 그들을 그 비참함의 심연으로부터 높이 들어올릴 수 있다.

c) 이를 통해 희생자들은 자신의 뜻을 꺾고 그들의 삶 속에 폭력적으로 뚫고 들어온 악을 극복할 수 있게 된다. "악에게 지지 말라"(롬 12:21)고 바울은 권고한다. 그러므로 너희는 악을 악으로 갚지 말아라. 이것은 악을 증대시킬 뿐이다. "악으로 선으로 극복하라"고 바울은 권고한다. 여기서 중요한 문제는 처벌을 받아야 할 가해자가 아니라, 가해자를 자기의

종으로 만든 악의 문제이다. 이 악은 먼저 희생자들에게서 극복되어야 하고, 그 다음에 가해자들에게서 극복되어야 한다. 악은 오직 선을 통해서만 극복될 수 있다. 보복하지 않고 용서하는 것은, 우리가 우리 자신에게 좋은 것을 행하는 것이다. 즉 우리는 우리의 영혼을 가해자로부터 자유케 한다. 이로써 악의 희생자들은 하나님과 더불어 평화를 누리고 그 자신의 영혼 안에서 평화를 누리게 된다.

우리에게 가해진 악을 용서하는 것은 희생자들이 행할 수 있는 왕권이다. 그것은 악의 희생자들을 악의 가해자들 위로 높이 들어올리고 그들을 모든 사물들의 자유로운 주인으로 만든다. 이같은 일이 어떻게 일어날 수 있는지를 우리는 마르틴 루터 킹(M. L. King), 넬슨 만델라(N. Mandela), 간디(M. Gandhi), 본회퍼(D. Bonhoeffer)에게서 볼 수 있다. 그리고 억울한 고난 속에서 자비로운 하나님을 경험하고 희생자들과 그리스도의 친교(Christusgemeinschaft)를 체험했던 많은 사람들에게서 볼 수 있다.

2. 평화의 정치

이제 나는 국가의 시민으로서 우리가 가진 일반적 권리와 의무를 다루지 않고, 평화의 정치에 관한 기독교 고유의 기여할 점을 살펴보고자 한다. 예수의 산상설교가 가르치는 하나님 자녀들의 "보다 나은 의"의 본질은 무엇인가? 그리스도인들은 정치의 공적인 영역에서 무엇을 행할 수 있는가? 아니면 우리는 정치의 공적인 영역에서 아무것도 모색하지 말아야 하는가?

여기서 나는 먼저 1989년 동독의 사회주의 독재체제를 붕괴시키고 독일의 통일을 유도한 민중봉기에 대해 살펴보고자 한다. 당시 동독의 라이프치히(Leipzig)에서는 매주 월요일 저녁마다 니콜라이 교회(Nikolaikirche)에서 작은 그룹의 그리스도인들이 평화의 기도를 드리기 위해 모였다. 이 기도회는 1989년 가을 동독 국민들의 저항행진으로 번지게 되었다. 베를린 장벽을 무너뜨리고 분단된 국토의 통일을 일으킨 평화적 혁명이 일어났던 것이다. 시위로부터도 아니고, 시위에 대한 대항을 통해서도 아니고, 바로 그리스도인들의 평화의 기도로부터 "폭력은 안 된다"는 구호가 터져나왔고, 폭력이 사용되지 않았다. 이를 통해 폭력을 통한 지배를 비폭력적 극복하는 일이 가능했을 뿐 아니라, 그 이후 전체 동유럽, 남아프리카 그리고 일년 전 아랍 국가들에서 실제로 일어났다. 억압당하는 국민들이 "우리가 국민이다"라는 자기신뢰(Selbstvertrauen)를 얻을 때, 그들의 힘은 독재자들의 폭력보다 더 큰 힘을 갖는다. 평화의 기도는 결코 무력하지 않다.

a) 힘(권력)과 폭력

우리는 폭력과 힘(Gewalt und Macht)을 분명히 구별코자 한다. 폭력은 다양한 부정적 현상들을 가리킨다. 즉 약자들에 대한 강자들의 관계 속에서 일어나는 일상의 폭력적 현상들을 말한다. 이것은 여성·아이·장애인·병자들에 대한 물리적 폭력(physische Gewalt)을 말한다. 그러나 연약한 자들을 괴롭히는 영적 잔인함(seelische Grausamkeit)의 폭력적 형태도 있다. 또 우리가 불의하고 비인간적이며 견딜 수 없다고 느끼는 많은 폭력들이 있다.

힘(Macht) 그 자체는 좋은 것이다. 사랑의 힘, 이해의 힘, 도움의 힘 그 자체는 좋은 것이다. 우리는 하나님을 "전능한 분"이라 부르며, 성령의 힘 속에서 우리의 생명이 "힘있게 되는 것"(Ermächtigung, Empowerment)을 경험한다.

선한 힘이 악한 힘으로 변할 때, 생명의 힘들은 생명 파괴적 충동으로 변질하며, 이것을 우리는 죽음의 충동으로 인식한다. 폭력은 본래 그 자체에 있어 좋은 힘들을 불의하게, 그리고 생명에 적대적으로 사용하는 것을 말한다.

생명에의 사랑이 죽음에의 사랑으로 변모한다.

어떻게 우리는 힘(권력)과 폭력(Macht und Gewalt)을 구별할 수 있는가? 우리는 양자를 생명 자체 안에서 구별할 수 있다: 힘은 생명을 강하게 하고 고양시키지만, 폭력은 생명을 침해하고 파괴한다.

이 구별이 옳다면, 다음과 같은 질문이 제기될 수 있다: 선한 힘들이 악한 폭력으로 변하는 경우도 많다. 그러나 악한 폭력이 삶의 선한 힘으로 변하는 반대의 길도 있는가? 죽음의 폭력(Gewalt des Todes)이 생명의 힘으로 변화될 수 있는가? 폭력행위에 투입된 에너지가 구원을 받고 생명의 힘으로 변형될 수 있는가? 예언자 이사야의 메시아적 약속은 바로 이것을 말한다:

> "주님께서 민족들 사이의 분쟁을 판결하시고 뭇 백성 사이의 갈등을 해결하실 것이니, 그들이 칼을 쳐서 보습을 만들고 창을 쳐서 낫을 만들 것이며, 나라와 나라가 칼을 들고 서로를 치지 않을 것이며, 다시는 군사훈련도 하지 않을 것이다."(사 2:4)

"칼이 보습으로": 평화의 정치를 위해 기독교가 기여할 수 있는 바는 바로 여기에 있다. 평화는 정체된 상태가 아니라 과정이다. 이 과정 속에서 중요한 것은 서로에 대한 불안이 서로에 대한 신뢰로, 서로에 대한 위협이 공동의 생명으로 변화되는데 있다. 군사적-산업적 복합시설(Komplexes)이 생명을 장려하는 산업으로 전환되는 데 있다. 평화 – 이것은 죽음으로부터 생명으로의 전향이다. 인류가 핵무기를 만든 이래로 군사적 위험이 증가 일로에 있다. 서로 상대방을 경악시킴으로써 평화를 유지코자 했지만 국지적인 전쟁들을 막지 못했다. 오늘 우리 인류가 살아남고자 한다면, 우리는 서로에 대한 불안을 버리고 서로를 신뢰해야 한다. 폭력을 감소시키고 생명의 힘들을 증대시켜야 하며, 군사적 대결을 철폐하고 시민들의 협동을 구축해야 한다. 과연 이것이 가능한가? 이것은 성공을 거둘 수 있는가? 이것은 믿음의 문제이다. 독일의 한 유명한 시인의 말은 이를 가리킨다.

"위험이 도사리고 있는 곳에, 구원하는 것도 자라난다."
(Friedrich Hölderlin, Tübingen).

b) 원수관계의 극복 - 평화의 창조
마지막으로 우리는 예수의 산상설교를 살펴보기로 하자. 팔복에서 우리는 다음과 같은 말씀을 읽는다:

"평화를 이루는 사람은 복이 있다. 하나님이 그들을 자기의
자녀라고 부르실 것이다." (마 5:9)

여기서 다음의 사실에 대해 주의하기로 하자: 이 말씀은 평화로운 사람들이 복이 있다고 말하지 않고, 평화를 이루는 사람들(eirenopoesis)이 복이 있다고 말한다. 자신의 영역 안에서 평화롭고 고요한 삶을 누리는 사람들이 복이 있는 것이 아니라, 원수들을 만나고 미움이 불타오르며 죽음이 위협하는 곳에서 갈등 속으로 들어가 생명을 사랑하고 평화를 이루는 사람들이 복이 있다는 것이다.

이들은 "하나님의 자녀"로 일컬어진다. 이것은 산상설교에서만 한 번 나타난다:

"너희 원수를 사랑하고 너희를 박해하는 사람을 위하여 기도

하여라. 그래야만 너희가 하늘에 계신 너희 아버지의 자녀가
될 것이다."(마 5:44-45)

"평화를 이룬다"는 것은 예수에게 무엇을 뜻하는가? 그것은 원수사랑(Feindesliebe, 적에 대한 사랑)을 뜻한다. "하나님의 자녀들"은 그들의 삶 속에서 오직 그들의 하늘 아버지의 뜻에 따라 살고자 하며, 미움과 원수관계(Feindschaft) 속에서 살고자 하지 않는다.

"그러므로 하늘에 계신 너희 아버지께서 완전하신 것 같이,
너희도 완전하여라."(마 5:48)

그들은 그들이 경험하는 원수관계에 반응하지 않고 하나님의 뜻에 응답한다.

"아버지께서는 악한 사람에게나 선한 사람에게나 똑같이 해
를 떠오르게 하시고, 의로운 사람에게나 불의한 사람에게나
똑같이 비를 내려주신다."(마 5:45)

어떻게 우리는 우리의 원수(적)들을 사랑할 수 있는가?
언젠가 일어났던 원수관계가 우리를 엄습할 때, 우리는 이에 대처하는 두 가지 가능성을 생각할 수 있다:

- 첫째 가능성은, 우리 자신이 우리 원수들의 원수가 되는 것이다. 그리하여 우리는 우리의 현실적 적들은 물론 잠재적 적들도 가급적 제

거해버리고자 할 것이다. 조지 부시(J. Bush junior) 대통령의 전략에 따라 모든 가능한 적들에 대한 군사적 선제공격을 통해 모든 적들을 섬멸하는 것이다. 이때 우리는 친구와 적을 이분법적으로 나누어버리는 치명적인 사고(Freund-Feind-Denken)의 포로가 된다. 곧 "누구든지 우리 편에 서지 않는 자는 우리를 대적하는 자이며," 그러므로 그는 폐기되어야 한다고 생각하게 된다.

- 둘째 가능성은, 우리의 원수들을 극복하는 것이 아니라, 원수와 나 사이에 발생한 원수관계를 극복하는 일이다. 이 때 우리는 서로 간의 신뢰를 구축함으로써 원수들을 우리와 함께 일하는 친구로 만들고자 할 것이다. 그러나 여기에는 전제가 있다. 즉 우리는 결코 우리 자신을 우리의 원수들의 원수로 만들지 않는다는 것이다. 우리는 우리에 대한 그들의 원수관계의 원인들을 인식하고 이 원인들을 제거하고자 노력할 것이다.

위의 첫 번째 길은 폭력을 행사하는 자들의 길이다. 이 길은 죽음으로 유도한다. 역사의 대학살 현장들은 그들의 헛된 망상을 보여준다. 왜냐하면 자기의 원수에게 원수가 되는 사람은 가능한 더 많은 원수들을 죽일 수 있기 때문이다. 그는 자신의 증오심으로 인해 언제나 새로운 원수들을 자기에게 만들어낸다. 세계를 원수와 친구로 나눔으로써 근본적으로 적대적인 세계가 형성된다. 우리가 우리 원수들의 원수가 될 경우, 평화는 존재하지 않을 것이다. 그러므로 우리는 먼저 원수관계로부터 우리 자신을 해방해야 한다. 원수관계는 희생자의 삶을 파괴할 뿐만 아니라, 가해자의 삶도 파괴하기 때문이다.

위의 두 번째 길은 평화를 세우는 자들의 길이다. 이 길은 생명으로 인도한다. 곧 원수들의 생명, 그 자신의 생명 그리고 원수관계가 없는 공동의 생명으로 인도한다. 이것은 원수사랑의 길이다.

어떻게 인간의 영혼 안에서 원수사랑이 가능한가? 만약 내가 불의한 일로 인해 고통을 당하거나 모욕으로 인해 괴로움을 당하거나 폭력으로 인해 상처를 입었을 때, 내 안에는 자동적으로 보응하고 싶은 욕구가 일어난다. 보응은 다음을 의미한다. 즉 나는 내가 당한 악을 나에게 그것을 가한 자에게 되돌려준다는 것이다. 보응을 통해 나는 나의 자존감(Selbstachtung)을 다시 회복한다. 그러면 나는 기분이 좋아질까? 그렇지 않다. 나는 나의 원수와 똑같이 악하게 된다. 나는 결코 그보다 더 낫지 않다. 나는 악으로 악을 보응함으로써 악을 두 배로 증가시킬 따름이다.

모세와 공자가 보여주는 상호성의 윤리(Ethik der Gegenseitigkeit)에서 내가 경험한 불의에 대해 적절히 반응하는 유일한 가능성은 보응*(갚아주는 것)에 있다. 만약 보응으로 갚아주지 않는다면, 우리는 약한 사람으로 보일 것이다. 예수께서 산상설교에서 가르치는 선제적 호의성의 윤리(Ethik der Zuvorkommenheit)에서 중요한 촛점은 원수관계를 극복하고 원수들이 전향하는(Bekehrung) 데 있다. 나는 원수관계에 대해 원수관계로 반응하지 않고 새로운 공생(Zusammenleben)을 창조한다. 이것은 생명을 위한 창조적 사랑의 길이다.

원수사랑의 첫째 단계는 나와 원수관계에 있는 사람이 나에게 강요하는 원수관계에 응대하지 않고, 오히려 머리를 위로 들고 나를 유혹하는 이 강요에서 자유롭게 되는 데 있다. 여기서 다음과 같은 방향설정(Orientierung)이 중요하다. 즉 우리는 우리를 미워하는 원수들의 원수가 아니라, "하늘에 계신 우리 아버지의 자녀들"이라는 것이다. 그러므로 우리는 미움을 미움으로, 미사일을 미사일로 응대하지 않고, 오히려 해와 비처럼 생명을 사랑하시기 때문에 해와 비를 악인과 선인에게 주시는 우리 하나님, 곧 예수 그리스도의 아버지께 상응하고자 노력해야 할 것이다.

원수사랑의 둘째 단계는 나와 다른 타자를 인식하는 데 있다. 마르틴 부버(M. Buber)는 이웃사랑의 계명을 다음과 같이 번역한다: "너의 이웃을 너 자신처럼 사랑하라. 그는 너와 같기 때문이다." 나는 나를 타자 안에서 인식하고, 타자를 내 안에서 인식한다. 그는 내가 나를 위해 요구하는 동일한 존엄성과 동일한 인권을 지니고 있다. 타자에 대한 이 같은 인식은 중요한데, 그 까닭은 모든 원수관계가 원수의 비인간화(Dehumanisierung)와 함께 시작되기 때문이다. 즉 그들은 수준 이하의 인간이고 유해한 해충이며 잡초이므로 "박멸되어야" 한다는 것이다. 이같은 비인간화와 함께 살인에 대한 정상적인 혐오감이 사라져버린다. 이로써 전쟁이 시작될 수 있다. 미국은 "거대한 사탄"이고 이스라엘은 "작은 사탄"이라면, 미국인과 이스라엘인들은 하나님의 원수일 것이다. 그러므로 그들이 발견되는 곳에서는 어디서든지 이들을 살해해야 한다고 생각하게 된다. 원수관계는 항상 타자를 사탄으로 간주하는 것(Verteufelung)과 함께 시작된다.

원수사랑의 셋째 단계는 원수관계가 일어나게 된 동기를 인식하는 데 있다. 일반적으로 인간의 공격행위는 자기가 당한 모욕감으로 인해 일어난다. 그러므로 원수관계에 있는 사람이나 민족이 당한 고난의 역사를 경청하고 그들과 더불어 과거의 괴로운 기억을 치유하고자 모색하는 것이 도움이 될 것이다. 이를 위해 필요한 것은 우월적인 교만한 태도가 아니라, 그들을 동정하고 아픔을 함께 느끼는 마음이다. 이와 같은 만남의 장소들은 다른 편에 있는 집단묘지이다. 이같은 만남의 시간들은 공동의 애도시간이다.

원수사랑은 순수히 감정적으로만 작용하는 것이 아니라 오직 좋은 의도와 함께 작용한다. 1980년대 평화운동의 구호였던 "지혜로운 원수사랑"(intelligente Feindesliebe)이 말하는 것처럼, 원수사랑은 지혜로워야 한다. 원수사랑은 합리적으로 앞서나가야 한다. 합리적 원수사랑과 함께 우리는 원수가 점점 더 깊은 원수관계에 빠지는 것을 막고자 노력해야 한다. 이것을 나는 다음과 같이 표상한다: 한 손으로는 공격적 행위를 방어하고, 다른 한 손으로는 평화와 공생을 제시하는 것이다. 나는 그들이 원수이기 때문에 사랑하지 않는 것이 아니라, 하나님께서 그들을 창조하였고 원수관계로 말미암아 그들이 그들 자신을 파괴하는 것을 원하지 않고 그들의 생명을 원하기 때문에 그들을 사랑하고자 한다.

사회학자 막스 베버(M. Weber)에 의하면, 이른바 많은 현실적 정치인들은 신념윤리(심정윤리)*[(Gesinnungsethik, 막스 베버는 신념윤리를 "종교적으로 표현하자면 '기독교는 올바른 행동을 하고 그 결과는 하나님에게 맡긴다'"고 설명하였다. Max Weber, Politk als Beruf 1919, Studienausgabe, Tubingen, 1994, 79)]를 수용하는 것으로 보인다. 그러나 예수가 가르치는 원수사랑은 마음의 윤리가 아니라, 그것은 현실적인 책임윤리*(Verantwortungsethik 막스 베버는 책임윤리를 "자기행위의 (예견할 수 있는) 결과(Folge)에 대해 책임져야 한다는 원칙하에 행동하는 것이다"고 말하였다(Max Weber, Politk als Beruf, 79)이다.

원수사랑은 그 자신의 생명과 자기에게 속한 생명들에 대한 책임은 물론, 원수들과 그들에게 속한 생명들에 대한 책임도 짊어질 것을 요청한다. 이는 햇빛이 악인과 선인 모두에게 비치고 모든 사람에게 생명을 선사하는 것과 같다.

나는 제2차 세계대전이 끝난 뒤에 다음과 같은 아름다운 이야기를 들었다. 그것은 러시아의 한 소박한 여인에 관한 이야기이다. 그녀는 기차를 타고 그 마을을 지나가는 독일인 전쟁포로들에게 빵을 나누어주었다. 러시아 군인들이 적군인 독일 군인들에게 빵을 주는 그녀의 행위를 금지하려고 했을 때, 그녀는 이렇게 대답하였다: "나는 모든 굶주린 자들에게 빵을 주는 것입니다. 독일 군인들이 러시아인 전쟁포로들을 데리고 우리 마을을 지나갈 때도, 나는 당신들에게 먹을 것을 주었습니다. 그리고 언젠가 당신들이 나치 비밀경찰의 포로가 되어 우리 마을을 통과할 경우, 나는 당신들에게도 빵을 줄 것입니다." 이같은 원수사랑은 공생을 위한 해의 빛과 비의 힘에 견줄 수 있다.

4장

질병과 치료의 과정 속에서 그리스도에 대한 경험

2012/2013년 기독교 건강학술대회를 위한 이 강연에서 나는 핵심적으로 두 가지 질문을 다루고자 한다:

1. 질병에 걸렸을 때, 우리는 무엇을 경험하는가?

2. 건강하게 될 때, 우리는 무엇을 경험하는가?

   - 질병의 경험도 그리스도에 대한 하나의 경험인가?
   - 치료의 경험도 부활에 대한 하나의 경험인가?

1. 다양한 관점에서 본 질병

a) 의사의 관점에서

이것은 질병을 인지하는 첫 번째 관점은 아니지만, 가장 공적인 관점일 것이다. 그 까닭은 우리가 이 관점을 가장 중요한 것으로 간주하기 때문이다: 한 환자가 의사에게 올 때, 의사는 그에 관한 자료들을 기록하고, 그의 신체적 기능들을 측정하고, 엑스레이 사진 등을 찍을 것이다. 이를 통해 그는 환자의 고통에 대한 하나의 상(Bild)을 얻고자 할 것이다. 그 다음에 그는 기록된 사실들을 질병의 징후로 판단할 것이다. 적절한 진찰이 끝났을 때, 그에 부합하는 치료가 시작될 수 있을 것이다. 질병이 극복되었을 때, 혹은 흔히 말하는 것처럼 질병이 정복되었을 때, 질병 이전의 상태(status quo ante)가 회복되고, 환자는 "건강한" 사람으로서 퇴원하게 될 것이다.

환자에게서 질병을 분리시키고, 질병을 일으킨 병원체에서 시작하여 질병의 과정에서 일어나는 전형적 작용에 이르기까지 인과의 고리(Kausalkette)를 파악하게 되는 정도에 따라 치료가 가능해진다. 환자에게는 하나의 전형적인 질병의 상이 적용되며, 그는 이 질병의 "사례"로서 다루어진다. 그의 영혼과 삶의 역사와 그리고 그의 내적인 삶을 가진 환자 자신은 -심리적 질환을 제외하고- 거의 고려되지 않으며, 심지어 의식적으로 무시되기도 한다. 오늘날 의사의 "진료실"에서는 대화가 별로 이루어지지 못하는데, 이는 많은 시간을 소요하며, 의료보험회사는 이 시간을 보험수가 대상으로 인정하지 않기 때문이다. 파울 뤼

트(P. Lüth)가 이미 1972년 그의 『비판적 의학』(Kritische Medizin)에서 진술한 바와 같이, "대체로 병원은 말이 없다." 내 자신이 5년 전 수개월 동안 병원에 입원해 있었기 때문에, 나는 지금 내가 말하고 있는 바를 잘 알고 있다. 이것은 피할 수 없는 일이요 "현실적 강요"(Sachzwang)에 속한다. 나는 이것을 내 생명을 구해준 의사에 대한 존경과 연민과 함께 말하고 있다.

b) 환자의 관점에서

"질병 그 자체는 존재하지 않는다. 우리는 단지 병든 사람들만을 알고 있다"고 루돌프 폰 크렐(R. von Krehl)은 이미 1930년 그의 『병리학적 심리학』(Pathologische Physiologie)에서 기술하였다. 이것은 분명 의사들의 관점에서는 이상하게 보이지만, 환자들의 관점에서는 맞는 말이다. 우리가 어느 날 아침 몸이 아픈 상태로 깨어날 때, "나는 몸이 아프다. 나는 지금 좋은 상태가 아니다"라고 말한다. 우리는 우리 자신에 대한 관계에 있어서 하나의 장애를 느낀다: 내가 아프다, 나의 자기느낌이 침해 당하였다. 나의 인격이 타격을 입은 것이다. 우리는 항상 이같은 질병에 대한 인식과 함께 시작하여, 어떤 특정부위를 확정하는 의식과 함께 "나는 지금 심장의 장애를 갖고 있다"고 말할 수 있다. 이로써 우리는 질병을 존재에서 소유로(vom Sein in das Haben) 밀어버린다. 우리는 질병에 대해 간격을 두고, 질병에서 우리의 자아를 구별한다. 이것은 정상적이고 필요불가결한 과정이다. 나는 질병에 거리를 둠으로써 질병에 대해 내 입장을 취할 수 있고 질병에 대처할 수 있다. 그렇지만 내가 한 사람의 낯선 의사처럼 내 질병에 대해 객관적 거리를 가지기는 현실적으로 어려운 일이다. 내가 갖고 있는 질병들은 내 존재의 삶의 영역 안에 머물러 있다. 나는 질병을 인식해야 하고, 이를 받아들이고 극복을 위해 노력해야 한다. 질병이 병원에서 객관적이고 비인격적으로 다루어진다 해도, 그것은 내 인격적 삶의 일부이다. 나는 이 질병으로 인해 고통을 겪을 뿐만 아니라, 내 인격의 힘을 통해, 나의 믿음과 삶의 의지를 통해 이에 영향을 끼칠 수 있다. 다른 사람들은 나에 대한 사랑을 통해 질병에 영향을 끼칠 수 있다. 환자는 그의 삶의 인격이고 또 삶의 인격으로 존속한다.

모든 질병은 내 삶의 역사의 일부이다. 그것을 체험하고 이해코자 한다면, 나는 그것을 받아들여야 한다. 일반적으로 우리는 질병을 정상적이고 활동적인 삶의 장애로만 인식하고 이를 가급적 빨리 망각한다. 이로써 우리는 질병이 우리에게 말하고자 하는 바를 놓쳐버리게 된다. 만약 우리가 단지 우리의 건강한 시간들만을 소중히 여긴다면, 우리의 삶은 피상적이 되고 빈약해지게 될 것이다. 이것을 우리는 노령의 질병에서야 뒤늦게 깨닫는다. 그렇지만 질병과 건강에 대한 경험에는 본질적인 차이점들이 있다. 우리는 그 하나를 이미 언급했는데, 이는 곧 병들어 있음(Kranksein)과 질병을 가지고 있음의 차이를 말한다. 놀랍게도 우리는 건강할 때, "나는 건강하다"고 말하지만, "나는 건강을 가지고 있다"고 말하지 않는다. 질병은 다수이지만, 건강은 항상 단수이다. 질병은 다양한 장애들 고통임에 반해, 건강은 "나는 건강하다"고 말하듯이 전체적이다. 그러므로 우리는 우리의 건강 상태에 대해 별로 말할 게 없다. 아프지 않을 경우, 우리는 우리의 건강을 전혀 감지하지 못한다. 한때 어떤 사람이 말한 것처럼, 신체 기관들이 침묵할 때, 우리는 건강하다고 생각한다. 건강은 마치 하나의 행복처럼 우리를 지탱하는 하나의 상태이다. 우리가 아프게 될 때 비로소 우리는 건강이 무엇인지 알게 된다. 더 이상 건강을 갖지 못할 때, 우리는 건강을 인식하게 된다.

c) 예수의 관점에서

 복음서에 의하면 사람들이 예수에게서 맨 처음 체험한 것은 하나님의 영을 치유하는 능력이었다. 따라서 복음서에 의하면 예수 가까이에서 나타난 사람들은 바울에서처럼 "죄인들"이 아니라 병자들이었다. 이들은 사람들이 그 속으로 밀어냈던 구석진 변두리와 어둔 그늘로부터 나와서 예수의 가까우심을 찾는다. "해가 저서 날이 저물 때에, 사람들이 모든 병자와 귀신 들린 사람을 예수께로 데리고 왔다. 그리고 온 동네 사람이 문 앞에 모여들었다. 그는 온갖 병에 걸린 사람들을 고쳐 주시고, 많은 귀신을 내쫓으셨다. 예수께서는 귀신들이 말하는 것을 허락하지 않으셨다. 그들이 예수가 누구인지를 알았기 때문이다."(막 1:32-34) "악령들"은 인격적으로 표상된 혼란과 파괴의 세력들이다. 이 세력들의 고유한 기쁨은 사람들에게 고통과 괴로움을 주는 데 있다. 옛 유대교의 희망이 말하는 바에 의하면, 메시아가 오실 때, 이 괴로움을 주는 영들은 이 땅에서 사라져버릴 것이며, 인간은 다시금 건강하고 분별있게 살아갈 수 있을 것이다.

 기적과도 같은 병자의 치유는 고대세계에서 자주 있는 일이었다. 학문적 의학이 지배하는 우리 현대 세계 안에도 사람들이 일컫는 자발적 치유들(Spontanheilungen)이 일어난다. 그러나 예수의 병자 치유는 일반적인 것과는 다른 지평에 서 있다. 즉 예수의 병자 치유는 하나님 나라의 도래와 관계되어 있다. 살아 계신 하나님이 자신의 피조물에게 임하실 때, 괴로움의 세력들은 물러가고, 괴로움을 당하던 피조물들은 건강을 되찾는다. 살아 계신 하나님의 나라는 죽음의 세력들을 몰아내고 생명의 싹을 확산시킨다. 종교적 의미에서의 치유뿐만 아니라, 육체적 경험에서의 긴장도 가져온다. 병자의 치유 속에서 하나님 나라는 살아 생동한다. 생명의 영은 병들어 있고 사멸할 수밖에 없는 것을 살아 생동하게 만든다. 오늘날 우리 중에 많은 사람들이 이와 유사한 것을 몸소 경험하지 못했기 때문에 예수의 병자 치유에 관한 이 이야기들을 인격적으로 이해할 수 없다할지라도, 우리는 그것의 도움으로 다음의 사실을 이해할 수 있을 것이다. 즉 하나님의 생명의 힘은 우리의 육체를 관통하고자 한다는 것이다. 그리고 우리는 하나님 나라의 유기체적 측면을 파악하게 될 것이다.

모든 무거운 질병들이 죽음의 전조(Vorboten)라면, 우리는 예수의 병자 치유도 전조로 이해할 수밖에 없다. 즉 병자의 치유는 부활의 전조이다. 이 사멸하는 생명이 영원한 생명으로 거듭날 때, 예수가 병자들에게 행하셨던 것들이 완성될 것이다. 모든 무거운 질병 속에서 우리는 죽음과 싸운다. 그 반면 모든 치유 속에서 우리는 부활의 무언가를 체험한다. 우리는 마치 "새롭게 태어났고" "생명을 다시금 선사받은" 것처럼 느낀다. 그리하여 우리가 아직 경험하지 못했기 때문에 상상할 수 없는 일, 곧 부활과 미래 세계의 생명이 일어나게 된다.

사람들이 한 병든 소년을 예수께 데려왔을 때, 예수는 소년의 아버지에게 "'할 수 있으면'이 무슨 말이냐? 믿는 사람에게는 모든 일이 가능하다"고 맹세한다. 그러자 소년의 아버지는 "내가 믿습니다. 믿음 없는 나를 도와주십시오"(막 9:23-24)라고 눈물로 대답하였다. 이렇게 작은 불신앙적 믿음으로도 병이 치유될 수 있었다. 예수는 "손으로 소년을 부여잡았고 소년을 일으켜 세우자, 소년은 일어섰다." 병든 여인들의 이야기는 좀 더 강력하게 말한다. 그것은 "혈루병에 걸린 여인"의 이야기이다(막 5:25ff.). 이 여인은 무리를 뚫고 지나가 예수의 뒤에서 몰래 다가가 그의 옷자락에 손을 댄다: "내가 그의 옷자락에 손을 대기만 하여도 나을 것이다"라고 여인은 혼자말로 말한다. 혈루병 걸린 여인은 당시 사람들이 생각했듯이 육체적 접촉을 통해 예수를 "불결하게" 만들지만, 그 자신의 치유를 예수로부터 받아낸다. 예수는 "즉시 자신에게서 능력이 나간 것을 몸으로 느끼셨다." 그는 그 여인을 바라보면서 이렇게 말한다: "딸아, 네 믿음이 너를 구원하였다. 안심하고 가거라."(막 5:34)

이같은 다양한 관점들을 비교할 때, 우리는 다음과 같이 확언할 수 있다: 예수는 병자의 관점에서 질병을 인지한다. 그는 질병을 치유하기보다 병자를 치유하신다. 그는 그가 살아가고 역사하는 성령의 치유하는 능력에, 또한 인간의 믿음의 능력에 맡기신다. 그는 "하나님 면전에서"의 차원에서 인간을 바라본다. 이 차원 속에서 예수는 장차 도래할 하나님 나라의 생명의 영과 괴롭히는 "악령들"의 죽음의 영, 우리에게서 자유를 빼앗고 우리를 병들게 하는 불안과 충동 사이의 투쟁 속에 있는 우리를 바라본다.

2. 다양한 관점 속에서의 건강

여기서 우리는 건강에 관한 다양한 개념들을 개별적 인간들의 그룹들*(청년층, 노인층, 부유층, 빈곤층 등)에 따라 배열할 수 없다. 오히려 인간의 인격 핵심(Personkern)에 멀거나 가까운 건강의 표상들을 다루고자 한다.

a) 지그문트 프로이드(S. Freud) 그리고 일련의 다른 학자들은 건강을 "노동력과 향유할 수 있는 능력"이라 정의하였다. 한 인간의 노동력이 약화되고 향유할 수 있는 능력에 있어서 장애를 겪을 때, 그는 "병든" 사람으로 간주된다. 이 두 가지 능력이 다시금 회복되면, 그는 "건강한 자"로 일컬어질 수 있다. 건강에 대한 이같은 평범하지만 보편적인 정의는 정확히 능력 위주의 산업사회에 상응하는데, 이 사회는 그 중심적 가치에 있어서 생산과 소비를 지향한다. 근대 이전의 사회들과 유럽 바깥의 문화들은 다른 가치를 장려함으로써 건강에 대한 다른 개념, 일례로 사회적 개념을 가지고 있다. 이것은 특별히 아시아와 아프리카에서 서구 의학이 확산될 때 분명하게 나타난다. 건강에 대한 이같은 개념 정의는 서구 세계에서도 많은 사람들을 건강하게 하기보다, 오히려 병들게 하고 무능력자로 낙인찍으며, 노년층을 "무가치하고" "쓸데없는 잉여 인간"으로 만들어버린다.

b) 국제적인 세계보건기구(WTO)는 건강에 대한 좀 더 넓은 정의를 제시하였다. 즉 "건강은 완전한 육체적·정신적·사회적 건재함

(Wohlbefinden)을 뜻하며, 단지 질병과 결함이 없는 상태만을 뜻하지 않는다." 이것은 건강에 대한 최대한의 정의(Maximaldefinition)인데, 부정에 있어서는 좋지만 긍정에 있어서는 인간이 할 수 있는 바를 넘어서는 정의이다. 모든 면에서 완전히 건재하다고 느끼는 상태 속에 있는 사람만이 "건강하다"고 간주된다면, 모든 사람이 정도의 차이는 있지만 병든 상태에 있게 된다. 모든 사람이 파라다이스에서 살지 않기 때문이다. 이상적인 "사회적 건재함"의 기준으로 측정할 경우, 어느 사회도 그것을 보장해 줄 수 있는 "건강한" 사회가 아닐 것이다. 이러한 이상에 근거하여 오늘날 건강 시스템에 대한 인간의 요구들이 측정할 수 없을 정도로 증가한다. 모든 면에서 완전한 건재함(Ideal des allseitigen Wohlbefindens)이란 하나의 유토피아이지, 특별히 인간적인 유토피아가 아니다. 그것은 고난이 없는 생명, 고통이 없는 행복, 갈등이 없는 공동체의 유토피아이다. 그것은 죽음이 없는 생명의 유토피아이다. 죽지 않는 생명만이 "완전한 건재함"을 줄 수 있기 때문이다. 건강과 육체적, 정신적 온전함은 사실상 모든 인간이 요구할 수 있는 인간의 권리이다.

그런데 하나의 "상태"는 인간 존재를 위한 건강한 생명력을 뜻하지 않는다. 만일 건강이 도달할 수 있는 하나의 상태를 뜻한다면, 건강은 그 자신에 대해 인간이 성취할 수 없는 요구를 유발하게 된다. 현재 부유한 국가에서 성행하는 핏트니스 숭배, 광적인 다이어트, 다양한 안티 에이징(anti-aging) 방법 등은 이것을 보여준다. 건강 시스템에 대한 요구들이 증가하면서, 인간은 그의 건강상태에 대한 자신의 책임을 외면한다. 이같은 현상을 보면서 우리는 다음과 같이 질문할 수 있다: 인간성을 구하기 위한 반대 운동은, 건강과 질병이 다시금 인격화되고 노화와 죽음이 삶의 일부로 수용되도록 노력해야 하지 않겠는가? 이 제안은 건강에 대한 다른 개념정의를 시사한다.

c) 우리가 질병을 특정한 인체 부위의 기능장애(Funktionsstörung)라고만 판단할 경우, 건강은 장애가 없는 상태를 뜻하게 된다. 그러나 장기간의 중병은 인간 존재 전체에 해당한다. 이같은 관점에서 건강은 "장애가 없는 상태가 아니라, 장애와 더불어 살아갈 수 있는 힘"을 뜻한다. 여기서 건강은 어떤 상태(Zustand)라기보다는, 건강하거나 병약한 상태 속에 있는 "인간 존재에의 힘"(Kraft zum Menschsein)을 말한다. 우리가 이전에 말했던 이 영적인 힘은 행복과 고난, 기쁨과 슬픔에 대한 능력 속에서, 생명을 수용할 수 있고 생명을 헌신할 수 있는 힘 속에서 잘 나타난다. 신학적으로 말해, 그것은 하나님의 위대한 긍정 속에 있는 생명과 죽음의 긍정, 하나님의 더 넓은 공간 속에 있는 생명과 죽음의 수용을 말한다. 이같이 이해할 때, 건강과 질병은 항상 반대되는 명제들(Gegensätze)이 아니다. 자신의 질병과 매우 건강하게 교류하면서 건강을 보여주는 사람들도 있다.

이에 반해 전반적 건재함(Wohlbefinden)의 상태가 곧 건강이라는 일반적 견해가 확산될 경우, 건강한 상태와 병든 상태에 대한 병적인 견해가 생성될 있다. 왜냐하면 여기서 인간 존재는 건강함(Gesundsein)과 동일시되기 때문이다. "중요한 것은 건강이다"라고 말할 경우, 질병은 존재해선 안 될 것으로 생각된다. 이로 인해 환자들은 공적인 삶에서 배제되고, 질병은 인간에게서 자기 신뢰와 자존감을 빼앗아버리는 일종의 재앙으로 간주된다. 현대사회의 건강숭배, 웰니스-종교(Wellness-Religion)는 그것이 극복하고자 하는 바로 그것, 곧 질병에 대한 불안을 야기한다. 질병과 결함을 극복하기보다, 병든 사람들과 결함있는 사람들이 배제되어 버린 보편적 건재함의 이상을 확산시킨다. 건강한 사람들이 결함있는 자와 장애인, 노인과 노동력을 상실한 사람들을 외면한다면, 이것은 이들에게 "사회적 죽음"을 선고하는 것과 마찬가지다. 이들에 대한 관계는 단절되고, 이들은 무가치한 존재로 간주된다. 생명의 건강을 위해 기여해야 할 그것이 거꾸로 소외된 자들을 병들게 만든다. 그러므로 WHO의 건강에 대한 개념정의는 오해될 소지가 매우 크다. 그것은 모든 것에 대해 언급하지만, 죽음에 대해 언급하지 않기 때문이다. 그러나 인간의 죽음을 깊이 유념하지 않을 때, 건강에 대한 모든 개념정의는 허구가 된다. 출생과 마찬가지로 죽음도 삶의 한 부분이다.

중병은 때때로 삶의 위기를 초래한다. 이같은 삶의 위기에는 의미의 위기(Sinnkrise)도 속한다. 환자는 자신의 삶을 더 이상 이해하지 못한다. 질병은 지금까지 환자가 신뢰했던 자기의 삶의 기반들을 빼앗아버리기 때문이다. 이에 대한 반응으로 그는 혹은 그녀는 자기 자신에 대해 분노하고 다른 사람들을 공격하며, 결국 깊은 체념과 무감각(Apathie)에 빠져버린다. 자신의 건강, 유능함 혹은 아름다움을 더 이상 신뢰할 수 없고, 자신의 능력이나 욕구로부터 자존감을 더 이상 획득할 수 없다고 느낄 때, 그는 무너져버리게 된다. 아니면 보다 더 큰 신뢰와 보다 더 깊은 자기존중(Selbstachtung)으로 말미암아 생명에의 힘을 얻을 수 있다.

이런 유형의 삶의 위기는 우리에게 하나의 기회를 제공하기도 하는데, 곧 위협당하고 빼앗긴 소유를 더 이상 신뢰하지 않고, 보다 더 견고한 토대를 신뢰할 수 있는 기회를 제공한다. 선한 업적의 공허함을 통해, 자신의 능력에 대한 교만 위에 구축된 모든 자기 의(Selbstgerechtigkeit)는, 자신의 유능함에 대한 신뢰를 통해 형성되며 자신의 건강에 대한 불안에 가득 찬 숭배로 유도하는 자기 의 속에서도 발견된다.

인간의 생명은 결코 목적을 위한 수단이 아니다. 그것은 살아있기 때문에 산다. 우리는 의미있게 살기 위해 "이용되어선" 안 된다. 생명은 그 자체에 있어 좋은 것이다. 그것은 영원 전부터 사랑받고 긍정되고 의롭다고 인정받기 때문이다. 그것은 자기 자신에 대한 큰 불안을 가질 필요가 없기 때문에, 자기정당화(Sebstrechtfertigungen)를 필요로 하지 않는다. 우리가 말했던 바 "인간 존재에 대한 힘"은 그 안에서 우리가 살아가고 또 죽을 수 있는 하나님으로 말미암은 거대한 긍정에 있다. 인간의 생명은 받아들여지고 긍정되고 사랑받을 때 인간적으로 살게 된다. 그러므로 우리는 인간 생명의 유한성 속에서 그 자체를 받아들이고 인간 생명의 결함 속에서 그것을 사랑할 수 있다. 이같은 믿음 속에서 우리 인간은 변화무쌍한 삶에 직면하여 큰 자유를 경험한다. 이것은 "삶과 죽음 속에서 우리가 얻을 수 있는 유일한 위로"라고 하이델베르크 교리문답서(Heidelberger Katechismus)는 명시한다. 이로부터 우리는 다음과 같이 추론할 수 있다. 즉 죽음 속에서 위안을 주지 못하는 것은 생명에 기여하지 못한다는 것이다.

3. 예수의 관점에서의 건강

"그를 만진 모든 이들이 건강하게 되었다."(마 14:36) "네 믿음이 너를 건강하게 하였다"(막 5:34). 복음서에서 "건강하다"와 "건강하게 하다"는 무엇을 의미하는가? 예수의 치유와 믿음에 있어서 특별한 것은 단지 활동 능력의 회복, 이를테면 소경이 보고, 벙어리가 말을 하고, 절름발이가 다시 걸을 수 있게 되는 데만 있지 않다. 또 "건강한 자는 의사를 필요로 하지 않는다"라는 말씀이 생각케 하듯이, 단지 병든 상태로부터 정상적 상태로의 복귀에만 있지도 않다. 오히려 그것은 먼저 온전케 되는 데 있다. 예수는 망가져버린 것을 "치유하시고" 온전케 하신다. 그러므로 리카르다 휴(R. Huch)는 예수를 "온전케 하는 자"(Ganzmacher)라고 일컬었다. 하나의 온전한 인간이 되는 것은 영혼과 육체를 포괄한다. 영어로 말해 온전케 됨은 "becoming whole"을 의미하는데, 이것은 "거룩하다"(holy)와 같은 어근에 속한다. 한 인간의 온전성은 그의 신체 기관들과 영혼의 조화를 의미하며, 이 조화는 인간이 자기 자신과 하나 되는(Einigkeit) 데 있다.

그러나 어떠한 인간도 로빈슨(Robinson)처럼 무인도에서 자기 혼자 살지 않는다. 그러므로 인간이 자기 자신과 하나 되는 것은 다른 인간을 통한 인정에 의존한다. 내가 존경받고 인정을 받을 때, 나는 나 자신과의 평화 속에서 내 자신일 수 있다. 내가 사랑을 받을 때, 나는 나 자신을 사랑할 수 있다. 내가 존중을 받을 때, 나는 나 자신을 존중할 수 있다. 나는 다양한 사회적 관계 속에서 실존하고 나 자신을 다양한 관점들 속에서 인식하며, 나의 삶의 역사는 나의 출생 이래로 변화되기 때문에, 온전함의

카테고리는 본래 신학적 카테고리이다: 하나님 한 분만이 나를 그의 온전함 속에서 바라보신다. (시 51편)

오직 하나님만이 나의 과거의 되어졌던 모습과 현재의 되어진 나를 아신다. 나의 삶의 역사는 하나님의 기억 속에서 현존한다. 내가 하나님의 인정을 받고 사랑을 받을 때, 나는 나 자신과의 평화 속에 있으며 하나의 온전한 인간일 수 있다. 따라서 예수는 인간을 멸망시키고 인간의 부분들을 지배하는 악령들을 내쫓으신다. 누구든지 귀신들린 자는 그 자신이 아니다. 누구든지 불안 속에서 살아가는 자는 분열 상태에 있다. 인간은 하나님의 평화 속에서야 비로소 "선하고 온전하며 아름답게"(엘리자베트 몰트만-벤델) 된다. 그러므로 예수의 치유는 죄의 용서도 포함한다. 괴롭게 하는 양심의 고통과 자기 회의가 죄의 용서 속에서는 내쫓김을 당하고, 하나님과 잘못된 죄인들의 불행한 관계가 하나님 자신으로 말미암아 하나님 자신을 통해 바르게 교정된다. 예수의 삶의 치유하는 능력과 그의 고난의 화해의 능력은 예수의 인격 안에 있는 하나님의 영의 현존에 있다. 예수의 의미에서 "건강하다"는 것은 평화의 인간, 하나님의 사랑을 받는 인간, 곧 "구원을 받았고 온전한"(saved and sound) 인간을 말한다.

4. 그리스도 경험으로서의 질병과 건강

위에서 나는 질병과 치유에 대한 우리의 내적인 태도가 질병의 과정과 치유에 얼마나 영향을 미치는지를 기술하였다. 끝으로 나는 우리가 얼마나 그리스도에 대한 신앙 속에서 우리의 질병과 우리의 치유를 경험하는지를 질문하고 싶다. 그러나 나는 신앙은 양자를 우리 자신과 연관시키기 때문에, 차라리 우리의 질병 속에서 우리는 어떤 그리스도 경험을 가지는지, 어떤 그리스도 경험이 우리의 치유 속에 숨어 있는지 질문하고 싶다. 그리스도는 우리의 믿음이 약해질 때도 우리 가운데 거하신다. 그리스도는 믿음이 없는 자들 가운데도 거하신다. 그리스도는 우리가 병상에 다가가기 전에 거기 계신다. 우리가 그리스도를 병자에게 데려오는 것이 아니라, 우리는 병자가 있는 바로 그 곳에서 그리스도를 그와 함께 발견한다.

a) "그는 실로 우리가 짊어져야 할 질병과 우리가 받아야 할 고통을 대신 받으셨다"(사 53:4)라고 예언자 이사야는 고난당하는 하나님의 종에 대해 말한다. 애초부터 그리스도인들은 하나님의 종을 고난당하고 십자가에 달리신 예수에게서 발견하였다. 우리는 우리의 질병 속에서 우리 자신을 병에 걸린 자로서 경험할 뿐만 아니라, 예수를 "우리의 질병을 짊어진 자"로 경험한다. 따라서 나는 질병의 고통 속에서 나를 괴로움 당하는 자로 경험할 뿐만 아니라, 예수를 나의 고통을 짊어진 자로 경험한다. 그렇지만 이것은 다음의 사실을 의미한다: 나의 고난의 시

간은 나를 깊숙이 나의 수난(Passion) 속으로 인도한다. 내가 고난당하는 그 자리에서 나는 예수가 당했던 고난을 깨닫는다. 믿음 속에서 의식되는 모든 질병의 경험은 우리를 언제나 더 깊은 그리스도의 인식(Christuserkenntnis)으로 이끈다. 우리는 그리스도를 우리 안에서 경험할 뿐만 아니라, 그리스도 안에서 우리를 경험한다. 우리의 고통은 우리를 그리스도의 고통에로 인도한다. 그리스도는 우리 안에 거하시고, 우리는 그리스도 안에 거한다.

이것을 우리는 콜마(Colmar)의 마티아스 그뤼네발트(M. Grünewald)가 그린 그림 "이젠하임 제단"(Isenheimer Altar)에서 매우 경이로운 방법으로 인식할 수 있다: 언젠가 그는 페스트 환자들을 위한 한 병원에 있었다. 이 병원의 환자들은 이른바 "거룩한 불"(Heiliges Feuer), 곧 페스트 류의 부스럼과 문둥병 비슷한 부패(Fäulnis)를 일으키는 맥각중독증*(Mutterkornvergiftung, 습기로 부패한 곡물류에 세균 침투로 인해 생성된 독소가 몸 속의 모든 혈관을 폐쇄함으로 일어나는 증세들)에 걸려 있었다. 치명적 질병에 걸린 환자들은 십자가에 달려 관절이 탈골된 그리스도의 육체 위에서 그들의 페스트 부스럼을 바라보았다. 그리스도는 그들의 치명적 질병을 감당하셨고, 그들은 그의 고통에 동참하였다. 이것은 질병 속에서 이루어지는 깊은 그리스도의 친교(Christusgemeinschaft)를 계시한다.

또한 여기서 중요한 것은 "짊어짐"(Tragen)에 있다. 이는 곧 이스라엘의 오래 된 하나님 경험을 말한다: 하나님은 하늘로부터 내려오는 전능한 지배자가 아니라, 오히려 자신의 백성을 짊어지고 책임지는 인내하는 종과 같은 분이다. 우리의 하나님은 짊어지는 하나님이시다(디트리히 본회퍼). 이집트의 종살이로부터 이스라엘의 자녀의 탈출에 있어서 하나님은 단지 앞서 가시는 분이 아니라, 오히려 그의 백성을 짊어지는 하나님이시다. 이에 대해 어떤 상들이 사용되는가?

먼저 하나의 여성적 표상이 사용된다:

"주님께서 그들의 조상에게 맹세하신 땅으로, 마치 유모가 젖먹이를 품듯이, 그들을 품에 품고 가라고 하십니까." (민 11:12)

그 다음에 남성적 표상이 사용된다:

"당신들은 주 당신들의 하나님이 마치 아버지가 아들을 돌보는 것과 같이, 당신들이 이곳에 이를 때까지 걸어온 그 모든 길에서 줄곧 당신들을 돌보아 주시는 것을 광야에서 직접 보았소."(신 1:31)

하나님은 짊어지는 하나님이시다. 그러므로 우리는 그를 전적으로 신뢰할 수 있다. 이것은 자신의 다리가 자기를 더 이상 지탱하지 못하는 노년기에 하나의 위로가 된다: "내가 너희를 안고 다녔고, 너희가 모태에서 나올 때부터 내가 너희를 품고 다녔다. 너희가 늙을 때까지 내가 너희를 안고 다니고, 너희가 백발이 될 때까지 내가 너희를 품고 다니겠다. 내가 너희를 지었으니, 내가 너희를 품고 다니겠고, 안고 다니겠고 또 구원하여 주겠다."(사 46:3-4) 개신교 시인 요혼 클레퍼(J. Klepper)는 이로부터 아름다운 시를 작시하였다(개신교 찬송가 380장):

"그래, 나는 너희를 짊어지고자 한다,
늙을 때까지. 너희는 언젠가 말할 것이다.
내가 자비롭다는 것을."

우리는 늙어서 기력이 쇠약해질수록 하나님의 부축을 받는 것을 더 깊이 감지하게 된다. 이것은 대단히 경이로운 하나님 경험이고, 우리가 끊임없이 불평하는 노년의 모든 무거운 짐보다 더욱 찬양할 일이다. 우리가 죽을 때, 우리는 예수의 죽음 속으로 죽는다. 예수는 우리와 함께 "음침한 골짜기" 속으로 들어가며, 우리는 겟세마네 동산과 골고다에 계신 예수 안에 거한다. 죽음의 경험은 우리가 오로지 죽음 속에서만 할 수 있는 그리스도 경험이다. 그러므로 이 경험은 독특하고 유일회적인 경험이다. 그리스도의 광활한 공간 속에 있는 삶과 죽음은 우리를 부축해 주는 하나의 위로이다.

b) 무거운 질병이 지나고 다시 건강하게 될 때, 우리는 치유를 어떻게 체험하는가? 병이 나기 이전의 상태로 우리의 삶이 복귀하는 것으로 체험하는가, 아니면 새로운 삶을 선사받는 것으로 체험하는가? 단순히 이전의 삶으로의 복귀라면, 우리는 아무 것도 배울 것이 없을 것이다. 새로운 삶이 시작되는 것을 감지할 때, 우리는 치유를 새로운 삶에 대한 격려와 힘의 부여(Empowerment)로 경험할 것이다. 치유 속에서 부활을 경험한. 칼뱅(J. Calvin)은 다음과 같이 말하였다: 우리는 많은 죽음과 많은 부활을 경험한다. 무거운 질병 속에서 우리는 죽음과 고군분투하는데, 질병은 죽음의 전조이기 때문이다. 모든 치유 속에서 우리는 죽음에서의 부활의 전조를 경험한다.

병자들은 그들의 질병을 견뎌내기 위해 위로와 도움과 인내를 필요로 한다. 이것은 잘 알려진 일이다. 이를 위해 병원의 원목, 간호사 그리고 가족의 병문안이 필요하다. 이에 못지 않게 중요한 것은, 우리가 치유를 경험하면서 이 새로운 삶의 시작과 함께 무엇을 해야 하는지 인식하는 것이다. 그러나 치유받은 병자들은 더 이상 병원에 머물지 않는다. 의사들이 치유받은 사람들을 다시 본다는 것은 드문 일이다. 질병 이후 새로운 삶의 시작에 대한 격려와 힘의 부여는 단지 재활센터에서만 중요한 문제로 다루어진다. 재활은 육체적 힘의 회복만을 뜻하지 않는다. 참된 재활은 "새로운 삶이 시작한다"(Incipit vita nova)는 것을 뜻한다. 치유는 예수 그리스도의 부활의 영 안에서 삶에 대한 힘이 부여되는 데 있다.

5장

하나님의 기쁨의 광활한 공간 속에서

오늘 나는 하나님의 기쁨에 관해 말씀드리고 싶다. 실로 우리 많은 사람에게는 웃음보다는 눈물이 더 가깝고, 찬양의 노래보다는 이 세계의 불의에 대한 한탄이 더 쉬운 일이다. 실로 오늘날 우리 많은 사람들은 우리의 삶 속에서 하나님을 잃어버렸다고 괴로워한다. 그러나 모든 생명은 하나님의 기쁨으로 말미암아 오고, 신적인 기쁨 속에서 생동하며, -얼마나 짧든지 아니면 길든지 간에- 하나님의 기쁨 속에 들어감으로써 끝난다: "너의 주인의 기쁨 속에 들어가거라."(마 25:21)

이 강연의 제1부에서 나는 기독교를 세계의 유일한 기쁨의 종교로 기술할 것이며, 제2부에서는 사랑하는 사람의 삶의 기쁨과 고통의 문제를 다루고자 한다.

1. 하나님의 기쁨

　나는 언젠가 기쁨의 신학에 관해 글을 쓴 적이 있다. 그것은 베트남 전쟁과 이 전쟁에 대한 온 세계의 분노가 정점에 달했던 1971년 때였다. 그것은 대학생들의 저항운동과 제3세계의 해방운동의 한 가운데서 일어났다. 이 글의 독일어 제목은 다음과 같다: "창조의 첫 해방된 자들: 자유에 대한 기쁨과 놀이의 즐거움을 위한 시도." 이 글은 1973년 영국 런던에서 "Theology and Joy"라는 제목으로 번역되었다. 이 글에서 다루어진 나의 질문은 다음과 같다: 수많은 사람들이 그 많은 눈물을 닦아주어야 하고 또 매일 새로운 눈물을 흘릴 수 밖에 없는 세계 속에서 우리는 어떻게 웃을 수 있고 또 기뻐할 수 있는가? 시편 137편이 말하는 것처럼, "낯선 땅에서 나는 어떻게 주님의 노래를 부를 수 있는가?" 오래된 흑인영가에 의하면, "낯선 땅에서 나는 어떻게 놀 수 있는가?" 죄없는 사람들이 베트남에서 죽임을 당하고 있는데, 어떻게 우리는 여기서 웃을 수 있는가? 아프리카에서 어린이들이 굶주리고 있는데, 우리는 어떻게 놀 수 있는가? 라틴 아메리카의 군사독재의 감옥 속에서 사람들이 고문을 당하며 "사라지고" 있는데, 유럽에 있는 우리는 어떻게 춤을 출 수 있는가? 우리는 단 하나의 세계 속에서 함께 살고 있지 않은가? 웃을 일이 없는 사람들을 위해 우리가 부르짖지 않는다면, 우리는 기뻐할 수 있는 권리를 가진다고 말할 수 있을까? 그 당시 "Anatevka" 혹은 "지붕 위의 피들(Fidel, 바이올린 전신) 연주자"(Fiddler on the Roof)가 극장에서 상영되고 있었다. 이 영화는 우크라이나의 우유 배달부 테브예(Tewje)와 유대인 공동체를 보여준다: 러시아 황제는 이들에게 고율의 세금을 부과하고, 이들의 아들들은 낯선 부대에서 군복무를 이행해야만 했다. 코사카인들은 유대인을 박해하고 싶을 때면 언제나 이들을 박해한다. 그럼에도 불구하고 억압당하는 이 작은 공동체는 춤을 추며, "낯선 땅에서 주님의 노래를" 부른다. 자신의 그 처절한 상황을 이들은 잊어버리고자 하는가? 이들은 아름다운 노래를 부르면서 그들의 비참한 현실을 기만하고자 하는가? 아니면 정말 억압 한 가운데 자유가 있을 수 있는가? 모든 고난 속에서 기쁨이 정말 있을 수 있는가? 피조물들의 신음 속에서 하나님 찬양이 있을 수 있는가?

40년이 지난 지금 나는 정교회 예배의식의 "부활절의 기쁨"에 자극을 받아, "낯선 땅에서 나는 어떻게 주님의 노래를 부를 수 있는가?"라고 질문하고 싶지 않다. 오히려 하나님의 임재 속에서, 상징적으로 말해, 그의 빛나는 얼굴의 따뜻함 속에서 나는 어떻게 하나님의 노래를 부를 수 있는가라고 질문하고 싶다. 나는 여기서 1971년의 대비(Kontrast)를 전제하지 않는다. 범세계적으로 볼 때 이 대비는 조금도 감소되지 않았기 때문이다. 그러나 이제 나는 우리가 생각하는 것보다 더 가까이 계시며, 우리가 느끼는 것보다 우리의 삶을 더 넓게 만드는 하나님의 광활한 공간 속에서 "커다란 기쁨"의 긍정적 차원들을 생각해 보고 싶다. 기쁨은 생명의 힘이요, 사랑의 힘이요, 창조적 시작의 힘이다. 기쁨은 우리를 깨어있게 하며 내면으로부터 우리를 생동케 한다. 우리는 부활하신 그리스도의 임재 속에서 어떻게 이 힘을 경험하는가? 우리는 어떻게 우리의 삶을 하나님의 측량할 수 없는 기쁨과 조화시킬 수 있는가? 도대체 우리는 행복해질 수 있는가?

a) 구약성서에 따르면, 기쁨을 불러일으키는 것은 인간에 대한 하나님의 향하심과 그의 포괄적 임재하심이다:

"주님께서 몸소 생명의 길을 나에게 보여 주시니,
주님을 모시고 사는 삶에 기쁨이 넘칩니다.
주님께서 내 오른쪽에 계시니,
이 큰 즐거움이 영원토록 이어질 것입니다." (시 16:11)

살아 생동케 하는 하나님의 이 임재는 하나님의 "빛나는 얼굴"로 묘사되기도 한다. 하나님이 빛나는 얼굴로부터 축복이 나온다. 곧 삶을 성취된 삶으로 만들고 축제와 같은 삶으로 승화시키는 축복이 나온다. 놀랍게도 이 기쁨은 우주적 하나님의 심판과 결합되기도한다. 땅을 "심판하기" 위해 하나님이 오실 때, 기쁨이 땅의 자연을 꽃피게 할 것이다:

"하늘은 즐거워하고, 땅은 기뻐서 외치며,
'주님께서 통치하신다'고 만국에 알릴 것이다."

(대상 16:31-33)

"하늘은 즐거워하고, 땅은 기뻐 외치며,
바다와 거기에 가득 찬 것들도 다 크게 외쳐라.
들과 거기에 있는 모든 것도 다 기뻐하며 뛰어라.
그러면 숲 속의 나무들도 모두 즐거이 노래할 것이다.
주님이 오실 것이니, 주님께서 땅을 심판하러 오실 것이니, 숲 속의 나무들도 주님 앞에서 즐거이 노래할 것이다.
주님은 정의로 세상을 심판하시며, 그의 진실하심으로 뭇
백성을 다스리실 것이다." (시 96:11-13)

하나님이 땅을 심판하러 오실 때, 기쁨이 온 창조를 사로잡을 것이다. 하나님이 사람들에게 오실 때, 하나의 큰 전향이 일어날 것이다. 하나님께서 그의 "숨어 있는 얼굴"을 거두시고 광채로 빛나는 얼굴을 나타내실 것이다. 사람들의 불의에 대한 미움에서 그의 은혜를 향한 전향이 일어날 때, 이에 상응하는 전향이 사람들에게서도 일어날 것이다:

"주님께서는 내 통곡을 기쁨의 춤으로 바꾸어 주셨
 습니다.
 나에게서 슬픔의 상복을 벗기시고, 기쁨의 나들이
 옷을 갈아입히셨습니다." (시 30:11)

"나로 하여금 기쁨과 즐거움을 듣게 하시고,
 당신께서 꺾으신 나의 뼈들을 기쁘게 하소서.
 당신의 얼굴을 나의 죄에서 돌리시고,
 나의 모든 악행을 도말하소서." (시 51:11-12)

"주님의 구원받은 자들"이 돌아올 때, "영원한 기쁨이 그들의 머리 위에" 있을 것이다: "기쁨과 즐거움이 그들에게 차고 넘칠 것이며, 고통과 탄식이 사라질 것이다." (사 35:10)
하나님 자신이 구원받은 자들에 대해 "환호하며 기뻐하실" 것이다:

"그가 너를 기뻐하실 것이며 너에게 친절하실 것이다.
그의 사랑 안에서 너를 용서하시고,
환호하며 너를 기뻐하실 것이다." (습 3:17)

이것은 하나님의 영광에 대한 놀라운 상(Bild)이 아닌가? 그는 자기의 구원받은 피조물을 기뻐하는 하나님, 환호하며 노래부르는 하나님이 아닌가? 구약성서의 시편과 예언서의 연관된 말씀에서 우리는 하나님의 기쁨과 – 땅의 기쁨 – 그리고 구원받은 자들의 기쁨의 일치(Einklang)를 볼 수 있다.

b) 하나님의 기쁨이 어떻게 인간에게 이르는가? 바리새인들이 "이 자는 죄인들을 영접하고 이들과 함께 먹는다"고 공적으로 비난했던 "죄인들과 세리들"에 대한 예수의 놀라운 태도를 세 가지 큰 비유, 곧 잃어버린 양, 잃어버린 드라크마와 잃어버린 아들에 대한 비유를 통해 해석한다. (눅 15:1-32) 그의 신학적 해석은 다시 발견한 양과 드라크마에 관한 이야기에 다음과 같이 나타난다:

"이와 같이 하늘에서는,
회개할 필요가 없는 의인
아흔아홉보다, 회개하는 죄인 한 사람을 두고
더 기뻐할 것이다." (눅 15:7,10)

이 신학은 완전히 옳지는 않다. 왜냐하면 첫째, 예수는 죄인들과 세리들을 아무 조건 없이 받아들였고, 결코 회개한 죄인들과만 식사하지 않았으며, 둘째, 잃어버린 양은 다시 발견되기 위해 아무 것도 기여한 바가 없으며, 잃어버린 드라크마 역시 기여한 바가 전혀 없기 때문이다:

> "그것을 찾았을 때,
> 그는 기쁨에 충만하여 그것을 어깨에 메었더라." (15:5)

이 이야기에서 중요한 것은, 예수가 그 사회의 "잃어버린 자들"에게서 보여 준 발견자 하나님의 기쁨에 대한 비유들이다.

"잃어버린 아들"만이 회개한다. 다시 말해, 그는 파멸로 인도한 그의 길을 버리고 아버지께로 돌아온다. 그리고 자기 아버지 앞에서 이렇게 말한다: "아버지, 내가 하늘과 아버지 앞에 죄를 지었습니다." (15:18) 그러나 그가 이 "죄의 고백"을 말하기 전에, 아버지가 먼저 그를 맞이한다:

> "그가 아직도 먼 거리에 있는데, 그의 아버지가 그를 보고 측은히 여겨서 달려가, 그의 목을 껴안고 입을 맞추었다." (15:20)

그런 다음에야 잃어버린 아들이 자기의 잘못을 고백한다. 그러나 아버지는 그의 고백에 연연치 않는다. 그 까닭은,

> "나의 이 아들은 죽었다가 살아났고, 내가 잃었다가 되찾았다. 그래서 그들은 잔치를 벌였다." (15:24)

5장 하나님의 기쁨의 광활한 공간 속에서

여기서 적극적으로 행동하는 자는 찾고, 발견하고, 기뻐하는 하나님일 뿐이다. "잃어버린 자들"은 그들이 어디에 있든지, 그들이 어떻게 거기로 왔든지 전혀 상관없이 그의 소유이기 때문이다. 여기서 우리는 다음과 같은 인상을 받는다. 즉 하나님은 즐겨 잃어버린 자들을 찾으며, 그들을 발견할 때 행복해 하신다는 것이다. 이웃들과 큰 형과 마찬가지로 잃어버린 자들에게는 하나님과 함께 기뻐함(Mitfreude)이 있다. 이것은 잃어버린 자들에게는 자발적인 것이요 자명한 것이다. 그러나 이웃들과 "아흔아홉 명의 의로운 자들"에게 함께 기뻐함이 있는 경우는 드물다. 한 사람의 잃어버린 자를 찾은 사건은 죽은 자들을 다시 살리는 것과 같다. 누구에게서 이 일이 일어나든지 간에, 이를 기뻐하는 것은 하나님의 기쁨과 일치하는 일이다. 그것은 사멸의 세력이 지배하는 곳에서 생명을 환영하는 것을 뜻한다. 그러므로 기쁨은 믿음의 "표현" 그 이상의 것이다. 믿음 그 자체는 기쁨이다. 바울은 이것을 고린도 교인들에게 다음과 같이 말한다: "우리는 여러분의 믿음의 주가 아니라, 여러분의 기쁨의 조력자입니다."(고전1:24) 그리고 바울은 감옥에서 빌립보인들에게 다음과 같이 말한다: "주님 안에서 항상 기뻐하십시오.… 주님께서 가까이 오셨습니다."(빌 4:4,5)

c) 종교에 관한 현대의 이론들은 종교의 뿌리가 민중의 불행에 있다고 말한다: 종교는 "고난당하는 피조물의 탄식자" 혹은 "민중의 아편"이라고 칼 막스(K. Marx)는 말한다. "어려움이 기도를 가르친다." 그러나 사실상 종교는 삶의 잔치이며, 기도는 먼저 현존의 행복에 대한 환호이다. 잔치에서 인간의 삶은 제조되는 것이 아니라 있는 그대로 기술된다

(dargestellt, nicht hergestellt). 신들 앞에서 삶이 있는 그대로 기술될 때, 삶의 경험들이 표현된다. 이 경험들이 적절히 표현되지 않을 때, 삶의 경험들이 존재하지 않게 된다. 종교의 잔치들 속에서 "시위적인 존재가치"가 표현된다. 송축과 감사와 환호 속에서 음악과 춤을 통해 현존의 기쁨을 몸으로 표현하는 것은 반드시 필연적인 것은 아니지만 의미있는 일이다. 삶의 잔치 속에서 영혼은 고양된다: 너의 영혼을 들어올려라*(sursum corda, 예배에서의 부름). 그것은 "하늘"이라 불리기도 하는 하나님의 광활한 공간 속으로 고양된다. 삶의 잔치는 영혼에게 활기를 주며, 예기하지 못한 힘을 얻게 한다. 그것은 생명을 그의 초월적 근원으로부터 새롭게 한다.

우리가 신중히 고려할 때, 다음과 같은 놀라운 결론에 이르게 된다: 기독교는 독특한 기쁨의 종교다. 기독교 신앙은 성탄절의 기쁨과 부활절의 영광, 성탄절의 노래들과 부활절의 웃음, 하나님의 성육신과 인간의 부활 등, 잔치들 속에서 산다. 그러나 기독교의 보편적 표징은 십자가, 곧 고통과 고난과 잔인한 죽음에 대한 상징이다. 이것은 기쁨의 종교에 모순되는 것이 아닌가? 기쁨과 고통은 서로를 배제하는 모순들인가, 아니면 그들은 함께 속하는 것인가?

기독교는 성탄절과 함께 시작한다. 마리아가 임신하였을 때, 그녀는 다음과 같이 노래한다:

> "내 영혼이 주님을 찬양하며,
> 내 마음이 내 구주 하나님을 좋아하도다." (눅 1:46)

그녀의 아기가 태어났을 때, 하늘의 천사들이 들판에 있는 가난한 목자들에게 온다:

> "보아라, 나는 온 백성에게 큰 기쁨이 될 소식을 너희에게 하여 준다."(눅 2:10)

동방교회의 표상에 의하면, 신적 아기의 탄생은 사람이 만든 마굿간에서 일어나지 않고, 땅굴 속에서 일어난다. 이 아기는 땅의 구원자이기도 하다. 예수는 하나님의 크신 기쁨으로 말미암아 탄생한다. 하나님은 그를 "기뻐한다." 그는 사람들에게, 먼저 고독하고 들판에서 추위에 떠는 목자들에게 "큰 기쁨"을 가져온다. 그러므로 우리는 지금도 또 범세계적으로 성탄절의 노래를 부르며, 우리의 기쁨을 나타내기 위해 선물을 주고 받는다:

> "오, 너 기쁘고 복된 성탄절이여,
> 세상은 사라지고, 그리스도께서 태어났도다…."

혹은 이렇게 노래한다:

> "이 세계에 기쁨을! 주님께서 오셨다:
> 땅이 왕을 영접토록 하라."

성탄절은 서구 기독교의 중심적 잔치다.

부활절은 동방 기독교의 중심적 잔치다. 그리스도의 부활과 이 땅 위에 영원한 생명의 나타남은 부활절의 환희에 대한 다함이 없는 근거이다.

부활의 날 찬양곡(doxastikon)은 다음과 같이 노래한다:

"부활의 날이여,
이 잔치에서 우리의 빛이 되소서.
우리 서로 안아 주도록 하자.
우리를 미워하는 사람들에게 이렇게 말하자:
부활 때문에 우리는 모든 것을 용서코자 한다,
그리고 이렇게 외치자:
그리스도께서 죽은 자들로부터 일어나셨다."

다마스쿠스 요한(Johannes von Damaskus)의 돌림노래에서 교회는 이렇게 노래한다:

"하늘과 땅, 땅 아래의 세계,
이 모든 것이 빛으로 넘치도다.
모든 창조여, 그리스도의 부활을 기쁘게 축하하여라.
그 속에서 모든 창조가 든든케 되었도다."

구약성서의 표상에 따르면 부활절의 기쁨은 땅의 기쁨이기도 하다. 그러므로 부활절의 잔치는 새롭고 영원한 창조의 봄에 대한 표징으로서 봄에, 유럽의 봄에 서행된다.

끝으로 인간의 삶 속에서 일어나는 신적 영의 경험은 오순절에 많은 행복스러운 노래로써 찬양된다. 오순절은 새로운 범세계적 오순절 교회의 중심적 잔치이다. 신약 성서가 이 경험에 대해 이야기할 때는 언제나 기쁨에 관한 말씀이 등장한다. 생명의 영이 인간을 새롭고, 깨어 있고 집중적인 삶의 느낌으로 일깨우기 때문이다. 그것은 끈질긴 생명의 느낌, 곧 우리가 살고 있는 삶 속에서 하나님의 가까우심에 대해 우리의 영혼과 감각을 열어주는 생명의 느낌이다.

"나의 몸과 나의 영혼이
살아계신 하나님 안에서 기뻐하도다." (시 84:3)

그러므로 이것은 "영적" 기쁨일 뿐 아니라 감각의 기쁨이기도 하다:

"당신은 나의 모든 감각을 일깨웁니다…."

그러므로 우리는 영적 기쁨과 감각적 기쁨을 구별할 수밖에 없다. 그들은 함께 속하지만, 우리는 생명의 기쁨과 신약성서에서 "육적 즐거움"이라 불리는 파괴적 중독증들을 구별할 수밖에 없다.
그러나 이것은 루터교회의 중심적 축제일 곧 성 금요일과 어떤 관계에 있는가? 여기서 우리는 예수의 수난과 십자가에서 일어난 그의 죽음을 생각한다. 우리와 함께 하며 우리를 위한 그의 고난은 예수의 십자가의 고통에 대한 깊은 동감(Mitgefühl)과, 예수 안에서 일어난 하나님의 수난에 대한 동정(Compassion)을 불러일으킨다. 그러므로 우리는 다음과 같이 찬양한다:

"오, 피와 상처로, 고통과 치욕으로
가득한 머리,
오, 조롱을 당하시고
가시관을 쓰신 머리…." (독일 개신교회 찬송가 85장 1절)

우리는 우리의 고통에 참여하신 예수의 고통에 참여한다. 1944년 디이트리히 본회퍼는 감옥에서 "성서는 사람들에게 하나님의 무능하심과 고난을 가리켜 보인다. 고난당하는 하나님만이 도우실 수 있다"고 기록하면서 다음과 같은 시를 남긴다:

"사람들은 고통 속에 계신 하나님을 찾아가,
가난하고 부끄러움을 당하며, 거할 집과 먹을 빵이 없는
그를 발견한다,
죄와 연약함과 죽음에 삼켜진 그를 바라본다.
그리스도인들은 그의 고난 속에 계신 하나님 가운데 서 있다."

기뻐할 수 있는 하나님은 고난을 당할 수도 있다. 행복과 지복(Glückseligkeit)을 경험하는 하나님은 고통과 고민도 느낄 수 있다. 고난을 당할 수 없는 하나님은 기쁨의 하나님일 수 없다. 이 두 가지를 하

나님 안에서 발견할 수 있기 때문에, 우리는 성 금요일에 다음과 같이 찬양한다:

"당신 안에는 모든 고난 속에서
기쁨이 있습니다…."

2. 인간의 삶의 기쁨과 고통

여기서 우리는 기쁨의 신학을 떠나 기쁨의 인간학, 곧 인간의 삶의 기쁨과 행복과 지복의 문제를 살펴보고자 한다. 그러나 우리는 구원받은 사람들에 대한 하나님의 기쁨과 살아계신 하나님에 대한 사람들의 기쁨을 규범으로 삼고자 한다. 이때 기쁨은 외적이며 일시적인 감정일 수 없다. 오히려 그것은 "온 마음과 온 영혼과 온 힘을 다해" 체험될 수 있는 것일 수밖에 없다. 절반의 마음과 부재한 영혼을 가지고 우리는 제대로 기뻐할 수 없을 것이다.

a) 이를 위해 기쁨과 오락, joy와 fun을 구별하는 것이 도움이 될 것이다. 우리는 이 땅의 부유한 사회에 속한, 신분상승을 위해 노력하는 중산층으로서 오락의 사회(Spaßgesellschaft) 속에서 살고 있다: 나는 내가 성취할 수 있는 삶의 유희를 얻고자 한다고 청년들은 말한다. 그들은 주로 디스코텍에서 "파티를 여는데", 이 디스코텍은 너무도 요란하여, 사람들은 자신의 말을 들을 수 없을 정도이다. 그들은 말을 할 필요도 없고 다른 사람의 말을 들을 필요도 없다. 각 사람이 춤추는 군중들 속에서 자기 자신을 위해 "자기 바깥에" 있어야 한다. 이같은 방식으로 "자기의 유희미"를 가질 때, 우리는 결코 만족할 수 없다. 오히려 더 많은 오락에 굶주릴 수밖에 없다. 삶은 끝이 없는 파티가 되어야 한다. 나이가 든 부유층들은 칵테일 파티를 여는데, 서로 정중함과 친절함을 주고 받으며 서로를 살핀다. 사람들은 스스로 잔치를 여는 것을 더 이상 배우지 않으며, 스스

로 노력하지도 않는다. 지루함을 느끼는 영혼들을 위해 분위기 고무자들을 고용하고, 생각나는 것이 없기 때문에, 대화를 이끌어가도록 하기 위해 엔터테이너들을 불러 수고비를 지불한다.

　노름(Glücksspiel)이 행복과 거리가 멀고, 복권당첨이 성공적 삶과 거리가 먼 것처럼, 이같은 오락(Spaβ)은 기쁨(Freude)과 거리가 멀다. 참된 기쁨은 삶의 느낌인 반면, 오락은 표피적인 체험이다. 기쁨은 지속적이고 오래 가며, 삶 전체에 대한 태도에 영향을 준다. 기쁨은 성취된 시간을 말하는 반면, 재미는 사람들이 말하는 것처럼 "잠깐 뿐이고", "시간 보내기"에 도움이 될 뿐이다. "파티를 하는 오락사회"(party-making fun-society) 그 뒤에 숨어 있는 삶의 느낌은 지루함과 삶의 멸시로 보인다. 참된 기쁨은 영혼을 활기있게 하고 관계가 이루어지게 한다. 마음을 가볍게 하고 몸의 지체를 유동적으로 만든다. 그것은 예측하지 못했던 힘들을 움직이게 하고 신뢰하는 마음을 강화시킨다. 참된 기쁨은 인간의 존재를 충만케 하지만, 그의 소유욕을 증대시키지 않는다. 인간 실존의 탈아적 본성이 기쁨 속에서 표현된다. 우리는 이 기쁨을 위해 태어났다.

　b) 그러나 많은 사람들에게는 고통과 절망이 기쁨과 행복보다 더 가깝다. 이때 삶에 대한 기쁨과 행복은 의심스럽게 되고, 이들을 누릴 수 있는 권리를 상실케 된다. 그래서 사람들은 이렇게 말한다: 기쁨보다 슬픔이 더 크고, 고통이 행복보다 더 무거우며, 우는 것이 웃는 것보다 더 가깝다. 인간의 삶은 기쁨의 놀이라기보다 하나의 비극에 더 가깝다. 특히 패전으로 끝난 두 차례의 세계대전과 이루 말할 수 없는 국가적 전쟁의 범죄 후에 독일인들은 성공의 느낌보다 좌절의 느낌을 더 강하게 느낀다. 20세기 유럽에서는 "비극적 삶의 느낌"(Unamuno)이 확산되었다.

제1차 세계대전이라는 "유럽의 근원적 재난" 후에 보다 더 현실적으로 생각되었던 것은 19세기의 관념주의(Idealismus)가 아니라 실존주의 문학과 철학이었다. 많은 사람들이 "서구의 멸망(Untergang des Abendlands, Oswald Spengler)"에 빠져버렸다. 분리된 조국의 통일 다음에 일어난 "독일의 성공의 역사"에 대한 신독일적 기쁨은 너무도 인위적으로 작용한다. 사람들은 이제 긍정적이어야 한다고 믿기 때문이다.

c) 베토벤의 교향곡 제9번에서 작곡화된 쉴러(Schiller)의 "기쁨에의 송가"(Ode an die Freude)는 유럽의 찬가가 되었다. 그러나 20세기의 국가적 범죄들을 범한 유럽이 이 찬가가 부르는 바를 정말 얻을 자격이 있는가? 21세기의 자본주의적 위기들 속에서 유럽은 이것을 받아낼 수 있을 것인가? 이 찬가의 내용을 좀더 자세히 보도록 하자:

"기쁨이여, 아름다운 신들의 불꽃이여,
이상향의 딸이여.
감격에 도취하여 우리는
하늘에 속한 것, 당신의 성소에 들어옵니다.

시류가 나누어버린 것을
당신의 마술은 회복합니다.
당신의 부드러운 날개가 머물 때,
온 인류가 형제가 됩니다."

그 다음에 오는 한 구절의 내용은 다음과 같다:

"수백만의 사람들이여, 용감하게 인내할지어다,
보다 더 나은 세계를 위해 인내할지어다.
저 위에 있는 별들의 장막에서
선하신 아버지께서 상을 주실 것이다."

"수백만의 사람들"이 이 세계 속에서 당하는 고난을 인내하고 반항하지 않도록 하기 위해, 기쁨의 세계조화(Weltharmonie)는 하나의 다른 세계 속에서 제조된다. 이것은 인류의 이상적 기쁨의 대가인가?

이 "기쁨의 신정"(Theodizee der Freude)은 오래지 않아 저항적 무신론의 반응을 불러일으켰다. "수백만"의 사람들이 당하는 무의미한 고난은 피안에 세계에서 "선하신 아버지"가 주실 상과, "저 위에 있는 별들의 장막"으로 보상될 수 없다. 고난은 기쁨의 관념주의(Freuden-Idealismus)가 거기서 좌절로 끝나는 무신론의 반석이다.

도스토예프스키(Dostojewski)는 쉴러의 기쁨의 관념주의를 반박하고, 이 관념주의가 말하는 위로의 구절에 반해 이반 카라마조프(Iwan Karamasow)의 유명한 이야기를 소개한다: "하루는 여덟 살 먹은 여자 농노의 사내 아이가 돌팔매질을 하다가 잘못 던진 바람에 그만 농장 소유자가 애지중지 여기고 아끼던 사냥개의 다리를 다치게 하고 말았지. 이에 대한 벌로 그 장군은 사냥개들을 풀어 사내 아이를 그의 어머니 눈 앞에서 갈기갈기 찢어 죽이게 했지." 이에 대해 이반은 다음과 같이 말한다:

"이같은 지옥이 있는 곳에 무슨 조화가 있단 말인가? 만약에 어린애들이 당하는 고통이 진리의 보상으로 치러져야 한다면,… 진리란 그만한 가치도 용납될 수 없는 헛된 것이라고 난 감히 단언하겠다.… 내가 하나님을 받아들이지 않는다는 건 결코 아니야. 다만 '조화'의 대가로 주어진 나의 입장권을 정중히 돌려보내는 것뿐이지."

"나는 그 무고한 고난들을 차라리 간직하겠다" 그리고 반항하겠다! 이같은 범죄와 이같은 고난이 있는 이 세계는 하나님의 세계가 아니다. 이 고난들은 피안의 세계에서 받을 보상을 통해 상쇄될 수 없다. 그러므로 이 세계의 얼굴은 기쁨이 아니라 고통이다.

그러나 기쁨과 슬픔, 행복과 고통, 웃음과 울음은 본래 대립하는 것인가? 나는 그렇게 생각하지 않는다. 삶의 비밀은 사랑에 있다. 사랑할 때, 우리는 우리 자신으로 부터 나가서 삶의 경험들을 대면한다. 따라서 우리는 오직 사랑 안에서 행복을 얻을 수 있고, 이와 동시에 상처를 받을 수도 있다. 우리는 기뻐할 수도 있고 슬퍼할 수도 있다. 웃을 수도 있고 울 수도 있다. 사랑이 우리를 사랑 안으로 더 깊이 이끌어 들일수록, 우리는 더욱 더 생동케 된다. 그러나 더 큰 고난을 경험할 수 있게 되기도 한다. 우리의 삶이 생동케 될수록, 죽음이 우리를 더욱 더 치명적으로 경험된다. 이것은 긍정되고 사랑받는 삶의 변증법이다.

우리는 그 반대의 경우를 상정할 수 있다: 실망이나 실패를 경험한 후 좌절에 빠지고 사랑을 거두어들일 때, 우리는 삶에 대한 관심을 잃어버리고 무감각하게(apathisch) 된다. 이리하여 우리는 더 이상 고통을 느끼지 않게 된다. 그렇다면 우리는 더 이상 산다고 말할 수 없다. "무엇을 하려고 하지 말아라, 그러면 실패하는 일도 없을 것이다"라고 독일 북부지역의 한 격언은 냉소적으로 말한다. 모든 것이 나와 상관

없는 것이 된다. 영적으로 우리는 무기력하게 되고, 돌과 같은 마음을 갖게 된다. 아무 것도 우리를 접촉하지 않게 되지만, 우리 자신이 아무 것도 접촉하지 않는다. 이같은 영적 경직은 인격의 죽음의 첫 단계이다.

그러므로 "오, 기쁨이여"라는 쉴러의 송가와 단 하나밖에 없는 사내 아이의 무고한 죽음에 대한 분노는 모순이 아니다. 생명의 행복에 대한 기쁨을 경험할 때, 우리는 저절로 "수백만"의 파괴되어진 삶에 대해 분노하게 된다. 이 세계 속에서 일어나는 고난에 대한 저항은 행복한 세계에 대한 뜨거운 동경일뿐이다. 그렇지 않다면, 우리는 무고한 고난과 파괴되어진 생명을 하나의 운명으로 받아들이게 될 것이다. 그러나 그것과 타협하지 않을 때, 우리는 하나의 다른 세계에 대한 희망을 갖게 된다. 우리는 이 세계의 고난 때문에 하나님을 고발하지 않고, 오히려 고난과 고난을 야기하는 자들에 대해 하나님의 이름으로 저항하게 된다.

마지막으로 우리는 다음과 같이 질문한다: 기쁨과 고통, 삶과 죽음 가운데 어느 것이 더 원초적이고 더 깊은 것인가? 이 질문에 대해 우리는 이렇게 대답할 수 있다: 현존(Dasein)이 비존재(Nichtsein)보다 더 원초적이다. 삶은 죽음 이상의 것이다. 사랑이 먼저 오고, 그 다음에 슬픔이 온다. 희망은 절망을 앞선다. 따라서 기쁨이 고통보다 더 원초적이고 더 깊다. 고통을 당할 때, 우리는 우리를 괴롭게 하는 것이 지나가기를 원한다. 기쁨을 경험할 때, 우리는 우리를 행복케 하는 것이 존속하기를 바란다. 그러므로 니체(F. Nietzsche)의 "차라투스트라"(Zarathustra)는 이렇게 말한다:

"즐거움(Lust) - 그것은 마음의 고통보다 더 깊다!
고통은 말한다: 지나가거라!
그러나 즐거움은 영원을 원한다 -
깊고 깊은 영원을 원한다!"

그 중심에 십자가에 달린 그리스도의 고난과 죽음이 서 있음에도 불구하고, 왜 기독교는 독특한 기쁨의 종교가 될 수 있는가? 그 까닭은, 골고다 뒤에서 부활세계(Auterstehungswelt)의 태양이 떠오르기 때문이요, 십자가에 달린 그분이 영원한 신적 삶의 광채 속에서 이 땅 위에 나타났기 때문이요, 그분 안에서 새롭고 영원한 세계의 창조가 시작하기 때문이다. 이것을 사도 바울은 대비법의 논리로 표현한다: 죄가 많은 곳에, 은혜가 훨씬 더 커진다.(롬 5:20) 그리스도께서 죽으셨지만 오히려 살아나셨다."(롬 8:34) 그러므로 고통은 기쁨으로 변화될 것이며, 시간적인 죽음은 영원한 생명으로 지양(止揚)될 것이다.

"고통으로 말미암아 온 것은 지나가는 것일 뿐이었다.
나의 귀는 찬양만을 들을 뿐이었다."

6장

하나님의 거룩하심과 삶의 성화

1. 삶의 문제들

a) 당신은 어떤 삶을 살고자 하는가?

이 질문은 젊은이들이 스스로 자기 자신에게 묻는 질문이기도 하고, 때로 그들의 부모님들과 선생님들로부터 받는 질문이기도 하다. 여기서 문제되는 것은 무엇인가? 모든 상황들 속에서 무엇이 중심적 문제인가? 모든 생명은 살 수밖에 없는 것이고, 인간의 생명은 의식적으로 살 수밖에 없는 것이다. 우리는 그저 떠밀려 사는 존재가 아니라 스스로 결단하며 살아야 할 존재다. 이 문제에 대한 몇 가지 대답을 정리해본다면:

- 나는 행복한 삶을 살고 싶다: 그러나 행복이란 무엇인가?

- 나는 성공적인 삶을 살고 싶다: 그러나 성공이 삶의 전부인가?

- 나는 부유한 삶을 살고 싶다: 그러나 너는 단지 경제적으로 부유해지고 싶은가, 아니면 체험들이나 타인의 인정을 받음에 있어 부유해지고 싶은가?

- 나는 건강한 삶을 살고 싶다: 질병이나 장애를 경험한 사람들은 이것을 원한다. 나이 든 사람들은 "가장 중요한 것은 건강"이라 말한다. 그러나 건강이 삶의 의미인가?

- 좋은 교육을 받은 젊은이들은 자주 이렇게 말한다: 나는 내 자신을 실현하고 싶다: 그러나 자기 자신을 알지 못할 경우, 자기 자신을 실현한다는 것은 어려운 일이다. 먼저 우리는 우리 자신을 발견해야 한다. 그러나 우리는 행복이나 성공이나 부나 건강에서 우리 자신을 발견할 수 있는가? 우리의 자아가 이런 것에 있는지는 아주 불확실하다.

- 아니면 너는 거룩한 삶을 살며 하나님과 함께 하는 삶의 모험을 해 보고 싶지는 않은가? 만일 그렇게 한다면, 너는 너 자신을 하나님 안에서 발견하고 너의 삶 속에서 하나님의 흔적들을 발견하게 될 것이다. 그것은 행복과 성공, 부와 건강 그 이상의 것이다. 네가 너의 삶을 거룩하게 하고 싶다면*(성화하고자 한다면), 너는 아시시의 프란시스나 성녀 테레사와 같은 위대한 성자들을 생각할 필요는 없을 것이다. 오히려 너 자신과 함께 시작하고 너의 삶의 경험들 속에서 하나님과의 일치를 찾아야 할 것이다. 그의 말씀을 듣고 너의 삶을 책임져야 할 것이다. 매일 주어지는 아침을 하나님의 선물로 받아들여라. 하나님의 나라와 그의 정의를 구하여라. 그리하면 모든 다른 것이 너에게 주어질 것이다. 곧 행복과 성공, 부와 건강이 주어질 것이다. 이것은 네가 너 자신에게 바랄 수 있는 모든 것 이상의 것이 아닌가?

어떤 삶을 살고자 하는지 자유롭게 선택할 수 있는 사람에게 복이 있을지어다.

b) 우리는 하나님의 부르심에 응답해야 한다

우리가 어떤 삶을 살고자 하는가를 우리 자신이 스스로 선택할 수 없을 때가 많다. 나의 청소년기에 정치와 전쟁이 사람들의 인격적 삶 깊이 침투하여 우리 자신의 자유로운 선택을 허락하지 않았다. 한국의 김선도 감독은 한국전쟁 때 경험한 죽음의 위협 속에서 하나님의 부르심을 들었다. 그는 즉시 이 부르심을 이해하고 이 부르심을 따랐다. 하나님은 1943년 나의 고향 함부르크 도시를 파괴한 불의 폭풍 속에서 나를 부르셨다. 내 곁에 있는 친구들은 죽었지만, 나는 살아남았다. 이 때 나는 다음과 같이 질문하였다: "왜 나는 다른 친구들처럼 죽지 않고 살아남았는가?" 3년이 지난 후에야 나는 성서에서 그 대답을 발견하고, 그 때 하나님이 나를 불렀다는 사실을 깨달았다. 하나님의 부르심에 대한 나의 응답과 함께 나의 상처받은 영혼의 성화와 나의 삶의 성화가 시작되었다. 야곱이 얍복강에서 하나님의 천사와 씨름한 다음 "쩔뚝거리는 엉덩이뼈와 함께, 그러나 축복을 받고" 나온 것처럼, 나는 전쟁과 포로생활에서 나왔다. 나는 그리스도인이 되었을 뿐 아니라 신학자가 되었다. 그것은 몸과 영혼만이 아니라 오성을 가지고 하나님과의 일치 속에서 살기 위함이었다. 우리 사람과 함께 하시는 하나님의 길은 비밀스러울 뿐 아니라 놀랍기도 한 것이다.

c) 거룩과 현대세계의 마귀들

거룩은 현대세계로부터 사라진 것처럼 보인다. 챨스 테일러(Charles Taylor)와 같은 문화사학자들은 종교적 시대 다음에 "세속적 시대"가 왔다고 말한다. "아무 것도 거룩하지 않다"고 생각하며, 아무런 금기사항을 알지 못하며, 존경을 멸시하는 그런 기자는 독일에서 "현대적"이라 인정을 받는다. 그러나 이것은 매우 위험스러운 일이다. 거룩이 사라질 때, 마귀들이 들어온다. 이 마귀들은 치명적인 작용을 일으킨다. 현대의 마귀들은 그들 자신에게 거룩을 요구하며 신적인 힘의 광채 속에서 나타난다. 그들은 믿음과 헌신과 제물을 요구한다. 이와 연관하여 나는 다시 내 자신에 대해 이야기하고 싶다:

어린 시절 나는 학교 자유시간에 다음과 같은 나치의 노래를 친구들과 함께 불렀는데, 이 때 등골이 오싹할 정도로 느낀 숭고한 종교적 전율을 지금도 기억한다:

"우리의 거룩한 조국이
위험에 빠질 때,
너의 아들들이 모여들도다…."

이때 우리는 거룩한 조국 독일을 위해 죽을 각오가 되어 있었다: "독일이여, 세계의 모든 것 위에 있는 독일이여…." 그러나 바로 같은 시간에 이 성소의 제단 위에서 아우슈빗츠(Auschwitz)의 불가마의 불에 600만 명의 유대인들이 살해되었고, 수백만 명의 독일 군인들이 그 범죄적 전쟁에서 희생되었다. 이것은 20세기의 가장 참혹한 악령이었다. 그리고 이것은 "세속적 시대"에 일어났다. 민족주의의 마귀들이 제1차 세계대전을 시작했고, 스탈린주의의 마귀들이 러시아에서 날뛰고 있었고, 독일과 일본 제국주의의 마귀들이 제2차 세계대전에서 날뛰고 있었다. 인간의 생명은 더 이상 거룩한 것으로 생각되지 않고, 도리어 무가치한 것으로 생각되었으며, 소비되었고 제물로 희생되었다. 누구를 위해? 자신의 힘의 우상들을 위해! 왜 일본 총리는 야스쿠니 신사에서 그들 자신의 전몰자만 기념하고, 수백만 명에 달하는 남동부 아시아, 중국과 한국의 희생자들을 기념하지 않는가? 민족주의의 마귀들이 지금도 날뛰고 있는 것이 아닌가?

오늘에는 자본주의/소비주의의 마귀들이 우리의 목덜미 위에 앉아 있다. 이들은 그렇게 잔인하지는 않지만 매우 유혹적이다. 그들은 "욕심"과 "탐욕"이라 불리며 우리를 이기주의자로 만들고 있다. 그들은 우리의 백성을 가난한 자와 부유한 자로 나누며 연대성과 이웃사랑을 내쫓고 있다. 어떤 인간상이 광고와 홍보를 통해 확산되고 있는가?

자기의 삶을 살아계신 하나님 앞에서 거룩하게 성화하는 사람은 현대의 마귀들의 위협들에 담대히 저항하고 그들의 유혹들에 대해 면역이 되어야 할 것이다. 인격적, 사회적 그리고 정치적 삶의 성화만이 세속 사회의 현대적 마귀들에 맞설 수 있을 것이다.

2. 하나님의 거룩하심

a) "거룩"이란 말은 종교적 언어에서만 나타나는데, 종교의 영역에서 그것은 가장 많이 사용되는 단어이다. 거룩은 무엇을 뜻하는가?

거룩이란 경외 가운데서 우리의 무릎을 꿇게 하는 숭고한 것을 가리킨다:

"하나님이 여기 임재하도다.
우리 안에 있는 모든 것이여, 잠잠할지어다.
그분 앞에 깊이 자기를 굽힐지어다."

라고 게르하르트 테르스테겐(Gerhard Tersteegen)의 독일 찬송가는 말한다. 또한 거룩에는 초능력적인 것의 요소에 속한다. 프리드리히 슐라이어마허(Friedrich Schleiermacher)가 종교적 감정이라 부르는 것처럼, 하나님의 전능하심 앞에서 인간은 자기를 "절대적으로 의존하는" 존재라 느낀다. "인간이 하나님의 위대하심을 분명히 통찰하게 될수록, 그는 자기 자신을 더 작은 존재로 느낀다"(Rudolf Otto). 또한 루돌프 옷토에 의하면 변증법적 신학자 칼 바르트(Karl Barth)가 강조했던 것처럼, 거룩은 어마어마한 것, 비밀로 충만한 것 혹은 하나님의 "전적 다르심"을 가리킨다. 그것은 인간이 그 앞에서 전율을 느끼는 두려운 신비(mysterium tremendum)를 말한다. 세계 안에 있는 모든 것은 우리가 잘 알고 있는 것으로 나타난다. 그것은 우리와 동질의 것이기 때문이다. 그러나 우리가 거룩한 것 앞에 설 때, 우리는 우리에게 낯설고 우리를 깊숙이 불안전케 하며 불안감을 주는 전혀 다른 것 앞에 서게 된다. 그러므로 "하나님을 보는 자는 죽는다"고 성서는 말한다.(출 33:20) 따라서 거룩은 인간이 손을 대서는 안 되며 호기심을 가진 오성을 거두어 들여야 할 불가침의 것이다. 그래서 부활의 날 아침에 여인들이 예수의 무덤 앞에서 "몹시 놀랐다"고 성서는 말한다.(막 16:5)

또한 거룩은 우리를 철저히 매료시키고 우리를 더 이상 놓아주지 않는 매혹적인 것(das Faszinierende)을 가리킨다. 그것은 우리를 놀라워 하게 하고 경탄케 하는 매혹적 신비를 말한다: "이것을 들은 사람들은 모두 목자들이 그들에게 전해준 말을 이상히 여겼다"고 성탄절의 이야기는 말한다.(눅 2:18) 바울에 의하면 이것은 "어떤 눈도 보지 못했고, 어떤 귀도 듣지 못했고, 어떤 사람의 마음 속에도 오지 않은"(고전 2:5) 것의 계시에 대한 종교적 황홀함을 통해 더욱 상승된다. 이 황홀함은 땅 위에서 얻을 수 있는 행복의 모든 경험들보다 더 큰 지복(Seligkeit)에서 완성된다:

"믿음의 본질은 놀라움일 뿐이다.
그러나 하나님으로부터 눈을 떼는 것은 아니다.
그렇지 않다, 하나님에게 감격하여 그에게 매달리며,
그에게 완전히 도취하는 것이다."

라고 이슬람의 신비가 췔랄 에딘(dschelal eddin)은 그의 시에서 말한다.(Otto, 52)

거룩의 이같은 속성들을 종합할 때, 이 속성들은 신적인 것의 영역에만 맞는 것이 아니라 사탄적인 것의 영역에도 맞는다는 사실이 분명해진

다: 선한 것만 아니라 악한 것도, 생명만이 아니라 죽음도 우리에게 경악스럽고 매혹적으로 보일 수 있다.

b) 성서의 전통에 의하면 하나님은 거룩한 것 속에 거하는 것이 아니라, 오히려 거룩한 것이 하나님 안에 거한다. 인간이 경험한 혹은 인간이 만든 거룩한 것이 하나님이 아니라, 하나님만이 거룩하다. 하나님이 거룩한 것을 만드는 것이 아니라, 오히려 하나님이 자기를 "이스라엘의 거룩한 자"로 증명한다. 하나님은 거룩하시고 능력이 있으시다, 하나님은 거룩하시고 정의로우시다, 하나님은 거룩하시고 자비로우시다:

"거룩하시다, 거룩하시다, 거룩하시다,
 만군의 주님!
 온 땅에 그의 영광이 가득하다."

환상 가운데 예언자 이사야는 하나님을 이렇게 본다. 이 때 그 자신의 상황이 그에게 분명해진다:

"재앙이 나에게 닥치겠구나! 이제 나는 죽게 되었구나!
 나는 입술이 부정한 사람인데,
 입술이 부정한 백성 가운데 살고 있으면서
 왕이신 만군의 주님을 만나 뵙다니!"

그 다음에 천사가 타고 있는 숯을 가지고 와서, "너의 악은 사라지고, 너의 죄는 사해졌다"는 표징으로 그것을 그의 입술에 댄다.(사 6:3,7) 부정한 죄인의 이 칭의(의롭다 하심)는 모든 성화에 대한 전제이다.

c) 그리스도의 주기도에 나타나는 것처럼, 하나님의 이름의 성화 곧 카도쉬 하쉠(kadosch haschem)이 첫째 계명으로서 귀결된다. 이름은 온 인격과 동일화되며, 하나님은 그 이름으로 불리어진다. 하나님의 아버지란 이름으로 말미암아 우리는 하나님을 항상 부를 수 있게 된다. 그러나 하나님의 거룩하심 때문에 우리는 하나님의 이름을 망녕되게 입으로 불러서는 안 된다. 마르틴 루터에 따르면(대요리문답서) 하나님의 이름을 함부로 부르는 것은 하나님을 "거짓말에 사용하거나, 하나님이 아닌 것을 하나님이라 부르거나, 그를 저주하거나, 그의 이름으로 맹세하거나, 마술을 행하거나… 악을 행하는 것을" 뜻한다. 하나님의 이름이 바르게 사용될 때, 그의 이름이 거룩하게 된다: "환난 속에서 나를 부르라. 그리하면 내가 너를 구할 것이며, 너는 나를 찬양하게 될 것이다."(시 50) 하이델베르크 요리문답서는 이것을 다음과 같이 말한다:

> "당신의 이름이 거룩하게 되옵소서, 다시 말해
> 먼저 우리가 당신을 바르게 인식케 하시고,
> 당신의 모든 일들 속에서 당신을 바르게 인식케 하며…
> 당신을 거룩케 하며, 자랑하며 찬양케 하소서.
> 그 다음에 또한 당신의 이름이 우리 때문에
> 모독을 받지 않고 도리어 존경과 찬양을 받도록,
> 우리의 모든 삶과 생각과 말과 일들을 행하게 하소서."
>
> (질문 122)

주기도의 첫째 간구들처럼 "하늘에서처럼 땅 위에서도" 하나님의 이름이 거룩하게 되는 것(성화)은 하나님을 위한 간구이다. 하나님은 그의 이름이 거룩하게 되는 것을 사람의 손에 맡겼는가? 악한 자들은 그들의 하나님을 통해 존속한다. 그러나 의로운 자들의 경우 하나님이 그들을 통해 존속한다. 그리고 이들의 손에 그의 이름의 성화를 맡겼다."

d) 신약성서에서 아버지 하나님과 아들 하나님은 본래 "거룩하다"고 일컬어지지 않는다. 아버지의 이름이 거룩하게 되어야 함에도 불구하고, "거룩한 아버지", "거룩한 아들"은 잘못된 것처럼 들린다. 성령 하나님만이 "거룩한 영"이라 불린다. 그 이유는 무엇인가?

그 이유는, 우리가 믿음 속에서 인격적으로 경험하고 공동체 안에서 사회적으로 경험하는 신적 속성들을 가진 성령은 어떤 하나의 영이 아니라, 아버지 하나님과 아들의 교통 속에 속한 영이라는 점에 있다. 다른 한 편 이 영이 행하는 바가 무엇인가가 이로써 진술된다. 성령은 생명의 원천일 뿐 아니라 생명의 성화의 원천이기도 하다. 그러므로 그는 아버지와 아들과 함께 동시적으로 "경배되고 칭송된다." 이것은 다음의 사실을 말한다. 즉 생명의 에너지 속에서 우리는 하나님 자신과 관계한다는 것이다. 아버지 하나님이 창조자라 불리는 것처럼, 아들 하나님은 구원자라 불린다. 따라서 루터에 의하면 성령은 "거룩한 분 그리고 거룩하게 만드는 분"이라 불린다. 신앙고백에서 성령은 dominum et vivificantem 곧 주님과 살리는 분이라 불리기 때문에, 성화한다*(거룩하게 한다)는 것은 살리는 것, 건강하게 하는 것, 전체적으로 되게 하는 것 (Lebendigmachen, Heilmachen, Ganzmachen)을 뜻한다.

3. 생명의 성화의 모험

하나님의 이름을 거룩하게 한 다음, 우리 자신의 생명(삶)의 성화가 우리에게 주어진 과제이다. 이것은 과제일 뿐 아니라, 하나님과의 일치 속에서 이루어지는 삶의 모험이요 삶의 기쁨이기도 하다. 하나님이 우리의 상황들의 모든 강요들과 우리의 중독증들에 대한 의존에서 우리를 불러내시고 우리를 인격으로 만드실 때, 우리는 우리의 삶의 형성의 주체가 된다. 이 때 우리는 그의 부르심에 응답하고 우리의 사명에 대해 "예"라 대답한다. 우리는 새로운 삶을 시작한다. 하나님께 상응하는 삶은 거룩하게 된 삶이다.

하나님께 상응하는 삶이란 무엇인가? 그것은 예수의 뒤를 따르는 기독교적 삶이요 하나님의 영 안에서 내적으로 생동함을 말한다. 산상설교의 팔복과 명령들은 우리의 삶의 방향을 제시하고 우리의 삶을 거룩하게 성화한다. 우리는 하나님의 아들에 상응하는 하나님의 자녀들이다. 그리스도의 친교 속에서 우리는 "우리 자신" 곧 우리의 하나님 형상을 실현한다. 그러므로 하나님에게 상응하는 삶은 행복한 삶이다: "하나님을 가까이 하는 것이 나의 행복이다."(시 73:28) 이 방향정립은 마르틴 니묄러(Martin Niemöller)가 공장에서 일하는 한 단순한 노동자에게서 발견한 질문일 수도 있다. 이 노동자는 그 질문을 자기의 작업대 위에 다음과 같이 써놓았다: "이에 대해 예수는 무엇이라 말할까?" 니묄러는 "주여, 당신은 내가 무엇을 행하기를 원하십니까?"를 히틀러에게 묻지 않고 예수에게 물었기 때문에 감옥생활을 해야만 했다. 그에게 중요한 것은 히틀러의 제국 속에서 사회적 인정을 얻는 것이 아니라 예수와 일치하는 데 있었다. 예수의 뒤를 따른 고백교회는 그리스도를 향해 그의 삶을 거룩하게 성화했고, 독일의 그 어두운 시대의 정치적 마귀들에게 저항했다. 하나님과의 일치 속에서 산다는 것은 행복과 복지를 뜻할 수 있지만 대립과 저항을 의미할 수도 있다.

a) 그러나 나는 먼저 인격적 삶의 성화에 대해 말하고 싶다: 영국의 산업화 초기에 감리교회 신자들은 자신이 결정한 절제있는 생활 (diszipliniertes Leben) 속에서 성화를 찾는다. 담배를 피우지 않는 것, 술 마시지 않는 것 그리고 시간과 재화를 낭비하지 않는 것이 이에 속했다. 기도의 시간, 노동의 시간 그리고 휴식의 시간으로 조정된 하루의 과정은 오늘도 인격적 삶의 성화의 중요한 요소이다. 막스 베버(Max Weber)와 같은 사회학자들은 이것을 "세계 내적인 금욕"이라 조롱하였다. 그러나 오늘날 우리는 다음의 사실을 잘 알고 있다. 즉 그렇게 사는 것이 건강하다는 것이다! 오늘날 모든 담배곽에는 "건강을 위해 위험하다", "담배 피우는 것은 치명적일 수 있다"는 문구가 인쇄되어 있다. 오늘날 환경의 오염, 에너지 남용, 과도하게 육고기를 먹는 것도 마찬가지다. 이러한 일들은 인간의 건강을 위해 위험하며 땅과 자연에 대해 치명적이다! 우리는 병들었고 치명적 세균으로 감염되었고 방사능으로 오염된 환경 속에서 건강하게 살 수 없다. 그러므로 성화된 인격적 삶에 대한 존 웨슬리의 가르침은 350년 전에는 물론 오늘에도 타당하다.

절제있는 생활은 자신이 결정한 자유로운 삶을 말한다. 절제있는 생활과 함께 우리는 이렇게 말할 수 있다: "그렇습니다, 우리는 할 수 있습니다!" 이때 우리는 우리 자신에게 기대하는 것보다 항상 더 많은 것을 할 수 있다. 하나님이 우리를 신뢰하며, 땅 위에 있는 그의 나라를 위한 삶을 살 수 있다고 믿기 때문이다. 그리고 하나님은 그의 에너지의 풍요로움을 통해 성화된 삶을 축복하신다. 그는 "은혜와 자비"로써 우리를 축복하신다.(시 103) 또한 그는 성공으로 축복하신다. "성공"이 하나님의 이름이 아니란 사실을 나는 알고 있다. 그러나 "실패"도 하나님의 이름이 아니다. 우리의 노동을 통해 성공을 얻었을 때, 우리는 그것을 우리 자신에게 돌리지 않고 하나님의 자비하심에 돌린다. 실패가 우리를 화나게 한다면, 성공은 우리를 기쁘게 한다. 그러나 양자는 우리의 자기의식과 무관하다. 우리의 자기의식은 하나님의 의식 속에 안전히 담지되어 있기 때문이다. 우리가 "하나님의 사랑을 받는다면", 우리는 성공과 실패에서 자유롭다: 우리는 자유롭다! "번성의 복음"에 대해서도 자유롭다.

b) 사회적 삶의 성화에 대해 나는 먼저 다음과 같은 "막스 베버의 명제"가 틀렸다는 점을 언급하고 싶다. 즉 자본주의는 칼뱅주의 정신에서 나온 것이 아니라, 종교개혁 이전 르네상스의 정신에서 나왔고, 제네바에서 나온 것이 아니라 플로렌츠에서 나왔다는 사실이다. 막스 베버에 따르면, 칼뱅주의자는 하나님에 의한 자기의 선택을 확신할 수 있기 위해 선한 일들과 경제적 성공을 얻으려고 한다. 자기의 선택을 증명하는 거울은 은행통장이었다. 그러므로 개혁교회 계열의 프로테스탄티즘에서는 다음과 같은 규칙이 통용된다: "네가 얻을 수 있는 것을 얻으라, 네가 저축할 수 있는 것을 저축하라, 네가 줄 수 있는 것을 주어라." 여기서 타당하지 않은 점이 있다. 즉 칼뱅에 의하면 "선택의 거울"은 은행통장이 아니라 그리스도였다는 점이다. - 특별히 스코틀랜드인들과 독일 남부

슈바번들(Schwaben)에게 널리 퍼져 있는 – 절약의 규칙은 자본을 쌓는 데 목적을 가진 것이 아니라, 위의 표어가 말하는 것처럼 "네가 줄 수 있는 것을 주어라"에 그 목적을 가진다.

루터와 마찬가지로 칼뱅도 세속의 노동을 하나님의 "부르심"으로 이해하였다. 중세기에 vocatio(부르심)는 사제들의 직업에만 해당하였던 반면, "모든 신자들의 보편적 사제직"은 신자들의 모든 세속적 노동을 하나님의 부르심으로 파악한다. 이리하여 하나님을 위해, 이웃을 위해 그리고 하나님 나라의 확장을 위해 무언가를 하도록 한다. 어떤 직업의 것이든 모든 노동은 하나님의 계명과 약속 아래 있다.

특별히 칼뱅은 모든 직업의 노동이 공동체와 관계된 성격을 가지고 있음을 강조하였다: "모든 사람이 살 수 있도록 하기 위해 노동은 필요하다. 그리고 노동은 부자를 통한 빈자의 착취, 자국민을 통한 외국인의 착취, 강자들을 통한 약자들의 착취가 일어나지 않도록 이루어져야 한다."(Max Geiger)

구체적으로 이것은 어떻게 일어날 수 있는가? 그 당시 츠빙글리와 칼뱅은 스위스인들의 전쟁용병 대량 수출을 금지했다. 이것은 오늘날 대량 살상무기뿐 아니라 모든 전쟁무기들의 수출을 금지하는 것과 맞먹는 일이었다. 칼뱅은 자본거래에 있어 이자수입을 다음과 같이 통제하였다: 가난한 사람들로부터 이자를 받아서는 안 된다, 이자수익을 목적하는 자본투자는 고통을 당하는 사람들을 위한 도움이 훼손되지 않을 때만 허용될 수 있다, 이자에 대한 계약은 "황금률"(마 7:12)에 따라 체결되어야 한다. 칼뱅은 교회법을 철폐하고, 경제활동이 하나님의 계명에 따라 이루어져야 한다고 가르쳤다. 하나님의 계명에 따르면 "이웃의 권리", 연약한 자들과 피난민들의 권리가 가장 먼저 보호되어야 한다. 개혁교회 지역의 공동체들과 도시들은 가난한 사람들의 보호와 이들을 위한 병원질서에 있어서 모범적이었다. 그들은 목사와 장로 외에 봉사직(Diakonat)을 도입하였다. 중세기의 교회 앞에는 언제나 거지들이 앉아 있었는데, 신자들로부터 자비로운 도움을 얻기 위해서였다. 그런데 개신교회 앞에는 거지들이 앉아 있지 않았다. 그것은 개신교회가 인색하거나 가난한 이들을 불쌍히 여기지 않았기 때문이 아니라, 교회 봉사직 종사자들이 가난한 사람들을 돌보아주고 그들에게 잠자리와 일자리를 마련해 주었으며, 피난민들의 수용을 처리했기 때문이다. 홀란드와 독일에서 개혁교회의 사회봉사 장치들은 국가의 사회법 제정에 대한 모범이 되었다. 이것은 "조직화된 자비"라 말할 수 있다. 조직화된 자비는 개인이 행하는 자비를 대체하지 않는다. 그러나 개인적 자비보다 더 많은 사회적 자비를 사회 속에 도입한다. 현대 유럽의 사회국가(Sozialstaat)는 나중에 얻게 된 칼뱅주의적 윤리의 열매이지, "인간이 인간의 이리"가 되고 각자가 자기 자신에게 이웃이 되는 맹수자본주의의 열매가 아니다.

      사회적 정의는 사회적 삶의 성화이다.

c) 정치적 삶은 평화를 통해 성화되는 반면, 전쟁을 통해 마귀화된다. 예수는 산상설교에서 말씀하신다.

    "평화를 이루는 사람은 복이 있다.
    그들은 하나님의 자녀라 불릴 것이다." (마 5:9)

믿음과 세례를 통해 "하나님의 자녀"가 된 사람들은 폭력과 불의가 다스리는 곳에 평화를 세움으로써, 논쟁의 대상이 된 매우 부패한 정치의 영역을 거룩하게 하는(성화하는) 첫번 째 사람들이다. 여기서 우리는 다음의 사실을 유의해야 한다: 예수는 자기의 손가락을 더럽게 만들지 않기 위해 정치와 관계하지 않으려는 평화로운 사람들을 복되다고 말하지 않는다는 것이다. 오히려 그는 "평화를 세우는 사람들이 복되다"고 말한다. 여기서 문제되는 것은 Eirenopoesis 곧 평화를 이루는 일이다. 예수는 자신의 영역 속에서 조용하고 평화로운 삶을 영위하는 사람들이 아니라, 갈등 속으로 들어가는 사람들, 그리하여 증오가 불타고 죽음의 위협이 있는 곳에서 생명을 사랑하고 평화를 이루는 사람들이 복되다고 칭찬한다.

> "너희 원수를 사랑하고,
> 너희를 박해하는 사람을 위하여 기도하여라.
> 그래야만 너희가 하늘에 계신 너희 아버지의 자녀가 될 것이다." (마 5:44)

우리는 어떻게 우리의 원수를 사랑할 수 있는가?
적대관계가 일어났을 때, 그것과 관계할 수 있는 두 가지 가능성이 있다:

우리는 우리의 원수에게 원수가 되고, 우리를 미워하는 자들을 미워할 수 있다. 이때 우리는 원수관계를 제거하려는 것이 아니라, 우리의 원수를 제거하려고 시도하게 된다. 이 때 우리는 다음과 같은 보복의 법칙을 따른다: "네가 나에게 한 것처럼, 나는 너에게 해준다." 네가 나를 핵폭탄으로 위협하면, 나도 너를 핵폭탄으로 위협하겠다. 모든 현실적이거나 가능한 적들은 미국의 전략에 따라 선제적 스트라이익을 통해 위협을 당해야 한다. 우리의 적은 누구인가? "우리를 위하지 않는 자는 우리의 적이다"라고 친구와 적의 옛 법칙은 말한다.

아니면 우리는 원수를 제거하는 것이 아니라 원수관계를 제거하고자 시도할 수 있다. 이 때 우리는 우리의 원수의 원수가 되지 않으며 원수관계를 우리 자신에게 강요하지 않는다. 우리는 복수의 법칙을 따르지 않고 "하늘에 계신 우리 아버지의" 뜻을 따른다. 그러나 우리의 원수 앞에서 하나님의 뜻은 무엇인가?

> "아버지께서는 악한 사람에게나 선한 사람에게나
> 똑같이 해를 떠오르게 하시고,
> 의로운 사람에게나 불의한 사람에게나
> 똑같이 비를 내려주신다."

이 말씀은 예수의 산상설교에 있는 원수사랑의 근거이다.(마 5:45) 해는 땅 위에 있는 모든 살아 있는 것을 위한 생명의 상징이다. 그것은 악한 사람이나 선한 사람이나, 친구나 적이나 구별 없이 생명을 준다. 해와 비는 인간 사이의 갈등에 대해 분명히 아무 관심도 없을 것이다. 도리어 우리 모든 사람이 평화 안에서 선하게 사는 일에만 관심이 있을 것이다. 이와 같이 사랑은 사람들이 함께 살 수 있도록 하기 위해 원수관계를 극복해야 할 것이다.

원수에 대한 증오는 "상호성"(Gegenseitigkeit)의 법칙에 따라 치명적 폭력의 태엽을 계속해서 더 팽팽하게 감는다.

원수에 대한 사랑은 앞서 오는 호의(Zuvorkommenheit)의 은혜를 통해 원수관계를 극복한다.

원수에 대한 사랑은 사람들의 비난을 받았던 "신념(심정)의 윤리" (Gesinnungsethik)가 아니라 현실정치적인 책임윤리다. 그것은 자기의 민족에 대한 책임 뿐 아니라 원수의 생명에 대한 책임도 요구한다.

우리는 북한 사람들이 대포와 미사일을 거두어들이고 군대를 축소시키기를 원한다. 이 때 그들의 자녀들이 더 잘 살 수 있을 것이다. 우리는 그들을 위협하지 않고, 도리어 "칼을 보습으로" 바꾸도록 도움을 제공해야 할 것이다. 기독교적 평화의 정치를 위해 한 가지 더 필요한 것은 정치적 삶의 성화이다. 정치 영역에서 일하는 그리스도인들에게 다음의 사항들이 기대된다:

- 거짓말이 다스리는 곳에서 진리를 말하는 것,

- 부패가 있는 곳에 정직함을 확장시키는 것.

민주주의는 통제에 기초하지 않고 신뢰에 기초한다. 신뢰 없이는 어떤 통제도 기능할 수 없다. 어떻게 우리는 사적으로는 물론 정치적으로 신뢰를 얻을 수 있는가? 그 대답은 사적으로 또 정치적으로 매우 간단하다: 진리를 말해라, 그러면 신뢰를 얻을 것이다. 그러나 "한 번 거짓말 한 사람은 진실을 말할지라도 사람들은 그를 믿지 않는다"고 독일의 옛 격언은 말한다. 그러므로 정치인들은 국민의 신뢰를 매우 빨리 잃어버린다.

확신있는 그리스도인이요 독일의 셋째 연방 대통령이었던 구스타프 하이네만(Gustav Heinemann)은 정치인들에게 이것을 다음과 같이 말하였다:

"네가 행하는 것을 말하여라. 그리고 네가 말하는 것을 행하여라."

나는 이에 첨가하여 다음과 같이 말하고 싶다: 선거에서 너를 뽑은 백성이 너보다 더 바보스럽다고 생각하지 말아라. 달콤한 거짓이나 비겁한 정치적 변명을 견디는 것보다는 냉정한 진리를 견디는 것이 더 쉬울 것이다. 그런데 이상한 것은 공교롭게도 정치가들이 자주 진리에 대해 잘못된 관계를 가진다는 사실이다. 정치가 인간의 성격을 부패시키는가? 나는 그렇다고 믿지 않는다. 문제의 원인은 정치를 권력에 대한 투쟁(Kampf um die Macht)으로 보는 인식에 있다. 권력에 대한 투쟁을 일삼는 정치인들의 말을 검증하는 것은 진리의 내용이 아니라, 그 말이 어떤 작용(Wirkung)을 일으키는 가에 있다. 이것을 우리는 전쟁 때 항상 체험하였다: 전쟁이 일어날 때 가장 먼저 희생되는 것은 진리다. 전쟁을 해야 할 근거를 찾기 위해 거짓말이 유포되고, 전쟁 동안에 사람들은 진리를 말할 수 없게 된다. 진리를 말하는 적에게 이로울 수 있다고 생각하기 때문이다.

그러나 정치는 단지 권력에 대한 투쟁이 아니라 먼저 법과 정의를 위한 투쟁이다. 이를 위해 정치인들은 진리를 말해야 하고 서로 신뢰해야 한다. 적대적 관계는 이른바 "신뢰를 형성하는 대책들"을 통해 해결될 수 있다. 이에 대한 유명한 모범적 사례를 든다면, 동구권과 서구세계 사이의 냉전이 고조에 달했던 1975년 유럽 핀란드의 헬싱키에서 "유럽의 안전과 협동을 위한 회의"(KSZE)가 열렸다. 그 당시 이 회의는 적대관계에 있던 이데올로기적 불신을 해결함으로써 "철의 장막"을 해체하였다. 오늘의 유럽공동체는 헬싱키 회의의 "신뢰를 형성하는 대책들"의 결과물이다. 정치적 차원에서 우리는 라틴 아메리카와 아시아에서 독재정치에서 민주주의로의 성공적 변천을 체험하였다. 이것은 정치적 삶 속에 신뢰를 세우는 것이 가능하다는 사실을 보여준다. 불신은 불안을 낳고, 불안은 폭력을 낳는다. 신뢰는 자유를 세우며 평화 안에서의 상생을 이룬다. 다음의 말씀이 참되기 때문이다. 오직

"진리가 너희를 자유롭게 하리라."(요 8:32)

7장
자비와 동정

"내가 받을 자격이 없는 자비함이 나에게 일어났다"

1. 경험과 개념 정의

　　a) 1945년 2월 15일 다음과 같은 일이 나에게 일어났다. 저지대 라인강(Niederrhein)의 클레베(Kleve)에서 독일 군인들은 영국 전차부대의 일대 공격을 받고 라이히스발트(Reichswald)로 흩어졌다. 나는 이틀 동안 수없이 충격을 받은 어느 집 속에 숨어 있었는데, 먹을 수 있는 것이라곤 아무 것도 없었다. 그래서 나는 눈(雪)을 먹었고 구덩이에 괸 물을 마셔야만 했다. 둘째 날 밤에 나는 자동차가 많이 다니는 도로를 넘어 숲속으로 숨어 들어가는 데 성공했다. 동이 틀 때쯤 전나무 보호구역에 몸을 숨기려고 할 때, 한 영국인 병사가 튀어나와 내 앞을 가로막았다. 나는, 즉시 "항복한다"(I surrender)고 외쳤다. 나는 사살되지 않고 포로가 되었다. 총격전이 일어나고 있던 그 날 아침, 나는 더러운 옷을 입은 채 추위에 얼고, 굶주리고 절망에 빠진 처참한 모습으로 앉아 있었다. 바로 그 때 영국군 부대는 공격태세를 갖추고 있었는데, 한 장교가 나에게 와서 구운 콩이 들어 있는 취사용기를 내게 주었다. 그때부터 나는 구운 콩을 좋아한다. 구운 콩, 그것은 나에게 생명의 맛(Geschmack des Lebens)이었다. 나에게 자비가 일어났다, "내가 받을 자격이 없는 자비가…." 나에게 자비를 베푼 그 사람에게 나는 적이 아니라 굶주리고 절망에 빠진 한 사람일 뿐이었다.

b) 동사 "자비하다"(Erbarmen)와 명사 "자비"(Barmherzigkeit, 혹은 자비하심, 역자)는 무엇을 뜻하는가? 히브리어에서 레헴(rächäm)은 창자가 오그라드는 것 같은 깊은 동정심을 뜻한다. 그것은 여성적인 것이며, 새로운 생명이 세상에 태어나는 어머니의 분만의 고통을 시사하기도 한다. 그것은 마음을 찢는 것 같은 동정과 연민의 감정을 말한다. 달리 말해, 너무도 불쌍히 고통을 당하는 다른 사람 안으로 내가 자발적으로 옮겨지고 그에게 도움이 되는 것을 뜻한다. 그리스어에서 단어의 의미는 비슷하다. 그러나 라틴어에서 생명의 중심은 사람의 창자에 있는 것이 아니라 마음에 있다고 생각된다. 사람의 마음, 그의 중심 곧 인간 전체가 가난한 사람들의 비참함(Misere)에 너무도 깊이 사로잡혀, 자발적인 자비(misericordia)가 일어나게 된다.

이 단어에서 중세기 독일어 단어 자비(Barmherzigkeit)가 형성되었는데, 그것은 본래 "가난한-마음의"(arm-herzig)이란 의미를 가진다. 즉 가난한 사람들을 위한 마음을 가지는 것을 말한다. 비참한 고통을 당하는 사람의 그 비참한 처지는 그의 이웃들의 자비를 향해 부르짖는다.

독일어에서 마르틴 루터는 그리스어 단어 "자비롭게 여기다"(불쌍히 여기다, 역자)를 "그를 비탄케 하다"(es jammerte ihn)로 번역하기도 하였다. 그것은 "그를 슬프게 하였다", "그의 눈에 눈물을 흘리게 하였다", "더 이상 눈으로 볼 수 없었다"는 것과 같은 의미를 가진다. 비참한 고통을 당하는 사람에 대한 이 격정적인 "자비롭게 여기다"는 말은 그것을 보는 사람들에게 가난에 대한 분개심을 일으킬 정도이다. 이에 대해 나중에 생각하기로 하자.

2. 자비로우신 하나님 - 하나님의 자비하심

여기서 우리는 구약성서 곧 유대교의 타나하(Tanach)에서 시작하기로 하자. 구약학자 프랑크 크뤼제만(Frank Krüsemann)이 바르게 말하는 것처럼, 이 책에서 우리는 기독교의 신약성서와 이슬람 세계의 코란에 대한 "진리의 공간"을 발견하기 때문이다.

자비는 하나님의 가장 깊은 내면으로부터 온다. 자비는 이스라엘의 하나님의 격정과 열정에, 하늘과 땅과 모든 생물들의 창조자에 상응한다. "그의 자비하심 때문에" 하나님은 그의 백성을 생각하시며 그들의 기도를 들으신다고 구약성서는 언제나 말한다. "그의 자비하심 때문에" 하나님은 그의 백성을 위로하며, 비참한 고통을 당하는 사람들을 불쌍하게 여긴다. "그의 자비하심은 영원하다."(시 106:1) 그것은 그가 선택한 계약의 백성에게 해당하지만, 이와 동시에 그것은 보편적인 것이다: "하나님의 자비하심이 온 세계 위에 있다."(시락서 16:12) 하나님은 "인내하시며 모든 것을 자비하심으로 다스린다."(지혜서 15:1) 보편적 자비하심은 즐겨 "위대한 자비하심"이라 불리며, 은혜와 위로, 고난에서의 구원과 죄의 용서와 항상 결합되어 있다.

a) 하나님의 자비하심은 불성실과 불의에 대한 그의 분노보다 더 강하다. 그의 자비하심으로부터 구체적 자비를 행하다(Erbarmen)가 나온다:

"내가 잠시 너를 버렸으나,

> 큰 자비로 너를 다시 불러들이겠다.
> 분노가 북받쳐서
> 나의 얼굴을 너에게서 잠시 가렸으나,
> 나의 영원한 사랑으로
> 너에게 자비를 베풀겠다.
> 너의 구원자인 나 주의 말이다." (사 54:7-8)

여기서 유의할 점은, 하나님의 분노와 그의 은혜가 동일한 무게를 갖지 않는다는 것이다. 그의 분노는 일시적이고, 그의 은혜는 영원하다. 하나님의 버림을 받음은 일시적인 것이고, 하나님의 가까이 계심은 항상 머문다. 하나님께서 그의 얼굴을 돌리심(hester panim)은 우리를 향하신 "하나님의 빛나는 얼굴"을 통해 극복된다. 하나님의 "분노"는 하나님의 상처받은 사랑일 수도 있을 것이다. 하나님의 사랑은 이 상처들을 견딜 수 있다. 그것은 분노보다 더 크며 악을 선으로 극복하기 때문이다.

b) 자비에 있어 가장 중요한 것은, 자비가 보응의 법칙을 무효화시킨다는 점이다. 선한 뜻에서나 아니면 악한 뜻에서 보응은 인격들의 같음(Gleichheit)을 전제한다: "같은 것이 같은 것으로 보응된다", "같은 것이 같은 것에 의해 인식된다", 그리고 "같은 것끼리 서로 짝을 짓는다." "한 깃털의 새들이 함께 날아간다." 선한 것에 있어서나 악한 것에 있어서나 보응의 사회적 조직망은 "상호성"(Gegenseitigkeit)이라고 일찍 공자도 말하였다. 황금률은 보응의 법칙의 반대면이다. 보응의 법칙은 "눈은 눈으로, 이는 이로"라고 말한다면, 황금률은 "다른 사람이 너희에게 해주기를 바라는 모든 것을 너희는 그들에게 해주어야 한다"고 말한다. (마 7:13)

이것은 상호성에 근거한 행동이다: "네가 (나에게) 주도록 하기 위해, 나는 (너에게) 준다"*(라틴어 Do ut des, 독일어: Ich gebe, damit du gibst) 혹은 "네가 나에게 하는 대로, 나는 너에게 한다"(영어 Tit for Tat). 선한 것으로 되돌려주지 못할 때, 독일 바이에른 주 가톨릭 신자들은 "하나님이 보응할 것이다"라고 즐겨 말한다. 모든 것이 그 누구에 의해 "보응되어야" 하기 때문이다. 그래야만 세계 안에서의 같음(Gleichheit)과 균형 잡힌 평화가 다시 회복될 수 있다. 한스 큉(Hans Küng)이 부른 것처럼, 이 "세계 에토스"는 비참하게 사는 사람들, 병든 사람들, 장애인들, 가난한 사람들과 연약한 사람들에게만 해당하는 것은 아니다. 그것은 낯선 사람들에게만 해당하는 것도 아니다. 또한 어린이들에게만 해당하는 것도 아니다. 이같은 사람들처럼 다른 사람들(Ungleiche)에 대해서는 윤리적 상호성과 보응에 대한 요구 대신, 일방적으로 먼저 오는 자비가 있어야 한다. 자유롭게 자비를 행하는 것이 이들에게는 생명에 도움이 되고, 그들을 해방하고, 그들을 세우며 그들에게 권리를 선사한다. 나와 다른 사람들(Ungleiche)이 인식되기 위해서는, 비참한 처지를 "보는 것"을 연습해야 한다. 자비를 행하는 것이 일어나기 위해서는, 다른 사람들이 서로를 발견해야 한다. 보응의 법칙과 황금률은 서로 같은 사람들의 배타적 사회를 초래한다. 여기서 타당한 것은 "너가 나에게 하는 대로, 나는 너에게 한다"는 규칙이다. 학교 공부시간에 장애 어린이들을 통합하기 위한 오늘의 토론이 보여주는 것처럼, 이 규칙들은 포괄적 사회에서는 타당성을 갖지 못한다. 가난한 사람들, 연약한 사람들, 장애인들과 어린이들은 자비로운 사회에서만 살아남을 수 있다. 그러므로 상호성의 배타적 세계 에토스 대신 자비의 세계 에토스가 보다 더 깊고 보다 더 보편적인 에토스가 되어야 할 것이다.

c) 이스라엘의 하나님 역사는 한 마디로 하나님의 자비의 경험이라 말할 수 있다. 이에 대한 고전적 본문은 출애굽기 3:7,8이다:

"나는 이집트에 있는 나의 백성이 고통받는 것을 똑똑히 보았고, 또 억압 때문에 괴로워서 부르짖는 소리를 들었다. 그러므로 나는 그들의 고난을 분명히 안다.
이제 내가 내려가서 이집트 사람의 손아귀에서 그들을 구하여, 이 땅으로부터 저 아름답고 넓은 땅으로…."

출애굽의 역사는 하나님의 내려오심과 함께 시작하는데, 이 역사로부터 이스라엘은 그의 실존과 하나님과의 계약을 얻게 된다. 하나님의 내려오심은 이스라엘 안에 있는 하나님의 거하심과 결합된다. 이 쉐히나(Schechina, 거하심, 내주하심)는 이 백성을 낮에는 구름기둥으로, 밤에는 불기둥으로 자유의 땅을 향해 인도한다. 출애굽에서 이 백성은 하나님의 힘을 폭력으로 경험하지 않고, 그들을 이끌어가는 힘으로 경험한다. 어머니가 아기를 품에 품고 이끌어가는 것처럼, 아버지가 그의 아들을 이끌어 가는 것처럼, 하나님은 그의 백성을 "독수리 날개 위에서" 이끌어간다. 하나님은 "위로부터" 다스리지 않고, 인내와 자비와 함께 "아래로부터" 이끌어간다. 모세를 통해 하나님은 그의 선택된 백성과 함께 계약을 맺을 뿐 아니라, 이스라엘 백성 한 가운데 "거하고자" 한다. 함께 동행하시는 하나님은 이스라엘이 박해와 망명으로 인해 고난당하는 모든 것을 함께 당하며, 이스라엘이 자기를 포기하지 않도록 한다. 이 백성을 이끌어가는 그의 쉐히나는 지금 경험될 수 있는 하나님의 자비이다.

d) 그리스도의 하나님 역사 역시 하나님의 자비하심의 역사이다. 나사렛 예수 안에서 일어난 하나님의 성육신은 노예가 된 이스라엘 백성을 구원하기 위한 하나님의 "내려오심"에 상응한다. 역사의 폭정에서의 "해방", 악과 죽음의 세력들로부터의 "해방"은 역사적 폭정들로부터의 "해방"에 상응한다. 여기서 다른 점은 하나님의 쉐히나가 인격이 되었다는 점에 있다: "그리스도 안에 모든 충만한 신성이 몸이 되어 머물고 계신다"(골 2:9). 그리스도의 파송, 그의 삶과 활동, 그의 죽음과 부활 속에 하나님의 "크신 자비"가 계시되었고 우리 가운데 활동한다. 그의 성육신을 통해 하나님은 신적인 것과 인간적인 것의 한계를 넘어선다. 그리스도는 그의 부활을 통해 죽음의 한계를 깨뜨리며 영원한 생명을 향한 길을 연다. 이것은 같지 않은 것, 다른 것으로의 두 가지 한계를 넘어섬이다. 이것은 상호성을 통해 가능한 것이 아니라 하나님의 자비로운 먼저 오심을 통해 가능하다.

스가랴의 찬가와(눅 1:67-80) 마리아의 찬가에서(눅 1:46-54) "하나님 의 절실한 자비"가 찬양을 받는다. 이 자비를 통해 "어둠 속과 죽음의 그늘 아래에 앉아 있는 사람들에게 빛이 비친다"(눅 1:79). 바울은 "우리 주 예수 그리스도의 아버지이신 하나님, 자비의 아버지 그리고 모든 위로의 하나님"을 찬양한다.(고후 1:3) 베드로 전서는(1:3) "그 크신 자비로 우리를 예수 그리스도의 부활을 통해 살아 있는 희망으로 새로 태어나게 하신" 예수 그리스도의 하나님을 찬양한다. 예수 그리스도의 아버지 뿐 아니라 예수 자신이 자비의 주체로 인식된다. "영원한 생명으로 인도하는" 자비는 그의 것이다.(유 1:23)

우리는 다음과 같이 요약할 수 있다: 자비는 하나님의 사랑의 특별한 형태다. 그것은 특별히 인간의 비참을 구성요소로 가진다. 하나님은 사랑이다.(요일 4:8,16) 이것은 보편적인 것이다. 하나님은 "자비로운 분"이다(약 5:11, 사 54:10에 따라)라는 것은 자비로움을 향해 부르짖는 사람들에게서 구체적으로 참되다. 그리스도의 자비의 역사가 지향하는 목적은 고난의 제거는 물론 자유와 건강과 삶의 충만함을 선물하는 데 있다. 하나님의 자비를 통해 하나의 고난이 제거될 뿐 아니라, 새로운 생명이 태어난다.

3. 자비로운 사람 - 인간적인 자비

복음서는 하나님의 자비가 어떻게 인간적으로 일어났고 또 일어나는가를 이야기한다. 예루살렘을 향해 가는 도중 예수는 그 백성의 병든 사람들과 나병환자들을 "보시고" "마음이 괴로웠다"고 복음서는 거듭 말한다. 병든 사람들의 고통과 죄인들의 정신적 억압감이 그의 마음을 괴롭게 하여 그는 눈물을 흘린다. 그는 자기 안에 있는 신적인 생명의 영의 힘으로 그들을 고치고 일으켜 세운다. 그들은 "주여 불쌍히 여기소서"라고 그에게 부르짖는다. 그는 그 백성을 마음 괴로워 하신다." 그는 "모든 질병과 연약함을" 고친다.(마 9:35,36;14:14;15:32;20:34) 여기서 백성은 하나님의 백성을 가리키는 라오스(laos)가 아니라, 가난하고 낮은 백성을 가리키는 오클로스(ochlos)이다.

누가복음의 잃어버린 탕자의 비유에서 하나님의 자비는 놀라울 만큼 긍정적 형식을 가진다.(눅 15:11-32) 아버지가 타국의 비참한 삶에서 돌아오는 "잃어버린 아들"을 "볼" 때, 그는 이 아들의 참회, 그의 고해와 죄의 고백을 기다리지 않는다. "그는 이 아들을 멀리서부터 보고" "그를 마음 아파한다." 그는 아들을 향해 달려가 "그의 목을 껴안고 입을 맞추었다." 그리고 이렇게 외친다: "나의 이 아들은 죽었다가 살아났고, 내가 잃었다가 되찾았다. 그래서 그들은 잔치를 벌였다." 여기서 자비는 단지 동정(Mitleid)에서 오는 것이 아니라 아버지의 기쁨에서 온다. 이로부터 누가는 동정에서가 아니라 다시 찾음에 대한 하나님의 기쁨에서 생성되는, 잃어버린 인간에 대한 하나님의 자비를 보여준다. 이와 연관하여 우리는

세계적으로 잘 알려진 누가복음 10:25-37의 자비로운 사마리아 사람의 비유를 생각해 보고자 한다:

어떤 사람이 예루살렘에서 여리고로 내려가다가 강도들을 만났다. 강도들이 그 옷을 벗기고 때려서 거의 죽게 된 채로 내버려두고 갔다. 마침 어떤 제사장이 그 길로 내려가다가 그 사람을 보고 피하여 지나갔다. 이와 같이 레위 사람도 그곳에 이르러 그 사람을 보고 피하여 지나갔다. 그러다가 어떤 사마리아 사람은 길을 가다가, 그 사람이 있는 곳에 이르러, 그를 보고 측은한 마음이 들어서, 가까이 가서, 그 상처에 올리브 기름과 포도주를 붓고 싸맨 다음에, 자기 짐승에 태워서 여관으로 데리고 가서 돌보아주었다. 다음 날 그는 여관 주인에게 돈을 주면서 계속 돌보아주기를 부탁했다.

예수는 율법학자에게 물었다: "너는 이 세 사람 가운데서 누가 강도 만난 사람에게 이웃이 되어 주었다고 생각하느냐?" 율법학자는 이렇게 대답하였다: "자비를 베푼 사람입니다."

이 이야기에서 우리는 아래 몇 가지 점을 특별히 유의하고자 한다:

a) 이 이야기는 이웃사랑에 관한 질문과 함께 시작한다. 율법학자는 "누가 나의 이웃입니까?"라고 질문한다. 예수는 이 질문을 다음과 같이 거꾸로 되돌린다: "너는 이 세 사람 가운데서 누가 강도 만난 사람에게 이웃이 되어 주었다고 생각하느냐?" 그는 누가 나의 이웃인가"라고 묻지 않고, "누구에게 나는 이웃인가"라고 묻는다.

b) 율법학자는 경건한 유대인이었고, "사마리아 사람"은 사마리아 출신이었다. 그런데 그곳 예루살렘에 살던 유대인들은 사마리아인들을 이단자와 불신자로 간주하였다. 이로써 예수는 무엇을 말하고자 하는가? 내 생각에는, 예수는 단지 올바른 신앙을 가진 율법학자를 자극하려는 것이 아니라, 다음의 사실을 말하고자 한다: 이웃사랑의 계명은 모든 사람에게 보편적으로 타당하며, 모든 사람은 자비를 행하는 이웃이 될 수 있다.

c) 제사장은 강도를 만나 반쯤 죽게 된 사람을 보고 지나간다. 레위인도 그렇게 한다. 보고 지나가버린다. 그들은 보았지만, 아무런 자비의 마음을 느끼지 않는다. 내 생각에 의하면, 그들은 반쯤 죽게 된 사람을 목격하지 않고 자신이 가야 할 길만 생각한다. 그들은 그 사람을 보았지만, 그를 인식하지 않는다. 바로 이것이 그들을 고발한다. 그들은 다음과 같이 말할 수 없다: "우리는 아무것도 보지 못했고 아무 것도 듣지 못했다, 우리는 그것을 알지 못했다." 유대인들이 독일에서 "강도를 만나 쓰러졌을" 때, 많은 독일인들도 이렇게 말했다. 그들은 이들을 보았지만 그냥 지나가버렸다.

d) 자비로운 사마리아 사람은 마음의 충동에서 도와줄 뿐 아니라, 매우 합리적으로 도와준다. 그는 강도를 만난 희생자를 여관으로 데려가 그를 돌보아주도록 배려한다. 그는 자기의 시간을 바치고, 돈을 지출하며, 좋은 결과가 이루어지도록 자비를 행한다. 반쯤 죽게 된 사람이 "그의 마음을 아프게 한다." 그러나 그는 악한 강도들과 그들에게 희생된 불쌍한 사

람의 비참한 처지에 대한 마음의 아픔으로 그치지 않는다.

e) 여리고로 가는 도중 강도의 희생자가 된 사람이 유대인인지 아니면 사마리아 사람인지, 신앙이 있는지 없는지에 대해 본문은 말하지 않는다. 그 사람이 불의와 폭력의 희생자가 되었다는 사실만으로 충분하다. 자비를 행함은 종교와 국적과 성과 출신을 묻지 않는다. 그것은 오직 희생자의 비참한 처지에 대해 반응할 뿐이다.

f) "선한 사마리아 사람"은 독일의 형법에도 수용되었다. 형법 제323조 c항은 "그만둔 도움의 제공"(unterlassene Hilfeleistung)도 처벌 대상으로 규정한다:

"불행한 사고나 통상적 위험이나 고통을 당하는 사람에게 도움의 제공이 필요하고 또 상황적으로 그것을 기대할 수 있으며, 특히 뚜렷한 자신의 위험과 다른 중요한 의무를 어기는 일 없이 그것이 가능함에도 불구하고, 도움을 제공하지 않는 자는 일년 이하의 금고형이나 벌금형을 받아야 한다."

독일의 형법에 따르면 제사장과 레위인은 벌을 받아야 하지 않는가? 그들은 자기의 행위를 어떻게 변호할 수 있는가? 그들은 자기를 변호하려고 한 번 해보아야 할 것이다. 강도 만난 사람을 보지만 정확히 보지 않고 지나가버리는 일이 우리 자신에게도 항상 일어날 수 있기 때문이다.

자비를 행한다는 것은 무엇이며 또 그것은 어떻게 일어나는가? "자비로운 사마리아 사람"은 대가와 응답하는 사랑을 기대하지 않는다. "하늘의 보상"도 기대하지 않는다. 강도를 만난 사람이 그의 "마음을 아프게" 했을 때, 그는 마음이 편하지 않음을 느낀다. 그래서 그는 자발적으로 행동한다. 비참한 처지에 빠진 사람이 도움을 필요로 하기 때문이다. 이것으로 충분하다. 진짜 "사마리아 사람"에게 이것은 자명적인 것이다. "왜 너는 그에게 가서 그를 도와 주었느냐?"는 질문에 대해 대답할 필요를 그는 느끼지 않는다.

중세기의 기독교는 "자비의 일곱 가지 사역"을 다음과 같이 가르친다:

배고픈 사람들을 먹이는 것 - 목마른 사람들을 마시게 하는 것
나그네에게 잠자리를 제공하는 것 - 헐벗은 사람들을 입히는 것
병든 사람들을 돌보는 것 - 감옥에 있는 사람들을 방문하는 것
죽은 사람들을 묻어주는 것.

이 사역들은 마태복음 25:31~45의 마지막 세계심판에 관한 말씀에서 유래한다. 이 이야기에서 영광 가운데 오셔서 모든 민족들을 불러모우신 사람의 아들 - 세계 심판자는 의로운 사람들에게 다음과 같이 말한다:

"너희는, 내가 주릴 때에 내게 먹을 것을 주었고,
목마를 때에 마실 것을 주었으며,
나그네로 있을 때에 영접하였고,
헐벗을 때에 입을 것을 주었고,
병들어 있을 때에 돌보아 주었고,

감옥에 갇혀 있을 때에 찾아 주었다."

그러자 의로운 사람들이 질문한다: 언제 우리가 당신이 굶주리고, 병들었고, 감옥에 갇혀 있는 것을 보았습니까? 그러자 사람의 아들 - 세계 심판자는 이렇게 대답한다:

"너희가 여기 내 형제자매 가운데 지극히 보잘 것 없는 사람 하나에게 한 것이 곧 내게 한 것이다."

우리는 장차 오실 세계 심판자 그리스도와 그의 "가장 작은 형제들"의 이 친교를 진지하게 생각해야 한다: 한 편으로 "많은 형제자매들 가운데 처음 태어난 자" 그리스도와 신자들의 명시적 친교(manifeste Gemeinschaft)가 있음을 본문은 시사한다. 그리스도는 "너희의 말을 듣는 자는 곧 나의 말을 듣는 것이다…. 너희가 죄를 용서해 주는 자에게는 죄가 용서 받는다"고 (요 20:33) 자기 자신과 그들의 증언을 동일시한다. 다른 한 편 가난한 사람들, 병든 사람들, 감옥에 갇힌 사람들과 그리스도의 숨어 있는 친교가 있음을 본문은 시사한다. 그리스도는 자기를 이들의 비참한 처지와 이들의 고통과 동일시한다: "너희가 나의 가장 작은 형제자매들에게 행한 것은 바로 나에게 행한 것이다", "이들을 찾아 본 것은 바로 나를 찾아 본 것이다." 그리스도께서 계신 곳에 교회가 있다(ubi Christus ibi ecclesia)는 초대교회의 기본명제는 두 가지 친교 모두에게 해당한다. 중요한 것은, 신자들의 명시적 친교를 가난한 사람들의 숨어 있는 교회와 연결시키는 일이다. 믿음은 교회가 무엇인가를 말해주고, 가난한 사람들은 교회가 어디에 속한 것인가를 말해준다. 자비는 그리스도의 이 두 가지 친교를 결합시킨다. 그리스도는 두 가지 친교를 품어주신다. 이리하여 두 가지 친교가 자비의 한 친교가 되게 하신다.

가난한 사람들, 굶주린 사람들 그리고 감옥에 갇힌 사람들은 결코 기독교적 이웃사랑과 인간적 의무 수행의 대상들이 아니다. 그들은 장차 오실 심판자와 세계 구원자의 현존이다. 그들은 그리스도의 형제자매로서 주체들이요 그리스도의 형상들이며 하나님의 사랑받는 사람들이다. 그들과 함께 하는 사람은 그들 안에 계신 그리스도의 가까이 계심을 보고 또 그것을 느낀다. 그들 안에서 하나님의 미래는 현재가 된다. 이것을 나는 미국 아틀란타의 오픈 도어 공동체(Open Door Community)에서 직접 체험하였다. 이 공동체 안에서 직업이 없는 사람들과 집이 없는 사람들과 감옥에 갇힌 사람들이 친교를 나누고 있었다: "나는 희망이 나의 뒷문을 두드리는 것을 들었다." 이것은 "생명의 빵 나누기. 오픈 도어 공동체의 환대와 저항을 목적하는 도로시의 날(Dorothy Day)과 가톨릭교회의 노동자 운동에 상응한다. 이른바 "자비의 일곱 가지 사역"은 이같은 친교에 속한다. 여기서 이 사역들은 개신교회가 비판하는 자기의 마음에 드는 "공적의 의"의 냄새를 잃어버리고 당연한 것으로 생각된다. 이것은 그냥 행할 수밖에 없는 성격의 것이기 때문이다. 또한 이 사역들을 통해 우리는 "하늘의 상"을 얻을 것이라 생각하지 않아야 할 것이다. 현대적으로 말한다면, 가난한 사람들을 위해 "기부하는" "선한 사람"의 흐뭇한 감정을 갖지 않아야 할 것이다.

자비를 행함은 인정을 의미할 수도 있는가?

지금까지 우리는 자비로운 사람에 대해서만 말하였다. 이제 우리는 자비를 받아야 할 사람의 입장에서 생각해보기로 하자. 자비는 주어지기만 하는 것이 아니라 받는 것이기도 하기 때문이다. 우리가 다른 사람의 자비를 받아야만 할 처지에 있을 때, 우리는 우리 자신을 불쌍한 존재라 생각하고 굴욕감을 느끼게 된다. 우리는 우리 자신을 도울 수 없기 때문이다. 이전에 독립적으로 살아갈 수 있었던 사람이 공짜 음식을 얻어먹기 위해 "급식소"(Tafel)나 수프 급여소(Suppenküche)로 갈 때, 그는 자기를 부끄러워 한다. 그들은 어쩔 수 없는 상황 때문에 그곳으로 가지만, 다른 사람들이 자기를 보는 것을 원하지 않는다. 고통을 당하는 사람들에게 굴욕감을 주지 않고 그들을 부끄럽게 하지 않으며 그들의 자존감을 훼손하지 않으면서 자비를 행할 수 있는 길은 무엇일까? 투어의 마르틴(Martin von Tours)에 관해 두 가지 그림이 있다. 한 그림에는 마르틴과 거지가 서 있다. 그들의 눈높이가 같은 상태에서 마르틴은 자기의 외투를 형제처럼 거지에게 벗어 준다. 다른 그림에는 마르틴이 말 위에 높이 앉아 있고, 거지는 마르틴 앞에서 땅 위에 무릎을 꿇고 있다. 마르틴은 위에서 아래로 외투를 벗어준다. 첫째 그림은 거지를 한 사람의 형제로 인정하면서 자비를 행할 수 있음을 보여주는 반면, 둘째 그림은 거지에게 두 번 굴욕감을 준다. 첫째는 거지가 당하는 비참한 상황 때문이요, 둘째는 말 위에 높이 앉아 행하는 그 자비 때문이다. 기사 마르틴은 최소한 말에서 내려왔어야 할 것이다.

자비의 일곱 가지 사역들은 가난한 사람들, 병든 사람들, 감옥에 갇힌 사람들에게 선사된다. 그러나 이들은 가난하고 병들고 감옥에 갇혀 있을 뿐 아니라, 그들을 자비롭게 여기는 의로운 사람들과 함께 그리스도의 형제자매들이기도 하다. 자비를 행하는 사람들이 자비를 받아야 할 사람들의 이 가치를 인정할 때, 그들이 행하는 자비는 이들의 자존감을 강화시키고 서로 간에 하나의 친교를 이루게 된다. 영국인 장교가 불쌍한 포로인 나에게 구운 콩을 주었을 때, 나는 굴욕감을 느낀 것이 아니라 한 인간으로 인정받음을 느꼈다. 그는 전혀 알지 못하는 불쌍한 포로에게 형제처럼 자기의 아침 식사를 나누어주었다. 그것은 나의 굶주림을 해결했을 뿐 아니라 나의 자존감을 회복해주었다.

4. 이슬람과 불교에 있어서 자비

　세계의 모든 종교들은 자비로운 마음과 자비를 행하는 것을 칭찬한다. 이 점에서 세계 종교들은 하나의 에큐메니칼 친교를 가진다 말할 수 있다. 이 친교는 세계의 고난에 관한 대화를 통해 유익한 열매를 거둘 수 있을 것이다. 여기서 우리는 코란과 불교 경전을 간단히 살펴보고자 한다.

　a) 코란에서 "모든 것에게 자비를 행하는 자"(Allerbarmer, Ar-Rahman)는 신의 이름들 가운데 하나인데, 그것은 "모든 것을 자비롭게 여기는 자"(Allbarmherziger, Ar-Rahmin)와 함께 가장 자주 사용되는 신의 이름이다. 아랍어 라마(rahma)는 히브리어 레헴(rächäm)과 유사하며 창자가 오그라듬에서 유래한다. 따라서 이 개념은 남성 "알라"에게서 기대할 수 없는 모성적 성격을 가진다. 이 두 가지를 우리는 다음과 같이 구별할 수 있다: 신의 "모든 것을 자비롭게 여김"(Allbarmherzigkeit)은 모든 피조물에 대한 무조건적이고 보편적인 신의 배려를 뜻한다면, 모든 것에게 자비를 행함(Allerbarmen)은 인간의 고난과 행동에 대한 신의 반응을 뜻한다. 가난한 사람들에게 자선을 베푸는 것은 이슬람의 다섯 가지 기둥 가운데 넷째 기둥에 속한다. 예수의 말씀에서 이것은 다음과 같이 나타난다:

　　"자비한 사람은 복이 있다. 그들이 하나님을 볼 것이다."

(마 5:7)

이슬람의 하잇트(Hadith)는 이것을 다음과 같이 말한다:

"자비롭지 않은 자들은
아무런 자비도 얻지 못할 것이다."

코란을 가르치는 학교에서는 다음의 문제가 토의되었고 또 토의되고 있다: 신의 자비는 신실한 무슬림에게만 해당하는가, 아니면 불신자를 포함한 모든 사람들에게 해당하는가? 이 문제에 대한 답변 여하에 따라 다른 사람들에 대한 태도가 결정된다. 신의 자비를 생각할 때, 자비를 행함은 고난당하는 모든 사람들에게 해당한다. 진실한 신자들을 생각할 때, 자비를 행함은 고통 속에 빠진 다른 신자들에게만 해당한다. 이 문제는 기독교에서도 토의된다: "모든 사람에게 선한 일을 합시다. 특히 믿음의 식구들에게는 더욱 그렇게 합시다"라고 바울은 말한다(갈 6:10). 유대교에서는 이렇게 말한다: 고통을 당하는 한 유대인과 한 이방인 두 사람을 만났는데, 그 중에 내가 한 사람만 도와줄 수 있을 경우, 나는 누구를 도와주어야 하느냐? 이 질문에 대해 나는 이렇게 대답한다: 사람을 이같이 구별할 때, 창조자 하나님의 자비에 상응하는 참된 자비로움은 더 이상 존재하지 않는다.

b) 불교에서 우리는 자비로운 보디사트바(Boddhisattva)의 상과 중국의 여신 자비의 콴인(Quan-jin)의 상을 발견한다. 첫째 상은 동정심(Mitleid)을 가리키며, 둘째 상은 자비를 행함(Erbarmen)을 가리킨다. 불교에서 자비는 함께 느낌(Mitgefühl) 곧 카루나(karuna)를 가리킨다. 카루나는 사

랑, 함께 나누는 기쁨, 함께 나누는 고난과 같은 인간적 결합의 다양한 형식들 가운데 하나이다. 카루나는 의무가 아니라, 명상과 명상에서 생성되는 마음의 평정을 통해 얻게 되는 통찰의 열매이다. 타이덴수(Taitetsu)는 그의 논문 "Karuna"에서 불교의 자비를 다음과 같이 설명한다:

"자비 속에서 사람들은 고난 가운데 있는 사람들을 도와주며 그들을 보살핀다. 도움이 없는 짐승들과… 생활 방편이 없는 사람들이 먹을 것을 얻고… 짐승들이 인간에 의한 노예상태에서 해방된다.… 거룩한 길의 자비는 살아 있는 모든 것에게 자비를 행하는 데 있다.… 순결한 땅의 자비는 동정심 그리고 함께 슬퍼함 속에서 큰 자비를 가지고 다른 생물들에게 도움을 베풀어, 이들이 부다성(Buddhaschaft)을 얻도록 하는 데 있다."

첫째 경우, 자비는 고난을 주요 관심으로 가진다면, 둘째 경우 그것은 부다성을 통한 구원을 주요 관심으로 가진다. 두 가지 경우 모두 인간에 대해 중요한 점은, 인간과 동물과 식물 곧 살아 있는 모든 것을 포괄하는 "위대한 자비"의 역장(Kraftfeld)으로 들어오는 데 있다.

거대한 창조의 친교 속에서 모든 피조물에게 이루어지는 이같은 보편적 자비로움은 기독교에도 있다. 그것은 특히 정교회의 영성에서 발견된다. 도스토예프스키는 조시마 수도원장의 입을 통해 다음과 같이 말한다:

"하나님의 모든 창조를 사랑하여라. 전체는 물론 모래 한 알까지도 사랑하여라. 모든 나뭇잎과 하나님의 모든 광채를 사랑하여라! 너희는 동물을 사랑하여라. 식물을 사랑하여라. 모든 것을 사랑하여라! 모든 것을 사랑할 때, 하나님의 비밀이 너에게 모든 것 안에서 계시될 것이다. 그것이 너에게 한 번 계시될 때, 너는 그것을 매일 매일 점점 더 크게 인식할 것이다. 마지막에 너는 모든 것을 포괄하며 모든 것을 감싸는 사랑을 가지고 온 우주를 사랑하게 될 것이다."

"모든 것을 포괄하는 사랑"을 도스토에프스키는 7세기 후반 오늘의 이라크와 이란 사이의 경계지역인 니니베(Ninive, Mosul)에 살았던 시리아인 이삭(Isaak der Syrer)에게서 배웠다. 그는 이삭의 설교문을 가지고 있었는데, 그의 우주적 영성을 조시마 수도원장의 입을 빌어 말하였던 것이다.

5. 자비로운 구조들이 있는가?

지금까지 우리는 고통을 당하는 생물에 대한 인격적 자비로움의 범주에서 자비의 문제를 논하였다. "선한 사마리아 사람"은 "강도를 만난 사람"에게 인격적으로 자비를 행한다. 그러나 그는 강도들에 대해 아무 조치도 취하지 않았다. 이웃사랑은 단지 인격적 범위 안에서만 기능하는가?

언젠가 브라질의 주교 돔 헬더 카마라(Dom Helder Camara)는 다음과 같이 말하였다:

"내가 가난한 사람들에게 자비를 행하였을 때, 사람들은 나를 칭찬하고 나를 성자라 불렀다.
그러나 왜 가난한 사람들이 가난한가를 공적을 질문했을 때, 사람들은 나를 욕하고 나를 공산주의자라 불렀다."

비인간적인 사회 구조들이 있는가 하면, 인간의 존엄성을 존중하는 구조들도 있다. 노동자들이 착취를 당하고, 실업자들이 구걸하고, 병든 사람들과 노인들이 일찍 죽을 수밖에 없는 사회적 상황들이 있는가 하면, 모든 사람에게 존엄성 있는 삶을 가능케 하는 사회적 상황들도 있다.

종교개혁 시대에 이르기까지 유럽의 모든 교회 앞에는 거지들이 앉아 있었는데, 교회에 오는 사람들이 그들에게 자선을 베풀고 좋은 일들을 행하도록 하기 위함이었다. 그것은 하나님 앞에서 공적으로 간주되었고 하늘의 상을 약속하였다. 이들은 단지 가난한 사람들을 도운 것이 아니라 그들 자신을 도운 것이다.

종교개혁과 함께 취리히, 스트라스부르크, 제네바, 비텐베르크의 교회 앞에서는 거지들이 사라져버렸다. 종교개혁은 단지 교회개혁이 아니라 사회개혁이기도 했기 때문이다. 도시들은 가난한 사람들을 돌보아주고, 그들에게 잠잘 곳과 일자리와 먹을 빵을 주었다. 이리하여 최초의 사회법이 제정되었다.

현대 유럽의 사회국가(Sozialstaat)는 강한 사람들과 약한 사람들, 노동자들과 실업자들, 건강한 사람들과 병든 사람들, 젊은이들과 늙은이들 사이의 조직화된 연대성(Solidarität)을 그 뼈대로 가지고 있다. 그것은 가난한 사람들을 자비로움의 대상에서 권리의 주체로, 곧 인간적 존엄성에서 나오는 권리의 주체로 만든다. 이리하여 의료보험, 사회보험, 연금제도가 제정되었다. 이 모든 것은 "구조적 자비"라 말할 수 있다.(Wolfgang Thierse) 현대의 사회국가는 도적질과 살인을 없애고 "도적들"을 사회화시키고자 시도한다. 현대의 사회국가가 생태학적으로 발전할 때, 그것은 동물과 식물과 땅 전체에 대해 자비를 조직적으로 행할 수 있을 것이다. 재생산될 수 있는 에너지들이 더 많이 사용되고, 황폐화시키는 산업이 재순환의 산업으로 변모하면 할수록, 우리 모든 사람들의 고향인 땅의 체계 전체가 더 좋아질 것이다.

그러나 자비의 문화가 없을 때, 사회법을 제정코자 하는 동기가 사라질 것이다. 오늘날 이 문화는 신자유주의의 사회적 냉혹성, 연약한 사람들과 실직자들, 병든 사람들과 어린이들과 노인들의 자본주의적 배제를 거부하고 방어되어야 할 것이다. 자비의 문화만이 사회법을 정당화시킬 수 있을 것이며, "그만 둔 도움의 제공"을 개인적으로는 물론 사회적으로 또 정치적으로 고발할 수 있을 것이다.

자비는 사회적 정의의 영혼이다.

또한 자비는 국제적 도움의 원천이 될 수 있다. 자연재해의 경우 국제적 도움은 자명한 것으로 생각된다. 그러나 오늘날 시리아와 소말리아에서 볼 수 있는 것처럼, 시민전쟁이나 몰락하는 국가와 같은 정치적 재난들의 경우 국제적 도움은 매우 어렵다. 그렇지만 "국가들의 친교" 곧 유엔이 종족살해에 개입하여 희생자들을 도와주어야 한다는 것은 세계 전체의 일반화된 의식이다. "그만 둔 도움의 제공" 때문에 모든 민족들이 "강도를 만날" 수 있다.

사적인 자비는 사회국가 내에서도 필요하다. 가톨릭교회의 카리타스(Caritas)와 개신교회의 디아코니아는 독일에서 결코 포기될 수 없다. "사회적 그물망"이 매우 큰 사회적 고난의 문제들을 다룬다 할지라도, 수많은 노숙자들과 병든 사람들과 늙은 사람들, 곧 사회적 그물망의 코에서 빠진 사람들이 있기 때문이다.

마지막으로 인격적 자비도 반드시 필요하다. 인격적 자비는 하나님의 자비를 우리 인간 상호간의 태도로 옮기는 것을 말한다. 우리의 작은 자비함이 우리의 생명을 거룩하게 성화한다. 그것은 하나님의 위대한 자비에 대한 하나의 반향(Resonanz)이라 말할 수 있다. 다른 사람에 대한 태도에 있어 인격적 자비는 절대적이고 또 직접적이다. 인격적 자비는 이해타산적이 아니라 관대하다. 인격적 자비함은 자명적이며 자기를 망각한다. 또한 인격적 자비는 상황의 비인간성과 인간의 무자비함에 대한 분노로 표출되기도 한다. 인격적 자비는 적대자들과의 화해이며 죄의 용서이다. 인격적 자비함은 하나님의 자비의 더넓은 공간 안에 있는 삶이다.

8장
기독교 신학의 생태학적 미래

우리 세계가 살아남을 경우, 오늘날 우리는 현대가 끝나는 지점에 서 있는 동시에 우리 세계의 생태학적 미래가 시작하는 지점에 서 있다. 근대의 현대적 패러다임에서 일어났던 것과는 다른 새로운 패러다임, 곧 인간 문화와 이 땅의 자연을 지금과는 다르게 결합시키는 패러다임이 생성 중에 있다. 현대 시대는 자연과 그 힘들에 대한 인간의 장악을 그 특징으로 가진다. 자연에 대한 이 정복과 장악은 오늘날 한계에 봉착하였다. 지구의 기후가 인간의 영향력으로 말미암아 엄청나게 변화되었다는 사실을 많은 징후들이 암시한다. 예를 들어, 지구의 극지방의 빙하는 녹아내리고, 수면은 상승하고, 섬들이 사라지고, 가뭄 기간은 길어지고, 사막은 확장되고 있다. 우리는 이 모든 것을 알고 있지만, 우리가 알고 있는 바를 행하지 않는다. 대부분의 사람들은 눈을 감아버리나, 마치 마비된 듯이 아무 것도 행하지 않고 있다. 마치 마비된 것처럼 아무 것도 행하지 않는 것보다 더 생태계의 재앙을 촉진시키는 것은 없을 것이다.

우리는 새로운 자연 이해와 새로운 인간상을 필요로 하며, 이와 함께 우리 문화 속에서 하나님에 대한 새로운 경험을 필요로 한다. 새로운 생태학적 신학은 이를 위해 우리를 도울 수 있다. 왜 반드시 신학이어야 하는가? 현대 시대의 자연 이해와 인간상은 현대 신학에 의해 결정되었기 때문이다. 즉 현대 신학은 인간을 하나님과 유사한 세계의 지배자로 이해하였다. 이 세계를 유념하지 않고 하나님을 이해하며, 하나님을 유념하지 않고 이 세계를 이해하였다. 또 그것은 "정복되어야" 할 것으로 간주되는 이 땅과 그 속에 거주하는, 인간이 아닌 모든 거주자들에 대한 기계론적 개념이었다.

　한 가지 옛 유머를 소개하고 싶다: 두 개의 행성이 우주 공간에서 맞닥뜨렸는데, 한 행성이 다른 행성에게 "너는 어떻게 지내느냐?"고 물었다. 그러자 다른 행성은 이렇게 대답했다: "나는 상당히 어렵게 지내고 있다. 나는 아프다. 나는 호모 사피엔스(homo sapiens)를 가지고 있다." 이 대답을 듣고 앞의 행성은 대답하기를, "안 됐구나. 그것은 좋지 않은 일이야. 나도 한때 호모 사피엔스를 가졌었다. 그러나 지나가 버릴테니까, 너무 어렵게 생각하지 않길 바란다"고 말했다.
　이 유머는 인류에 대한 새로운 행성의 관점을 보여준다. 인류가 살고 있는 이 행성의 질병은 인류 자신이 멸종함으로써 지나가버릴 것인가, 아니면 인류가 지혜롭게 되어 상처를 치유함으로써 지나가버릴 것인가?

1. 새로운 인간상: 이 세계의 중심에서 우주적 통합으로, 혹은 세계 지배의 교만에서 우주적 겸손으로

우리 인간이 "땅을 경작하고 보존하며" 세계 지배 혹은 세계 창조의 책임을 감당하기 이전에, 먼저 땅이 우리를 돌보아준다. 땅은 인류를 위한 유익한 삶의 조건들을 형성하고 이 조건들을 오늘날까지 보존하고 있다. 땅이 우리에게 의존하는 것이 아니라, 오히려 우리가 땅에게 의존하고 있다. 자연은 우리 인간 없이도 살 수 있으며 수천만 년을 그렇게 살아왔지만, 우리는 자연 없이 살아갈 수 없다.

이것을 우리는 성서의 창조 기사에 대한 현대적 해석에서 증명할 수 있다. 성서의 창조 기사는 현대적이며 서구적인 인간의 의식과 무의식 속에 깊숙이 뿌리박혀 있기 때문이다.

a) 현대적 해석에 따르면, 인간은 "창조의 왕관"이다. 오로지 인간만이 하나님의 형상으로 창조되었고 이 땅과 자연의 모든 피조물을 다스리도록 결정되었다: "땅을 정복하여라. 바다의 고기와 공중의 새와 땅 위에서 살아 움직이는 모든 생물을 다스려라."(창 1:28) 시편 8편 6절에 의하면, 하나님은 인간으로 하여금 "주님께서 손수 지으신 만물을 다스리게 하시고 모든 것을 그의 발 아래에 두셨다." 이에 따라 인간은 이 땅과 모든 그의 동료 피조물들(Mitgeschöpfe)을 마치 파라오처럼 "지배하였다." 제2 창조기사에 의하면, 인간은 하나님의 정원사처럼 에덴동산을 "경작하고 보존해야" 했다. 이것은 첫째 창조기사에 비해 좀 더 완화되고 신중

하게 들린다. 그러나 두 가지 창조기사에서 공통되는 점은, 인간이 주체(Subjekt)이고, 땅과 그의 모든 거주자들은 인간의 대상(Objekt)이 된다는 것이다. 막스 쉘러(M. Scheler)가 말했던 "우주 안에서 인간의 그 유명한 특별 위치"는 바로 이것을 말한다[1]. 이러한 성서 텍스트는 2,500년 보다 더 오래되었지만, 400년 전 르네상스의 시대에 이르러 비로소 "현대적"으로 되었다.

이 성서적 인간상은 르네상스 시대에 고조되었다. 이제 인간은 이 세계의 중심에 서게 되었다. 이에 관한 고전적 텍스트는 피코 델라 미란돌라(G. Pico della Mirandola)가 1486년 작성한 "인간의 존엄성에 관하여(Über die Würde des Menschen)"라는 제목의 글이다[2]. 이 문헌에서 그는 이슬람 학자 압달라(Abdallah)의 다음과 같은 말을 인용하면서 시작한다: "이 세계에서 인간보다 더 경탄할만한 존재는 아무 것도 없다." 그리고 그는 인간을 우주의 서열에 있어서 동물에게는 물론 별들과 심지어 초현세적인 지능체(천사)에 대해서도 특출하고 부러운 존재로 이해한다.

> "다른 존재들의 본성은 우리들(곧 하나님)이 미리 제정한 법칙들을 통해 결정되었고, 이를 통해 제한을 갖게 되었다. 그러나 너는 어떤 극복될 수 없는 제한도 받지 않는다. 오히려 너는 내가 너의 운명을 그 속에 둔 너 자신의 자유로운 의지에 따라 너의 본성을 너 자신에게 미리 결정해야 한다. 나는 너를 세계의 중심에 세웠다. 이리하여 너는 너 자신의 완전히 자유롭고 명예롭고 명령적인 조각가와 시인으로서, 너

---

1) M. Scheler, Die Stelleung des Menschen im Kosmos(1927), München 1947.
2) G. Pico della Mirandola, Über die Würde des Menschen, Zürich o. J.

그 속에서 살고 싶은 삶의 형식을 너 자신에게 결정해야 한다." (10 f)

르네상스의 인간은 창조자 하나님의 형상으로서 "자기 자신의 창조자"요 -오늘날 종종 일컬어지는 바와 같이- "그 자신의 발견물"이다. 세계는 필연성의 법적 강제 아래 있지만, 인간은 세계의 자유로운 주인이다. 인간은 자기 자신을 "모든 만물의 척도"로, 자기 자신의 발견자로, 그리고 그 자신의 세계의 지배자로 만들고 있다.

"지식은 힘이다"라는 영국인 프랜시스 베이컨(F. Bacon)의 말은, 나의 청소년기에 이르기까지 독일의 교육 시스템에 영향을 주었다. 그는 자연에 대한 과학-기술적인 힘의 장악과 구원의 꿈을 결합시켰다: 인간은 하나님의 형상으로서 자연을 통치하도록 창조되었다. 원죄로 말미암아 그는 하나님에 의해 결정된 이 통치권을 상실하였다. 자연과학과 기술을 통해 그는 "창조의 첫 단계에 가지고 있었던 주권과 힘을 위한 (많은 부분에 있어서) 원상회복과 재투자를" 획득하게 된다[3]. 그렇지만 성서에서는 인간이 가진 하나님 형상이 자연에 대한 인간의 지배를 근거시키는 반면, 베이컨에게서는 거꾸로 자연에 대한 지배가 인간의 하나님 형상을 근거시킨다. 어떤 하나님 형상이 그 배경에 서 있는가? 하나님이 우주의 주인이듯이, 인간은 그의 형상으로서 이 땅의 주인이 되어야 한다는 것이다. 이 유비에서 하나님의 모든 특성 가운데 단지 전능(Allmacht)만이 남게 된다.

---

[3] 발전을 위해 참조: A. Koyré, Von der geschlossenen Welt zum unendlichen Universum, Frankfurt 1969. 신학적 토론을 위해: J. Moltmann/김균진 옮김, 『과학과 지혜』(서울: 대한기독교서회, 2003).

프랑스 철학자 르네 데카르트(R. Descartes)는 1692년 저술한 그의 글 "방법에 관하여(Über die Methode)"에서 한 걸음 더 나아간다[4]: 과학과 기술을 통해 인간은 "자연의 주인과 소유자"가 되었다. 그는 이 세계를 인간 정신의 사유하는 사물(res cogitans)과 자연의 연장되는 사물(res extensa)로 구분한다. 자연 안에서 인간의 사유하는 정신은 단지 측정할 수 있는 확장의 객체만을 발견한다. 자연 인식을 측정으로 축소시킨 것이 현대 자연과학의 기초가 되었다. 이것은 수학으로 과학의 축소(reductio scientiae ad mathematicam)를 말한다[5]. 이와 함께 데카르트는 인간의 육체를 인간 영혼의 측정 가능한 장소로 축소시켰다. 그의 제자인 의사 라메트리(J. O. de Lamettrie)는 이로부터 "기계 인간"(L'Homme machine, 1748)이라는 결론을 도출하였다.

b) 성서의 동일한 창조기사에 대한 새로운 생태학적 해석에 따르면, 인간은 하나님의 마지막 피조물로서 자연 의존적 피조물이다. 이 땅에서 인간의 삶은 동물과 식물, 공기와 물, 빛과 낮, 밤의 실존 그리고 해와 달과 별에 의존한다. 그는 이들 없이 결코 살아갈 수 없다. 이 모든 다른 피조물들이 존재하기 때문에, 인간은 존재하는 것이다. 이들은 인간 없이도 실존할 수 있지만, 인간은 이들 없이 결코 실존할 수 없다. 따라서 우리는 인간을 신적인 지배자로서 혹은 자연에 대한 고독한 정원사로 생각할 수 없다. 인간의 "특별한 위치"와 특별한 사명이 무엇이든 간에,

---

[4] R. Descartes, Discours de la Méthode(1692), Mainz 1948, 145.
[5] A. Zakai, Jonathan Edward's Philosophy of Nature. The Reenchantment of the World in an Age of Scientific Reasoning, London 2010.

인간은 거대한 창조 공동체 안에 있는 하나의 피조물이며 "자연의 한 부분"이다[6]. 두 번째 창조기사에서 인간에게 하나님의 "생기"가 불어넣어지기 전에, 인간은 "땅의 흙"(창 2:7)이다. 또한 땅을 "경작하고 보존하기" 전에, 인간은 "흙에서 나왔으니 흙으로 돌아갈 것이다"(창 3:19)라는 사실을 알고 있다.

성서의 전통에 따르면, 하나님은 단지 인간에게만이 아니라, 그의 모든 피조물들에게 그의 신적인 영을 불어넣으셨다:

> "주님께서 얼굴을 숨기시면 그들은 떨면서 두려워하고, 주님께서 호흡을 거두어들이시면 그들을 죽어서 본래의 흙으로 돌아갑니다.
> 주님께서 주님의 영을 불어넣으시면 그들이 다시 창조됩니다. 주님께서는 땅의 모습을 새롭게 하십니다."(시 104:29-30)

우리는 이로부터 다음의 사실을 추론할 수 있다. 즉 인간의 하나님 형상이 인간 안에 거하는 하나님의 영에 달렸다면, 하나님의 영이 그 안에 거하는 모든 피조물들은 하나님의 형상이요, 하나님의 형상으로서 존중받아야 한다. 어쨌든 간에 인간은 이 땅의 자연과 너무도 긴밀하게 결합돼 있기 때문에, 이들은 동일한 고통과 구원에 대한 공동의 희망 속에 있다. 인간은 이 땅으로부터 구원을 받아야 하는 것이 아니라, 허무와 죽음의 이 땅과 함께 구원을 받아야 한다.

---

6) 지구 헌장(1992, 2000) 서문.

바울은 하나님의 영으로 인해 기동하는 모든 피조물들이 "신음하면서 몸의 속량을 고대하는"(롬 8:23) 소리를 들었다. 따라서 그는 자신을 둘러싼 인간이 아닌 다른 피조물들의 "신음과 기다림"(8:22)도 들었다. 그는 우리와 전체 창조가 죽음의 운명으로부터의 구원을 고대한다고 확신하였다. 피조물 안에 임재하시는 성령은 죽음이 더 이상 존재하지 않을 새로운 창조의 시작이다. 성령은 예수의 부활의 영이며 부활하신 이의 광대한 임재이기 때문이다. 정교회 신학은 인간의 신성화(Vergottung)에 대한 희망뿐만 아니라, 우주의 신성화에 대한 희망으로써 이를 표현한다: "전체 자연은 영광을 위해 결정되어 있다. 인간은 완성의 나라 속에서 이에 동참하게 된다."[7]

인간은 그의 특성과 규정 그리고 생명에 대한 희망에 있어 자연의 한 부분이다. 그는 이 세계의 중심에 있지 않다. 오히려 그는 생존하기 위해 이 땅의 자연과 그의 동료 피조물들의 공동체 안으로 자신을 통합시켜야 한다. 그에게 속한 것은 자연에 대한 힘의 교만과 자신이 하고자 하는 것을 할 수 있는 자유가 아니라, "우주적 겸손[8]"과 그가 자연에게 가하는 모든 것을 사려깊게 고려하는 것이다. 우리가 이 땅의 생명에게 의지하고 다른 생명체의 실존을 의식할 때에야 비로소, 우리는 "우쭐대고 불행한 우상들"(마르틴 루터)을 벗어버리고 인간적인 인간으로 될 것이다. 참된 지식은 힘이 아니라 지혜이다.

---

7) D. Staniloae, Orthodoxe Dogmatik, Gütersloh 1985, 294.
8) 나는 바욱캄(R. Bauckham)의 저서(Bibel and Ecology. Rediscovering the Community of Creation, London 2010, 37)에 나온 표현을 받아들인다.

2. 하나님과 세계: 하나님과 세계의 구분에서 삼위일체적 창조론으로, 하나님 없는 세계에서 하나님 안에 있는 세계와 세계 속에 있는 하나님으로

a) 현대 신학은 성서의 창조신앙이 하나님과 세계를 근본적으로 구분한다고 해석하였다. 즉, 세계는 하나님의 영원한 존재로부터 생겨난 것이 아니라, 그의 자유로운 의지로부터 생겨났다. 세계가 하나님의 영원한 존재로부터 생겨났다면, 세계 자신이 신적 본성에 속할 것이다. 그렇다면 세계는 하나님 자신처럼 그 자체로써 충분하고 자신 안에 근거를 두며 완전할 것이다. 그러나 하나님의 창조로서 하늘과 땅은 신적인 것이 아니라, 속세적이고 천상적이며 세상적인(himmlisch und irdisch) 것이다. 창조신앙의 현대적 해석은 이스라엘의 창조신앙이 세계를 탈신격화하고 탈마력화하고, 현대적 의미로 "세속화"시켰다고 강조한다. 키케로(Cicero)에 의하면, 세상적으로 경건한 로마인들은 하나님 없는 유대인들에 관해 "우리 거룩한 자들에게 그들은 모두 세속적이다"(Profana illis omnia quae apud nos sacra)라고 말하였다. 예언자 엘리아의 기사가 이야기하듯이, 이스라엘 백성은 그들의 창조신앙과 함께 가나안의 다산제의 제의(Fruchtbarkeitkult)를 철폐하였다. 그러므로 아이작 뉴턴(I. Newton)과 같은 근대 학자들은 성서에 근거하여 아리스토텔레스(Aristoteles)의 "세계영혼"(Weltseele)을 그들의 세계관에서 추방하고, 이 세계를 영혼 없는 기계로 이해하였다. 옛 오리엔탈적인 자연종교

의 타부들은 이미 이스라엘 백성 안에서 없어져버렸다. 이제 자연은 인간의 세계가 되었다: "너희는 세계를 굴복시켜라." 현대 신학자들은 이 말을 받아들였고, 자연을 과학적 연구와 인간의 기술적 이용에 넘겨주었다. 과학적 방법들은 스스로 가치중립적이며 불가지론적으로 혹은 무신론적이 되는 것을 목표로 삼았다. 근대의 엄격한 유신론은 하나님을 소위 초월성의 비밀 속으로 추방하고, 이를 통해 초월에서 자유로운(transdenzfrei) 내재 속에서 인간을 위해 이 세계를 소유하게 되었다. 마지막 결과로 현대 신학에서 하나님은 세계 없는 존재로 생각되었다. 이리하여 세계를 하나님 없이 지배하고, 하나님 없이 세계 속에서 살 수 있게 되었다. 만약 하나님이 단지 피안의 세계에만 존재한다면, 우리는 차안의 세계를 하나님으로부터 자유롭게(gottfrei) 정복할 수 있고 자신의 표상에 따라 형성할 수 있게 된다. 아놀드 겔렌(A. Gehlen)은 그 결과를 다음과 같이 적절하게 요약한다:

> "문화와 정신의 장구한 역사의 마지막에 "비밀 협약"(entente secrète)의 세계관, 곧 인간의 이해 속에서 서로 다투는 생명의 힘들의 형이상학이 파괴되었다. 이것은 한 편으로 유일신론을 통해, 다른 한 편으로 과학기술적 기계주의를 통해서 일어났는데, 이 기계주의를 위해 유일신론은 자연을 탈마력화하고 탈신격화하면서 투쟁적으로 자리를 마련하였다. 하나님과 기계는 고대 세계를 살아 남아 이제 단 둘이 마주하게 되었다."[9]

---

9) A. Gehlen, Urmensch und Spätultur, Bonn 1956, 285.

우리가 인식하듯이 이 비전 속에서 가장 충격적인 것은, 초월적 하나님과 기계 세계 속에 우리가 알고 있는 인간이 더 이상 존재하지 않는다는 사실이다. 이제 인간은 하나님이 된 것이 아니라 기계가 되어버렸다.

그러나 이같은 부정적인 전제들 아래 우리는 어떻게 세계를 "하나님의 창조"로 이해할 수 있는가? 우리는 다음과 같이 주장할 수 있을 것이다:

현대 자연과학자들은 단지 어떻게-질문(Wie-Frage), 곧 "어떤 것이 어떻게 기능하는가의 질문에만 관심하며, 그것의 근거와 의미에 관한 질문에는 관심하지 않는다. 이들은 첫 번째 형이상학적 질문, 곧 "왜 어떤 것은 있고 없는 것은 아닌가?"라는 질문에 답변하지 않는다. 이 세계의 우연성에 대한 질문은 답변되지 않는 채 남아있다. 신학은 이 질문에 대해 하나님의 자유로운 의지로 인해 이 세계가 창조되었다는 표상으로 답변한다. 하나님은 이 세계를 창조해야만 했던 것은 아니다, 그러니까 이 세계는 반드시 존재해야만 하는 것은 아니다. 그러나 신적인 것은 아니지만 그의 자비하심에 상응하는 현실을 있게 하는 것을 하나님은 기뻐하였다. 상응(아날로기아)의 개념과 함께 하나님과 세계 사이의 간격이 극복된다.[10] 세계와 그 질서는 하나님의 창조의 말씀에 대한 하나의 울림이다. 이것은 그의 영원한 노래에 대한 반향이다; 이것은 그의 선 안에서 최고의 선에 상응한다. 그러나 세계는 하나님 바깥에 실존하며, 세계에 대한 하나님의 행동은 하나의 외적인 행동이다.

---

10) K. Barth/황정욱 옮김, 『교회 교의학』(서울: 대한기독교서회, 2007), 제III장 1-4.

b-1) 그러나 우리는 창조에 대해 보다 더 깊이 생태학적으로 이해하고자 한다: 창조자는 그의 창조와 외적으로만 결합되는 것이 아니라 내적으로도 결합돼 있다. 창조는 하나님 안에 있고, 하나님은 창조 안에 있다. 원시 기독교의 이론에 의하면, 창조의 행위는 삼위일체적 과정이다: 성부 하나님은 그의 영원한 말씀을 통해 성령의 능력 안에서 세계를 창조하신다. 세계는 비신적인 현실이지만 하나님으로 충만하다. 만물이 성부 하나님으로부터, 성자 하나님으로 말미암아 그리고 성령 하나님 안에서 창조되었다면, 이들은 하나님에 의하여, 하나님을 통하여, 하나님 안에 있다.[11]

> "우리에게는 아버지가 되시는 하나님 한 분이 계실 뿐입니다.
> 만물은 그분에게서 났고, 우리는 그분을 위하여 있습니다.
> 그리고 한 분 주님이신 예수 그리스도가 계십니다.
> 만물이 그분으로 말미암아 있고, 우리는 그분으로 말미암아 있습니다."(고전 8:6)

바실리우스(Basilius)는 그의 글 "성령에 관하여"에서 다음과 같이 기술한다:

> "보아라, 이 존재자들의 창조에 있어 성부는 선재하는 근거로서, 성자는 창조하는 (근거)로서, 성령은 완성하는 (근거)로서. 그리하여 수종드는 영들은 성부의 의지 안에서 그들의 시작을

---

11) J.Moltmann/김균진 옮김,『창조 안에 계신 하나님』(서울: 한국신학연구소, 1987), 121.

가지며, 성자의 현실을 통해 창조되며, 성령의 도움을 통해 완성된다는 것을."[12]

창조의 행위를 삼위일체적 과정으로서 이해할 때, 그것은 "전능자 성부 하나님"의 행위일 뿐 아니라, 동일한 비중으로 성자 하나님과 성령 하나님의 행위라고 말할 수 있다. 창조의 행위는 "외부를 향한"(ad extra) 행위가 아니라, 전체 삼위일체의 삶 속에 있는 행위이다. 성령께서 그의 에너지를 통해 모든 피조물 안에서 역사하고 추진하고 살아가기 때문에, 하나님은 그의 창조 안에서 임재하고, 그의 창조는 그 안에서 존재한다. 바실리우스가 말하는 대로 성령이 "완성자"시라면, 모든 피조물은 성령의 에너지로 말미암아 미래적 완성을 지향하며 그 완성을 향해 독려된다. 성서의 전통에 의하면, 창조의 "완성"은 삼위일체 하나님이 그의 완성된 창조 안에 "내주하며", 모든 피조물이 그의 영원한 생명력에 동참하는 데 있다.(계 21:1-3)

b-2) 창조를 이같이 삼위일체적으로 이해할 때, 세계는 성령이 그 안에서 작용하는 것으로 표상된다. 하나님은 그의 영의 능력 안에서 만물 안에 거하시고, 만물은 하나님 안에 거한다. 우리는 세계 안에 있는 하나님의 영을 만물에게 에너지를 공급하는 힘의 장(Kraftfeld)으로 표상할 수 있다. 중세기에 힐데가르트 폰 빙언(Hildegard von Bingen)은 세계를 다음과 같이 경험하였다:

---

12) Basilius von Caesarea, Über den Heiligen Geist, Freiburg 1967, 75.

"성령은 살리는 생명이시며,
 만물을 움직이시는 자요 모든 피조물의 근원이시다
성령은 더러운 만물을 깨끗케 하시며,
성령은 죄악을 제거하시며,
성령은 상처에 기름을 발라 주신다.
성령은 빛나는 생명이시요,
찬양을 받기에 족하시며,
만물을 깨우시고 다시 일으키신다."[13]

종교개혁 시대에 우리는 요한네스 칼뱅(J. Calvin)의 『기독교 강요』(Institutio)에서 이에 상응하는 다음과 같은 금언을 발견한다:

"하나님의 영은 모든 곳에 임재하시면서
하늘과 땅에 있는 만물을 보존하시고 양육하시며 살리신다.
하나님의 영이 그의 능력을 만물 안에 부어주심으로 만물에게 존재와 생명 그리고 활동을 약속하셨다는 사실은 명백히 신적이다." (I, 13,14)[14]

삼위일체적 창조론에 의하면, 초월적 성부의 사역은 내재적으로 발산하는 성령의 신성과 함께 하신다. 따라서 창조된 세계는 신적인 것으로 간주될 수 있다. 그것은 신적인 힘으로 유지되고 또 움직이기 때문이다. 이것은 결코 "범신론"을 말하는 것이 아니다. 왜냐하면 하나님과 세계는

---

13) Hildegard von Bingen, Lieder, Salzburg 1969, 229.
14) J.Calvin/원광연 옮김, 『기독교 강요』(서울: 크리스찬다이제스트, 2003), 제1장 13,14.

구별되기 때문이다. 또 그것은 모든 것이 "하나님 안에" 있다고 말하는 "범재신론"(Panentheismus)도 아니다. 하나님이 그의 영을 통해 만물 안에 임재한다는 것은, 하나님이 그의 백성 이스라엘 한 가운데 "거하신다"는 구약적이고 유대교적인 쉐히나(Schechina) 이론을 가장 적절히 진술한다. 만물이 하나님의 영광으로 가득할 때(사 6:3), 하나님은 새 창조 안에 영원히 "내주하실 것이다." 바울과 요한에게서 발견되는 신약성서의 사고형태를 고대교회의 신학은 페리코레시스(Perichoresis), 곧 상호간의 내주라 부른다. 즉 하나님은 세계 안에 - 세계는 하나님 안에 있다는 것이다.

> "사랑 안에 있는 사람은 하나님 안에 있고, 하나님도 그 사람 안에 계십니다." (요일 4:16)

3. "우리 모두의 어머니가 되신" – "이 땅을 너희는 굴복시켜라"?

현대신학은 첫 창조기사에 의거하여 인간이 땅을 "굴복시켜야" 한다는 것만을 보았다. 그러나 예수 시락(Jesus Sirach) 40장 1절에서 이 땅은 "우리 모두의 어머니"로 일컬어진다. 우리가 우리 자신의 어머니를 굴복시킬 수 있고, 그 어머니를 착취하고 파괴하고 판매할 수 있는가?

새로운 생태학적 신학은 이 땅이 우리의 "본향"이라는 사실로부터 출발한다:

> "인류는 항상 계속해서 발전해나가는 우주의 일부분이다. 우리의 본향 지구는 유일무이하고 다양한 생명체들의 공동체를 위한 생명의 공간을 제공한다.… 지구의 생명력, 다양성, 아름다움을 보호하는 것은 하나의 거룩한 의무이다." (지구 헌장 2000).

a) 땅을 굴복시키기 위해서, 땅은 인간에 의해 과학적으로 연구되고 기술적으로 지배될 수 있는 대상으로 전락할 수밖에 없다. 땅은 그의 주체성을 강탈당하고, 태고적부터 존중되어온 "세계영혼"을 상실할 수밖에 없다. 이것은 400전부터 자연과학이 확산시켰던 기계론적 세계상

으로 말미암아 일어났다.[15] 로버트 보일(R. Boyle)은 현대 화학에 근거하여 자연 대신 "기계론"에 대해서만 말하고자 했다. 아이작 뉴턴은 마치 시계처럼 작동하는 우주적 기계의 세계상을 구상하였다. 이 기계는 그의 시간을 앞뒤로 운행할 수 있을 만큼 완벽하다. 기계적 세계상은 만유일회적으로 창조되었고 완성되었으며 완전한 세계를 형이상학적 전제로 가진다. 여기서 하나님은 이신론적으로 표상된다. 곧 하나님은 건축가로서 더 이상의 신적인 간섭이 필요하지 않을 만큼 이 세계를 완전하게 창조하였다. 만약 하나님께서 그의 사역을 뒤늦게 기적을 통해 정정할 수 밖에 없다면, 그것은 하나님의 완전성에 모순되는 일일 것이다. 프랑스 물리학자 라플라스(P. S. Laplace)가 하나님에 관한 나폴레옹(Napoleon)의 질문에, "폐하, 저는 하나님이란 가설이 필요하지 않습니다"라고 답변한 것은 이상한 일이 아니다. 인간 자신이 완전할 경우, 그는 세계 기계(Weltmechanismus)를 자기 자신으로부터 설명할 수 있을 것이다.

  그렇지만 이 세계가 불완전하고 아직 완성되지 않았다면, 기계적인 세계상은 기능을 발휘하지 못하게 된다. 왜냐하면 기계적 세계상은 단지 이 세계의 현실을 나타낼 뿐, 그것의 잠재성을 나타내지 않기 때문이다. 진화 생물학과 연관하여 우리는 다음과 같이 말할 수 있다: 삶의 형태의 잠재적 다양성 중에서 단지 하나의 작은 부분만이 실현되었다. 아직 실현되지 않은 생명의 형식들을 우리는 예상할 수 없다. 미래에 열려진 자연 안에서는 자연법도 무시간적인 것이 아니라, 변화될 수 있는 "자연의 습관"일 뿐이다.[16]

---

15) M. White, Isaac Newton. The Last Socerer, London 1998.
16) R. Scheldrake, Das Gedächtnis der Natur. Das Geheimnis der Entstehung der Formen

최근의 천체과학들은 우리가 살고 있는 행성 지구의 생물 영역과 무생물 영역 사이의 상호작용을 증명하였다. 이로부터 지구의 생물권이 대기권, 해양, 지표면과 함께 하나의 단일한 복합적 시스템, 곧 생명을 산출하고 생명의 공간을 창출할 수 있는 능력을 가진 시스템을 이룬다고 표상하게 된다. 이것은 그동안 숱하게 논의되었던 제임스 러브록(J. Lovelock)의 가이아-이론(Gaja-Theorie)이다.[17] 이 이론은 고대 그리스 여신의 시적인 이름을 사용하지만, 결코 땅의 신격화를 의미하지 않는다. 그러나 이 땅은 생명을 산출하고 생명의 공간을 창출하는 살아있는 유기체로 이해된다.

우리가 생명을 협소한 생물학적 의미로 이해할 경우, 땅은 자기를 재생산하지 않기 때문에 "살아있지" 않다. 그러나 이 땅은 생명을 산출하기 때문에, 살아 있는 것 이상의 것이라 말할 수 있다. 땅은 우리가 알고 있는 생물학적 유기체들과 같은 "유기체"(Organismus)가 아니다. 땅은 생물체들을 산출하기 때문에 유기체 그 이상의 것이다. 지구는 비교될 수 없고 유일무이한 고유한 류의 주체이다. 땅은 물질과 에너지의 우연한 축적물이 아니다. 그것은 맹목적이지도 않고 침묵하지도 않다. 땅은 지적 존재들을 산출하기 때문에 지적이다. 진화의 특정한 지점에서 땅은 느끼고, 생각하고, 그 자신을 의식하고, 경외감을 갖기 시작하였다.[18] 우리 인간은 땅의 피조물이다. 우리는 주체로서 이 땅에 대칭

---

in der Natur, München 2001, 9-15.

17) J. E. Lovelock, Gaja A New Look at Life on Earth, Oxford 1979; J. E. Lovelock, The Ages of Gaja. A Bilgraphy of our Living Earth, Oxford 1988; J. E. Lovelock, The Revenge of Gaja. Why the Earth is Fighting Back - and how we can still save Humanity, London 2008. 토론을 위해 참조: C. Deane-Drummond, "God and Gaja. Myth or Reality?", Theology 95, 1992, 277-285.

18) L. Boff, "Die Erde als Gaja. Eine ethische und sprituelle Herausforderung",

하여 서 있지 않다. 오히려 우리는 우리 인간의 존엄성 속에서 이 땅의 부분들이요, 땅에 속한 창조 공동체의 구성원들이다. 우리 자신은 다른 생명체들과 함께 하는 "동료 피조물들"(Mitgeschöpfe)이다. 이러한 우주적 공동체의 느낌은 우리가 인식하고 다스릴 수 있는 자연의 모든 영역들보다 더 포괄적이다. 그러므로 오늘날 우리는 땅의 거룩성을 중심점에 세우고 의식적으로 우리를 의식적으로 이 땅의 공동체에 통합해야 할 시점에 서 있다.

가이아-이론은 철저히 땅에 관한 성서적 전통에 상응한다.

첫 번째 창조기사에 따르면, 이 땅은 인간에게 종속된 존재가 아니라, 하나의 거대한 창조적 피조물이며, 그 점에 있어 유일무이하다. 땅은 생명을 산출하고, 살아있는 집짐승을 그 종류대로, 가축과 기어다니는 것과 들짐승을 산출한다.(창 1:24) 생명의 진화와 땅의 역사는 서로 결합되어 있다. 땅은 다양한 생명체들을 위해 생명의 공간을 제공할 뿐만 아니라, 생명을 생성하는 생명의 품이기도 하다.

땅은 하나님의 계약 안에 있다. 노아의 계약, 곧 "이제 내가 너희와 너희 뒤에 오는 자손에게 직접 언약을 세운다. 너희와 함께 있는 살아 숨 쉬는 모든 생물, 곧 너와 함께 방주에서 나온 새와 집짐승과 모든 들짐승에게도 내가 언약을 세운다"(창 9:9-10)는 계약 뒤에는 땅에 관한 하나님의 계약이 있다: "내가 무지개를 구름 속에 둘 터이니, 이것이 나와 땅 사이에 세우는 언약의 표가 될 것이다."(창 9:13) 이 계약은 땅을 하나님

Concilium 45, 2010, 276-284.

과 직접 결합시킨다. 그것은 땅이 지닌 신적인 비밀이다.

하나님의 계약 안에 있는 땅의 권리는 안식일 계명에서 타당성을 얻게 된다: "일곱째 해에는 나 주가 쉬므로, 땅도 반드시 쉬게 하여야 한다"(레 25:4). 땅은 그의 생산력을 복원할 수 있기 위해서 안식일 휴식의 권리를 갖는다. 누구든지 땅의 안식일을 경홀히 여기는 자는, 그 영토를 폐허로 만들고 그 곳을 떠날 수밖에 없다.(레 26:33)

하나님의 영은 창조적인 생명력이다. 그것은 곧 생명을 주시는 영(spititus vivificans)이다. 그는 "모든 육 위에 부어진다."(욜 2:28) 곧 모든 생명체 위에 부어진다. 이사야 32장 14,16절 말씀과 같이, "저 높은 곳으로부터의 영"이 부어질 때, "광야에 공평이 자리잡고, 기름진 땅에 의가 머물 것이다." 또한 땅은 구원의 비밀을 품고 있다: "땅아, 너는 열려서 구원이 싹나게 하고 공의가 움돋게 하여라."(사 45:8) 예언자 이사야는 이스라엘의 메시아를 "이 땅의 열매"라(사 4:2) 부르기도 한다.

기독교의 화해론에 따르면, 하나님은 그리스도를 통해 "우주와 화해하신다."(고후 5:17) 하나님은 "모든 것들이 그리스도 안에서 그분을 머리로 하여 통일되는 것을 통해" 만물과 "화해"하신다.(엡 1:10; 골 1:20) 부활하신 그리스도는 우주적 그리스도이며, 우주적 그리스도는 "이 세계의 비밀"인데, 그는 만물 안에 임재하신다. 끝으로 우주적 그리스도는 이 세계를 구원하고 하늘과 땅을 그의 의로 가득 채우실 오시는 그리스도이다. 외경 도마복음에 따르면, 그리스도는 다음과 같이 말씀하신다:

"나는 모든 것 위에 비추는 빛이다.

나는 우주이며, 우주는 나로 말미암아 존재한다.
그리고 우주는 다시 나에게로 돌아온다.
한 조각의 나무를 베면, 나는 그곳에 있다.
하나의 돌멩이를 들어 올리면, 너는 나를 발견하게 될 것이다." (예수의 어록 77)

4. 자연신학: 계시신학의 전제인가 아니면 미래인가?

여기서 우리는 기독교 신학의 특별한 테마에 관해, 곧 이 땅과 그의 생명의 연관성(Lebenszusammenhängen)에로의 생태학적 전환 속에서 현실적 문제가 되고 있는 자연신학에 관해 논의하고자 한다. 전통적으로 자연신학은 자연으로부터의 간접적 하나님 인식을 뜻했던 반면, 오늘날 우리는 하나님으로부터의 간접적 자연 인식을 필요로 한다. 생태학적 위기는 이 땅의 생명의 연관성을 파괴한다. 이 생명의 연관성을 파괴의 세력들에 대항해서 보호하기 위해, 우리는 이들을 능가하는 이 땅의 긍정과 생명에 대한 강력한 사랑을 필요로 한다. 땅과 땅의 생명의 연관성들 안에 계신 하나님의 임재에 대한 신앙보다 더 큰 긍정과 더 강한 사랑이 존재하는가? 우리는 땅의 신학과 창조의 새로운 영성을 필요로 한다.

a) 기독교 전통은 "자연신학"을 인간이 천성적으로 타고난 이성의 도움과 함께 "자연의 책"으로부터 얻을 수 있는, 하나님의 실존과 본질에 대한 인식으로서 이해하였다. 하지만 이같은 자연적이고 이성적인 하나님 인식은 기독교적 하나님 인식이 아니다. 그러나 이는 기독교적 하나님 인식의 보편적 전제로서 봉사한다:

"모든 만물의 시작과 마지막이신 하나님은
　인간의 이성의 빛과 함께

창조된 만물로부터 확실히 인식될 수 있다."

제1 바티칸 공회는 선언한다.[19] 이 이론이 연원하는 토마스 폰 아퀴나스(Th. von Aquin)에 따르면, 기독교 신학은 초자연적 계시의 신학이다. 은혜가 자연을 전제하듯이, 기독교 신학은 자연신학을 전제한다. 자연적 하나님 인식은 초자연적 하나님 인식의 전단계에 속하는데, 이는 신앙의 대상이라기보다, 신앙에 대한 이성적 준비이다. 우주론적 하나님 증명의 도움으로 모든 이성적 인간은 한 하나님이 존재하시고 하나님이 한 분이라는 사실을 인식할 수 있다.

근대 이전의 개신교도 자연신학을 그렇게 이해하였다. 즉 "자연의 책"에서 오는 하나님 인식이 존재하는가 하면, "책들의 책"에서 오는 초자연적 하나님 인식이 있다. 자연적 하나님 인식은 인간의 양심 속에 천성적으로 타고 났으며, 자연 안에서 일어나는 하나님의 사역에 대한 인식을 통해 인간에 의해 습득된다. 자연신학은 "자연종교" 안에 근거한다. 그러나 이 인식으로 말미암아 우리는 지복을 얻지는 못하고 다만 지혜로워진다. 지복(Seligkeit)을 가져오는 것은 예수 그리스도를 통한 그의 계시 안에 있는 하나님의 자기전달(Selbstmitteilung)이다. "자연종교"의 현상은 창조로 소급된다. 자연종교는 타락 이전 파라다이스에 살았던 첫 사람의 하나님 인식, 곧 죄의 타락으로 말미암아 어두워졌지만 인류의 보존에 기여하고 하나님에 대한 동경을 일으키는 하나님 인식의 잔여물이다. 초자연적 하나님의 계시는 하나님의 은혜에 대한 인식을 가져오며, 이와 함께 파라다이스적 하나님 인식을 회복시킨다. 계시의 인

---

19) Denzinger, Enchiridion Symbolorum, Freiburg 1947, Nr. 1785-1806

식은 자연신학을 파괴하거나 대체하지 않고, 오히려 이를 바르게 하고 완성한다.

자연신학은 계시신학이 아니며 그에 대한 경쟁관계에 있지도 않다. 계시신학은 자연신학을 대체하지 않으며 이를 불필요하게 만들지도 않는다. 칼 바르트(K. Barth)가 1934년 자연신학에 대항하여 "아니오!"(Nein!)란 제목의 글을 썼을 때, 그는 이 차이점을 간과하였다.[20] 그 당시 사실상 문제가 된 것은 "독일 그리스도인들(Deusche Christen)"과 나치의 정치신학, 독일의 "피와 땅"의 신학이었다. 하나님의 자기 계시에 대한 인식으로 말미암아 인간은 지복을 얻지만, 지혜롭게 되지는 않는다. 자연 안에 있는 하나님 인식으로 말미암아 그는 이 땅과의 교류에 있어서 지혜롭게 되지만, 지복을 얻지는 못한다. 인간은 지복을 뿐만 아니라 지혜롭게 될 때에야 비로소 행복해진다. 칼 바르트는 이것을 후일 그의 "빛 이론"에서 보완하였다.[21]

b) 나의 스승 한스-요아힘 이반트(H.-J. Iwand)는 이미 1946년에 다음의 논제를 제시하였다:

"자연적 계시는 그로부터 우리가 유래하는 것이 아니라,
오히려 우리가 향해 가는 빛이다.
자연의 빛(lumen naturae)은 은혜의 빛(lumen gloriae)의 광채이다 ….
오늘의 신학이 요구하는 회개는,

---

20) K. Barth, "Nein!", Theol. Ex. Heute 14, München 1952, 290f.
21) K. Barth/황정욱 옮김, 『교회 교의학』(서울: 대한기독교서회, 2005), 제IV장 3, 125ff.

계시를 우리의 시대에 돌리고,
자연신학은 다가오는 시대에 돌리는 데 있다.
참 종교의 테마는 신학의 종말론적 목표이다."[22]

구약성서의 예언자 전통은 이 논제에 정당성을 부여한다:

"나는 나의 율법을 그들의 가슴 속에 새겨 기록하여,
나는 그들의 하나님이 되고, 그들은 나의 백성이 될 것이다.
나 주의 말이다.
그때에는 이웃이나 동포끼리 서로 '너는 주님을 알아라'
하지 않을 것이니,
이것은 작은 사람으로부터 큰 사람에 이르기까지 그들이 모
두 나를 알 것이기 때문이다." (렘 31:33-34)

이것은 하나님이 약속한 "새 계약"이다. 이때 하나님 인식이 그 땅에 거할 것이다. 그 때 모든 땅이 하나님의 영광으로 가득할 것이다; 이스라엘의 부분적 하나님 약속은 보편적으로 성취될 것이다. 하나님이 그의 새로운 현실 안에 나타나고 하나님을 모르는 세계를 끝내실 때, 하나님 인식은 너무도 "자연적"이고 자명한 것이어서, 아무도 다른 이들을 "가르칠" 필요가 없을 것이다. 그들은 모두 하나님을 인식할 것이며 선을 행할 것이다. 아무도 다른 이들을 경고할 필요가 없을 만큼 하나님의 법이 그들의 마음속에 새겨져 있기 때문이다. 이같은 하나님의 새 날이

---

22) H.-J. Iwand, Nachgelassene Werke I, München 1952, 290f.

시작될 때, 기독교 신학은 성취되기 때문에 스스로 해체될 것이다.

이러한 신학이 하나님의 영광의 나라 안에 있는 참된 "자연신학"이라면, 지금 인간에게 가능한 "자연종교"와 "자연신학"은 그들의 미래의 전조와 약속에 지나지 않는다.[23] 그러나 이것은 다음의 사실을 의미한다:

- 현재 상태에서의 현실적 자연신학은 만물을 영광의 나라 안에 있는 그 자신의 미래의 현실적 약속으로서 이해한다. 만물은 그들의 미래를 비추어준다.

- 자연의 현실적 신학은 "피조물들의 신음"과 허무함으로부터의 해방에 대한 그들의 고대를 나타낸다. 이 땅은 파라다이스가 아니라, 질서와 혼돈의 역사 속에 있는 것으로 파악된다. 자연신학은 하나님의 오심 속에서 이루어질 그들의 좋은 미래에 대한 하나의 비전이다. 이 땅과 인간의 현존하는 상태 속에서 참된 자연신학은 마지막 상태가 아니라 순례자들의 신학(theologia viatorum)이다. 모든 피조물들은 우리와 함께 고난을 당하고 또 희망하면서 길을 가고 있다. 인간의 문화와 이 땅의 자연의 조화는 순례의 공동체(Weggemeinschaft)이다. 동요하는 세계는 인간의 "동요하는 마음"에 상응한다.

- 이와 같이 기술된 자연신학은 성령과 하나님의 지혜의 신학이다. 만물 안에 내주하시는 하나님의 영은 태초의 창조와 영광의 나라 사

---

23) 이에 대한 자세한 내용을 위해: J. Moltmann/김균진 옮김, 『신학의 방법과 형식』 (서울: 대한기독교서회, 2001), 81-100.

이에 놓여 있는 현재적 다리이다. 그러므로 지금 만물과 생명의 연관성들 안에서 신적인 영의 추진력을 인식하고, 미래의 세계 영원한 생명에 대한 영의 고대를 느끼는 것이 중요한 문제이다.

5. 감각의 영성 – 우리가 사는 삶의 신비

사고의 이성과 감정의 오성이 존재한다. 파스칼(Pascal)에 의하면, 기하학의 영(esprit geometrie)이 있고, 마음의 영(esprit du coeur)이 있다. 영성은 마음의 향함(Hinwendung)을 말한다. 영성 안에서 우리는 하나님의 영을 경험하는 그 곳으로 향한다. 오랫 동안 이것은 영혼과 내적 인간의 영성이었다. 개신교 신비주의자 게르하르트 테르스테겐(G. Tersteegen)은 그의 시에서 다음과 같이 말한다:

"너의 감각의 문을 닫고,
네 깊은 곳에서 하나님을 찾아라."

힐데가르트 폰 빙엔(Hildegard von Bingen)의 우주적 신비와 프란츠 폰 아시시(Franz von Assisi)의 태양의 찬가(Sonnengesang)에서와 같이, 성령께서 이 땅의 자연 안에서 경험될 때, 감각의 영성이 생성될 수 있다. 그렇게 되면 우리는 우리 자신의 내면 속으로 "들어가기"보다, 거꾸로 우리 자신으로부터 나와, 모든 감각을 가지고 외부세계를 경험할 수밖에 없을 것이다. 우리는 생명의 손길에 우리를 던질 수밖에 없을 것이다. 이같은 우주적 신비는 아우구스티누스(Augustinus)이래로 서구 세계의 영성에 배치되지만, 오늘날 인간과 이 땅의 생태학적 미래를 위해 필요한 것은

바로 이 우주적 신비이다.[24]

우리의 육체적 감각들은 우리를 세계와 결합시킨다. 우리는 이 감각들을 단지 살아가고 노동할 수 있기 위해 필요로 할 뿐만 아니라, 이들을 돌보고 교육해야 하며, 생명과 살아계신 하나님의 임재에 대한 경외와 함께 가꾸어야 할 것이다.

물론 우리는 우리의 눈으로 이 세계의 사물들을 바라보지만, 이 바라봄을 배우지 않았다. 침묵하면서 바라볼 때에야 비로소 우리는 나무의 아름다움과 꽃의 존재를 감지하게 된다. 우리가 바라보고 상대방의 인상에 대해 우리 자신을 오픈할 때에야 비로소 사물과 인간을 그들 자신 때문에 사랑하게 될 것이다.

우리는 우리의 귀를 가지고 외부세계의 소리를 듣는다. 우리는 소음과 음성들과 음악을 듣는다. 그러나 우리는 귀 기울이는 것을 배웠는가? 다른 것, 새로운 것에 대해 우리 자신을 망각할 만큼 몰아적으로 경청하는 것을 배웠는가? 유대교와 기독교는 경청하는 종교(Hörreligionen)이다: "들어라, 이스라엘아 …"라고 쉐마 이스라엘(Sch'ma Israel)은 시작한다. 마리아는 천사의 음성을 "들었고" 그 말씀을 마음에 새겼다. 귀로 듣는 것만이 아니라, "가슴으로 듣는" 것도 있다. 이것은 온 몸을 가지고 깊이 듣는 것을 말한다. 이 때 우리는 "철저하게"(durch und durch) 경험하게 된다고 사람들은 말한다.

하나님께서는 전체 창조를 통해 호흡하신다. 생명의 하나님의 영이 우리를 사로잡을 때, 생명에 대한 예상치 못한 뜻밖의 사랑과 우리의 감각이 우리 안에서 깨어난다:

---

24) J. Moltmann/이신건 옮김, 『생명의 샘』(서울: 대한기독교서회, 2000).

"사랑이 우리의 마음을 뜨겁게 달구도록
　감각과 정서를 불태워라…"

라바누스 마우루스(Rabanus Maurus)의 성령강림절 찬송(Pfingsthymnus)은 기록한다.

오늘날 우리 세계에서 일어나는 생명의 파괴의 냉소주의에 대항하기 위해, 우리는 점점 더 커지는 마음의 무관심(Gleichgültigkeit)을 극복해야 할 것이다. 생명의 새로운 신비는 이 내적인 무감각과, 다른 사람의 고난에 대한 냉정함과 자연의 고난에 대한 무시를 깨뜨린다. 누구든지 생명, 곧 공동의 생명을 사랑하기 시작하는 사람은 인간의 죽임과 이 땅의 착취에 대항하고, 공동의 미래를 위해 투쟁할 것이다. 그는 열려있는 눈으로 기도하면서 곤궁에 처한 피조물의 신음에 귀를 기울일 것이다.

"하나님을 사랑한다면,
우리는 온 세계를 껴안을 것이다.
우리는 하나님을 우리의 모든 감각들을 가지고
그의 사랑의 피조물 안에서 사랑한다.
하나님은 우리가 만나는 모든 것 안에서 우리를
기다리신다."

Jürgen Moltmann

Der Gott der Liebe und der Gerechtigkeit

INHALT

VORWORT	219
I. GOTT IST LIEBE	221
II. SEIN NAME IST GERECHTIGKEIT	242
III. DER GOTT DES FRIEDENS	263
IV. CHRISTUSERFAHRUNGEN IN KRANKHEITEN UND HEILUNGEN	288
V. IM WEITEN RAUM DER FREUDE GOTTES	307
VI. DIE HEILIGKEIT GOTTES UND DIE HEILIGUNG DES LEBENS	329
VII. BARMHERZIGKEIT / ERBARMEN	352
VIII. DIE ÖKOLOGISCHE ZUKUNFT DER CHRISTLICHEN THEOLOGIE	378

VORWORT

Verehrter Herr Präsident Yu,
liebe Kollegen und Studenten,

es ist für mich eine große Ehre, dass Sie mich zur Hundertjahrfeier Ihrer Theologischen Universität eingeladen haben. Zwei Ihrer führenden Theologen haben bei mir in Tübingen promoviert, und ich bin bei meinen Reisen nach Korea oft und gern in das Seminar der Holiness Church gekommen. Aber ich wusste nicht, dass die Theologie hier schon 1911 angefangen hat. Darum verneige ich mich vor Ihrer hundertjährigen Alma Mater und bringe Ihnen die Glück- und Segenswünsche der alten Theologischen Fakultät in Tübingen.

Möge die christliche Theologie in Korea gedeihen und blühen und viele gute Frucht für Kirche und Volk bringen!

Wenn ich jetzt zu Ihnen spreche, staune ich über ein großes Wunder. Wir leben in Korea und Deutschland auf den entgegengesetzten Seiten der Erde, wir haben ganz verschiedene Geschichten erlebt und sprechen ganz verschiedene Sprachen und doch können wir uns verstehen! Es gibt in der weltweiten Christenheit eine „Gemeinschaft der Theologen"-gewiss keine „Gemeinschaft der Heiligen"-die über die Grenzen der Räume und der Zeiten hinausgreift und Menschen so verschiedener Kulturen in eine geistige Gemeinschaft bringt. Unsere Kontexte sind verschieden, aber es ist derselbe Text, den wir lesen: Die Bibel! Unsere Kulturen sind verschieden, aber es ist derselbe Geist, der uns in die Zukunft Gottes treibt!

Lange vor der modernen Globalisierung war der Heilige Geist Gottes schon so global, dass in der ersten Pfingstversammlung in Jerusalem jeder das Evangelium in seiner Sprache hört und sie trotz ihrer Verschiedenheit eine neue Gemeinschaft bildeten und „eine Herz und eine Seele" waren. So stelle ich mir auch die weltweite „Gemeinschaft der Theologen" vor: Nicht dass sie alle einer Meinung sind; das wäre schrecklich und langweilig. Aber dass sie alle an derselben Sache arbeiten: der Sache Gottes.

Gott segne diese Theologische Universität mit seinem Geist der Wahrheit. Gott segne Euch alle!

Jürgen Moltmann

I. GOTT IST LIEBE

Jede gute, christliche Theologie beginnt mit der Bibel. So wollen auch wir die Theologie der Liebe mit der Bibel beginnen. In 1 Kor 13 finden wir das „Hohelied der Liebe" des Apostel Paulus:

„Wenn ich mit Menschen - und mit Engelzungen redete und hätte die Liebe nicht, so wäre ich ein tönendes Erz oder eine klingende Schelle.

Und wenn ich prophetisch reden könnte und wüsste alle Geheimnisse und alle Erkenntnis und hätte allen Glauben, so dass ich Berge versetzen könnte und hätte die Liebe nicht, so wäre ich nichts.

Und wenn ich alle meine Habe den Armen gäbe und ließe meinen Leib verbrennen, und hätte die Liebe nicht, so wäre es mir nichts nütze.

„Nun aber bleiben Glaube, Hoffnung, Liebe, diese drei; aber die Liebe ist die größte unter ihnen."

Liebe ist die intensivste Lebenserfahrung. Liebe ist die intensivste Gotteserfahrung, denn wo die Liebe sich freut, da ist Gott. Welche Liebe ist hier gemeint? Die bezaubernde Kraft der erotischen Liebe und nur die christliche Nächstenliebe und die Mildtätigkeit, die „charity" genannt wird? In der Geschichte des Christentums hat man oft versucht, diese beiden Formen der Liebe auseinander zu halten und die eine „Eros" zu nennen und die andere „Agape." Aber das stimmt nicht: Es gibt nur die eine Liebe, wie es auch nur den einen Gott gibt. Im Neuen Testament trägt sie den Namen „Agape", aber damit wird sowohl die Gottesliebe wie die Nächstenliebe wie die Liebe zwischen Mann und Frau bezeichnet. Im Alten Testament wird auf der anderen Seite im Hohenlied Salomos die erotische Liebe „eine Flamme des Herrn" genannt: „Die Liebe ist stark wie der Tod, ihre Glut ist feurig und eine Flamme des Herrn (8.6). Also wollen auch wir nicht trennen, was Gott zusammengefügt hat, und sagen:

> Wo Eros und Agape sich freuen, da ist Gott
> „Ubi amor et caritas gaudent, ibi est Deus."

Die junge Christengemeinde in der antiken Hafenstadt Korinth war eine wunderbare Pfingstgemeinde. Sie hatte alles, wovon wir in unseren Kirchen nur träumen: Sie jubelte in ihren Gottesdiensten mit „Menschen- und mit Engelszungen", da waren Theologen, die alle Geheimnisse Gottes kannten und alle Erkenntnis besaßen, da waren Gläubige, die Berge versetzen konnten, d. h. die Heilungsgabe hatten, und endlich kannten sie schon die „vorrangige Option Gottes für die Armen" und waren zu jedem Opfer im Namen Gottes bereit. Was fehlte ihnen? Offenbar waren sie vom Konkurrenzprinzip mehr beherrscht als von der Gemeinschaftstreue. Darum gab es Parteien und Spaltungen in der Gemeinde: „Einer sagt: ich bin paulinisch, ein anderer sagt: ich bin apollisch", das ist so wie heute bei uns: Einer ist lutherisch, einer presbyterianisch, einer Holiness church, einer methodist church, einer PCK ein anderer PROK usw. Folglich ging es den Christen in dieser Gemeinde mehr um das eigene Selbst als um den gemeinsamen Geist. Das ist wie in unserer Gesellschaft: Selbstliebe, Eigenlob, Egozentrismus: die einen gewinnen, die anderen verlieren, und „Gier ist geil und Geiz ist cool." Darum fügt Paulus zum Preis der Liebe die Kritik am „Ich selbst" hinzu: „Ich wäre nichts", und „mir würde es nichts nützen."

Es ist die Liebe, die Menschen über sich selbst hinaushebt und sie das eigene Ich vergessen lässt. Wir sind nur um uns selbst besorgt, wenn wir Angst haben. Aber Angst ist nicht in der Liebe. In der Liebe muss ich nicht „verzweifelt ich selbst sein", oder „verzweifelt nicht ich selbst sein", wie Kierkegaard die seelische „Krankheit zum Tode" beschreibt. In der Liebe, die ich erfahre, und in der Liebe, die ich gebe, verschwinden der Hunger nach Anerkennung und die

Gier nach Geld und Besitz. In der Liebe ist die ganze Freude Gottes bei uns. Darum hat Paulus Recht: Ohne Liebe bleiben die besten menschlichen Gaben und Leistungen, die höchsten religiösen Gefühle und die klügsten Erkenntnisse hohl und leer, „tönendes Erz und klingende Schelle": lautes Getöse - und nichts dahinter.

Aber nun wollen wir die Sätze des Apostels umkehren, um zu sehen, was dahinter steckt: Er sagte: Ohne die Liebe ist alles nichts. Wie klingen seine Worte, wenn wir sagen: In der Liebe ist alles sehr gut?

Wenn ich die Liebe hätte, würde ich mit Menschen- und Engelszungen reden, denn die Liebe macht aus diesen Zungen ein liebliches Konzert zur Stärkung der Gemeinschaft und zur Freude der Umwelt.

Und wenn ich die Liebe hätte, wüsste ich die Geheimnisse Gottes und hätte Lust an der Erkenntnis Gottes um Gottes willen und meinem Glauben wäre nichts unmöglich.

Und wenn ich die Liebe hätte, wären die Armen meine Geschwister und ich würde Jesus zu den Kranken folgen. Denn in der Liebe würde ich gar nicht mehr nach meinem Ich fragen, sondern wäre selbstvergessen selig. Das alles geschieht mit uns, wenn wir Gott als Liebe erfahren.

1. Die Liebe zum Tod

Nicht jede Liebe ist gut. Liebe wird von dem bestimmt, was geliebt wird: Wer Geld liebt, wird geldgierig; wer Rauchen liebt, wird zum Raucher: Der Ruhm liebt, wird abhängig. Nur die Liebe zum Leben macht lebendig. Gegenseitige Liebe macht glücklich, und zuvorkommende Liebe macht großzügig und schafft Neues. Die Liebe zum Leben bejaht das Leben, das eigene und das Leben der anderen und das gemeinsame Leben und alles Lebendige, das die Erde hervorbringt. Diese Liebe zum Leben kann aber in ihr Gegenteil verkehrt werden; in die Liebe zum Tod. Dann entsteht der Wunsch nach Zerstörung und Vernichtung und zuletzt der Todeswunsch, dem das eigene Leben geopfert wird. Der „Tod" wird dann zu einer faszinierenden Gottheit der Vernichtung. Es entsteht dann eine „Religion des Todes", die zum Vergewaltigen, zum Zerstören, zum Verbrennen und zum Töten einlädt. Diese „Religion des Todes" ist der reale Feind der Liebe zum Leben. Ihre Verneinung des Daseins ist der reale Feind jeder Bejahung des Daseins. Ihr Wille zum Weltuntergang ist der Feind des göttlichen Schöpfungswillens.

Das menschliche Leben selbst ist heute in Gefahr. Es ist nicht in Gefahr, weil es sterblich ist und vom Tod bedroht wird. Das war es immer. Es ist in Gefahr, weil es nicht mehr geliebt wird. Nach dem 2. Weltkrieg stellte der französische Dichter Albert Camus fest: „Es ist das Geheimnis Europas, dass es das Leben nicht mehr liebt." Jeder, der im untergehenden Deutschland das Kriegsende miterlebt hat, weiß, dass Camus recht hatte. Das Töten nahm kein Ende und ein Menschenleben war nichts wert.

a) Terrorismus

Heute begegnet uns eine neue „Religion des Todes." „Eure jungen Leute lieben das Leben. Unsere jungen Leute lieben den Tod", versicherte Mullah Omar von den afghanischen Taliban westlichen Journalisten. Nach dem Massenmord in Madrid am 11. März 2004 fand man Bekennerschreiben der Terroristen: „Ihr liebt das Leben, wir lieben den Tod." Das ist die um sich greifende Terrorideologie der Selbstmordmassenmörder. Sie richtet sich gegen die „gottlose" westliche Welt, kostet aber zunächst in der islamischen Welt zahllose Opfer. Ob in Afghanistan oder Pakistan, ob im Irak oder in Palästina, überall sprengen sich Terroristen selbst in die Luft, um möglichst viele Menschen zu töten.

Für diese „Liebe zum Tod" gab es im faschistischen Europa ein Vorbild: „Viva la muerte", rief ein alter faschistischer General im spanischen Bürgerkrieg: „Es lebe der Tod." Die SS im Nazi-Deutschland hatte einen ähnlichen Wahlspruch: „Den Tod geben, den Tod nehmen." Ihr Zeichen war der „Totenkopf." Einem Liebhaber des Todes kann man nicht mit dem Tod drohen: Er hat diesen Schrecken gebrochen. Er will sterben.

b) Abschreckung

Hinter dieser terroristischen Oberfläche unserer Tage lauert eine größere Gefahr. Alle Friedens-, Abrüstungs- und Atomwaffensperrverträge haben eine gemeinsame Voraussetzung: den Überlebenswillen aller Teilnehmer. Alle wollen leben: das wird für selbstverständlich gehalten. Was aber geschieht, wenn ein Teilnehmer nicht überleben will, weil er an Stelle des Lebens den Tod liebt, wenn er durch den eigenen Tod diese ganze, gottlose, verdorbene Welt mit sich in den Tod reißen kann? Bis heute haben wir es nur mit einem internationalen Netzwerk von Selbstmordattentätern zu tun. Was aber geschieht, wenn eine ganze Nation, die im Besitz von Atomwaffen ist, nicht mehr leben will, sondern Selbstmord begeht, um damit diese „böse" oder „ungläubige" Welt zu zerstören? Was geschieht, wenn eine Nation so in die Enge getrieben wird oder so sehr in den wirtschaftlichen Bankrott geht, dass sie jede Hoffnung auf Leben verliert?

Abschreckung funktioniert nur, wenn auch der Gegner überleben will. Wer aber einen „Bund mit dem Tod" gemacht hat, hat den Schrecken der „Abschreckung" gebrochen. Er kann nicht mehr bedroht werden. Wer aus religiösen Gründen überzeugt ist, dass er sich selbst opfern muss, um diese böse Welt zu erlösen, kann nicht mehr mit dem Tod bedroht werden. Wer den großen Weltkrieg mit Atombomben will, auch wenn er selbst damit zugrunde geht, ist jenseits der Abschreckung. Wer den Endkampf von „Harmaggedon" will, ist schwer aufzuhalten. Er muss zum Leben bekehrt werden!

c) Verelendung

Eine allgegenwärtige Beeinträchtigung des Lebens liegt in der sozialen Verelendung des Volkes. Das gemeinsame Leben wird nicht mehr geliebt. Seit mehr als 40 Jahren hören wir immer wieder und überall - in Deutschland wie in Korea - die Klage darüber, dass trotz aller politischen Bemühungen „die soziale Schere zwischen Reichen und Armen" immer weiter auseinander klafft. Nicht nur in den Ländern der Dritten Welt beherrscht eine kleine, reiche Oberschicht die Massen der Armen, auch in den Demokratien der Ersten Welt nehmen die Abstände zwischen millionenschweren Managereinkommen und der Sozialhilfe für Arme groteske Züge an. Aber Demokratie gründet nicht nur auf der Freiheit der Bürger, sondern auch auf deren Gleichheit. Ohne soziale Gleichheit in den Lebenschancen und ohne Vergleichbarkeit der Lebensverhältnisse stirbt das Gemeinwohl und damit der Zusammenhalt einer Gesellschaft. Seit den demokratischen Revolutionen in Frankreich und Amerika ist der Ausgleich zwischen individueller Freiheit und sozialer Gleichheit die erste politische Aufgabe des Staates. Gleichheit ohne Freiheit führte zum Staatssozialismus in den kommunistischen Ländern. Er ist 1990 gescheitert. Freiheit ohne Gleichheit führt heute zu einem demokratiefeindlichen

Kapitalismus, der das Gemeinwohl aller Gesellschaften zerstört. Ohne Brüderlichkeit wird es keinen Ausgleich zwischen Freiheit und Gleichheit geben. Wir befinden uns auf sozial abschüssigem Gelände: in der modernen Konkurrenzgesellschaft steigen die Gewinner auf der sozialen Leiter auf und die Verlierer steigen ab. Die Angst um die eigene Existenz quält beide, die Verlierer zuerst, aber auch die Gewinner. Angst aber ist keine Lebenskraft, sondern die Drohung des Todes, in diesem Fall des sozialen Todes.

2. Die Theologie der Liebe Gottes

Alles, was wir Menschen Liebe nennen, muss sich an der Liebe Gottes orientieren. Alles, was wir Menschen in dieser Welt an Liebe vermissen, ist ein Vermissen Gottes. Denn Gott ist Liebe. Liebe ist die einzigartige Gotteserfahrung im Christentum. In keiner anderen Religion wird Gott so mit der Liebe gleichgesetzt.

Aber wie kommen wir eigentlich dazu, Gott mit der Lebenserfahrung der Liebe zu verbinden? Gott ist erhaben, das versteht jeder. Gott ist heilig, das versteht sich von selbst. Gott ist unbegreiflich, das leuchtet jedem Menschen ein. Aber wieso soll Gott etwas mit der Liebe zu tun haben? Wenn wir auf die Naturkatastrophen wie Erdbeben und Tsunamis blicken oder wenn wir auf die schrecklichen

Kriege in der menschlichen Geschichte sehen, wer käme auf die Idee, dass es einen Gott gibt, der das alles lenkt, und dass dieser Gott Liebe ist? Gottlosigkeit und die Verachtung dieses Lebens liegen dann viel näher.

Nach den Kriegserfahrungen in meiner Jugend bin ich nur durch Jesus zum Gottesglauben gekommen. Durch ihn, der gekommen ist zu suchen, was verloren ist, habe ich die Liebe Gottes erfahren und bin zu einem neuen Leben erwacht, weil er mich gefunden hat. Das möchte ich jetzt in drei Schritten darstellen:

a) Die Sendung Jesu macht die Liebe Gottes offenbar und erfahrbar. Jesus bringt die Liebe Gottes zu den Ungeliebten: Er heilt die Kranken, er nimmt die Sünder an und isst mit ihnen, er verkündet den Armen das Evangelium vom Reich Gottes. An ihrer Heilung erfahren Kranke die Liebe Gottes. An der Vergebung ihrer Sünden erfahren verunglückte Menschen, dass Gott sie liebt und nicht hasst. Im Evangelium hören die Armen, dass Gott mit ihnen sein Reich auf Erden bauen will. Wie Jesus das Reich Gottes den Armen öffnet, wie er die Kraft Gottes den Kranken bringt und wie er das Recht Gottes den Sündern zuwendet, so bringt Jesus die Liebe Gottes in diese lieblose Welt. Und es ist eine zuvorkommende Liebe, eine Liebe, die das Kranke gesund macht und das Hässliche schön macht und das Ungerechte zurecht bringt. Wer Jesus begegnet, der begegnet dieser wunderbaren Liebe Gottes. Das war damals so und das ist heute so.

b) Die Hingabe Jesu an das Leiden und den Tod am Kreuz macht die Tiefe der Liebe Gottes offenbar. Christus leidet mit uns, Christus leidet für uns. Die Liebe Gottes ist leidensfähig und Gott ist bei uns in unseren Schmerzen und Qualen.

Im Zentrum des christlichen Glaubens steht die Passionsgeschichte Jesu und im Zentrum seiner Passion steht die Gotteserfahrung des gottverlassenen Jesus. Er starb mit dem Schrei: „Mein Gott, warum hast du mich verlassen?" und nahm damit den Schrei so vieler gottverlassener Menschen in sich auf. Warum hat Gott, der „Vater Jesu Christi", seinen eigenen geliebten Sohn „verlassen"? Paulus gibt uns eine Antwort: Gott tat es aus Liebe zu uns. „Der auch seines eigenes Sohnes nicht hat verschont, sondern ihn für uns alle dahingegeben hat, wie sollte er uns mit ihm nicht alles schenken!" (Röm 8, 32). Das sieht auf den ersten Blick sehr grausam aus. Hat Gott seinen eigenen Sohn „geopfert"? Aber wo Jesus, der Sohn Gottes, leidet, leidet auch Gott, den Jesus so vertraulich Abba „mein lieber Vater" nannte. Jesus erleidet das Sterben in Gottverlassenheit, und sein Gott und Vater erleidet den Tod des Sohnes. So ergreift die Passion Jesu auch Gott selbst und wird damit zur Passion Gottes. „Wer mich sieht, der sieht den Vater", sagt Jesus nach Johannesevangelium (14, 9). Darum sehen wir in der Hingabe Jesu auch die Hingabe des Vaters und in der Liebe Jesu auch die Liebe Gottes.

Das ist die tiefste Liebe: die Selbsthingabe. „Niemand hat größere Liebe, als der sein Leben gibt für seine Brüder." Aber wozu diese Hingabe Christi? Darauf gibt es zwei lebenswichtige Antworten:

a) um bei uns zu sein in unseren Lebensschmerzen, in unserer Todesangst und in unserer Gottesnot. Der sich hingebende Christus ist so sehr einer von uns geworden, dass wir seine Brüder und Schwestern sind. Von dieser hingebenden Liebe Gottes kann uns nichts und niemand mehr trennen, nicht einmal wir selbst:

„Wer will uns scheiden von der Liebe Christi?
Trübsal oder Angst oder Verfolgung oder Hunger oder Gefahr?
… Ich bin gewiss, dass weder Tod noch Leben, weder Engel noch Mächte und Gewalten, weder Gegenwärtiges noch Zukünftiges uns scheiden kann von der Liebe Gottes, die in Jesus Christus ist, unserem Herrn" (Röm 8,38-39).

Und wenn über uns die Nacht kommt, die Nacht des Todes und die Nacht der Gottesfinsternis, lasst uns rufen: Christus ist hier!

b) um für uns einzutreten, wo uns unsere Sünden von Gott trennen. Gott verwandelt die Sünden der Menschen in sein Leiden, indem Christus unsere Sünden „trägt."

„Er trug unsere Krankheit und lud auf sich unsere Schmerzen"

das ist das eine,

„er ist um unserer Missetat willen verwundet und um unserer Sünde willen zerschlagen. Die Strafe liegt auf ihm, auf dass wir Frieden haben, durch seine Wunden sind wir geheilt" (Jes 53,4-5)

das ist das andere.

c) Die Auferweckung des gekreuzigten und toten Jesus offenbart die transformierende, lebenschaffende Kraft der Liebe Gottes. Auferstehung ist nicht nur ein historisches Ereignis, das an Jesus geschehen ist und zum Grund und Anfang des Christusglaubens geworden ist. Wir begreifen die Auferstehung erst wirklich, wenn uns selbst der Geist der Auferstehung ergreift. Dann wird die Auferstehung Jesu Christ zu einer Wiedergeburt für uns, eine Wiedergeburt des vollen Lebens. Wir selbst stehen auf, wenn wir den neuen Anfang erkennen und sehen, wie sich über unserem kleinen Leben der weite Raum Gottes öffnet, der über den Tod hinausreicht. Kein Mensch ist zu jung oder zu alt, um die Jugend dieses neuen Anfangs zu erleben. „Du bist so alt wie deine Verzagtheit und so jung wie deine Hoffnung" (Albert Schweitzer).

Jesus hat keine neue Religion gestiftet, sondern neues Leben in diese sterbliche Welt gebracht.

„Was von Anfang an war, was wir gehört haben, was wir gesehen haben mit unseren Augen und mit unseren Händen betastet haben: Das Leben ist erschienen und wir haben es gesehen und verkündigen euch das Leben, das ewig ist." (1 Joh 1,1).

So haben die ersten Christen das neue Leben begrüßt, das der auferstandene Jesus ihnen eröffnet hatte. So können auch wir heute die Auferstehung als unser neues Leben erfahren. Unser Leben wird durch die transformierende Kraft der Auferstehung von innen heraus lebendig. Eine heiße Liebe zum Leben ergreift uns. Wir gehen aus uns heraus, wir setzen uns ein, wir protestieren gegen den Tod und gegen die Mächte und Gewalten, die das Leben unterdrücken, zerstören und töten. Wir überwinden die Gleichgültigkeit des Herzens und werden von der Leidenschaft der Liebe zu anderen Menschen und zu allen Lebewesen in der großen Schöpfungsgemeinschaft Gottes ergriffen. Wir geraten in Mitleidenschaft (Compassion) mit dem kranken, dem bedrückten und verkümmerten Leben, um es nach Kräften zu heilen und aufzurichten. Dieses neue Leben der Auferstehung ist der Strom der Liebe, die wir in der Gemeinschaft mit Christus erfahren und die uns mit Gott vereinigt.

„Wer in der Liebe bleibt, der bleibt in Gott und Gott in ihm." (1 Joh 4, 16) Das ist eine wunderbare Glückserfahrung, die uns nicht mehr verlässt, wenn wir sie einmal gemacht haben, und die uns über den Tod hinaus trägt.

Das Geschehen der Auferweckung vom Tod und der Auferstehung in die Fülle des Lebens ist die größte Erfahrung der Liebe Gottes. Es ist verständlich, warum die ersten Christen diese Liebe nicht nur als eine Eigenschaft Gottes, sondern als sein ewiges, innertrinitarisches Wesen angesehen haben. Gott liebt nicht nur, wie er auch einmal zürnt, sondern Gott ist Liebe. Von Ewigkeit zu Ewigkeit ist Gott nichts anderes als ein „feuriger Glutofen der Liebe", wie Luther es ausgedrückt hat.

3. Die Liebe zum Leben

Wir stimmen ein in die Liebe Gottes zu seiner Schöpfung, wenn wir das Leben lieben, das Leben der Nächsten, das gemeinsame Leben und das Leben der Erde. Wir heiligen das persönliche, das soziale und das politische Leben, wenn wir es mit der Liebe Gottes durchdringen.

a) Das persönliche Leben ist ein geheiligtes Leben, wenn es geliebt wird und lieben kann. Menschlichkeit ist nicht nur eine Gabe, sondern auch eine Aufgabe unseres Daseins. Menschlichkeit zu üben fordert in den Zeiten der Gefahr und des Konkurrenzkampfes Lebensmut. Das terrorisierte Bewusstsein lähmt den Lebenswillen. Damit wird der Weg zum Terror frei gemacht. Menschlichkeit muss heute mutig gegen den Terror und gegen die Bedrohungen gelebt werden. Wie wird persönliches Leben lebendig? Wir stellen einige Faktoren zusammen:

a-1) Menschliches Leben muss bejaht werden, denn es kann auch verneint werden. Ein Kind kann nur in der Atmosphäre der Bejahung aufwachsen und gesund leben. Wird es als „ungewolltes" Kind in einer Atmosphäre der Ablehnung geboren, dann verkümmert es seelisch und verkommt leiblich. Wenn es Bejahung erfährt, kann es sich selbst bejahen, und das ist lebensnotwendig. Was für ein Kind gilt, gilt für jeden Menschen lebenslang. Erfahren wir Annahme, Bejahung und Wertschätzung, dann werden wir an Leib und Seele lebendig. Erfahren wir Ablehnung, Verneinung und Kränkungen, dann ziehen wir uns zurück, werden einsam, verbittert und krank. Die menschliche Liebe macht lebendig. Die Liebe Gottes aber, die wir im Glauben erfahren, gibt uns ein Selbstbewusstsein, das uns unverwundbar macht:

„Und bin geliebt bei Gott,
was kann mir tun der Feinde
und Widersacher Rott!"

heißt es in einem deutschen Kirchenlied. Die Lebensbejahung durch Gott ist größer als alle Verneinungen des Lebens, die wir erleiden.

a-2) Persönliches Leben ist Teilnahme am gemeinsamen Leben. Wir sind lebendig, wenn wir Teilnahme erfahren, und wir bleiben lebendig, wo wir an anderem Leben teilnehmen. Um es einfach zu sagen: Solange Du interessiert bist, bist du lebendig! Wir können leicht die Gegenprobe machen: Verliert ein Mensch das Interesse an anderem Leben, wird er teilnahmslos. Er wird apathisch, und Apathie ist eine Krankheit zum Tode. Teilnahmslosigkeit ist ein seelischer Tod, der viele alte Menschen trifft, bevor sie sterben. Die Liebe macht einen Menschen teilnahmsfähig, er kann sich mitfreuen und kann mitleiden.

a-3) Menschliches Leben wird durch das Streben nach Glück bestimmt. Das ist ganz natürlich, denn zu Gott hin sind wir geschaffen.

„Du hast uns zu Dir hin geschaffen,
und unser Herz ist unruhig in uns,

bis es Ruhe findet in Dir, mein Gott"

sagte der Kirchenvater Augustin und charakterisierte damit die menschliche Existenz treffend. Aus dem Streben nach Glück und nach Gott gewinnt unser Menschsein seine Dynamik. In der amerikanischen Unabhängigkeitserklärung wird das „the pursuit of happiness" genannt und zu einem Menschenrecht erklärt. Jeder Mensch hat das Recht, nach Glück zu streben. Das ist nicht nur ein privates, sondern auch ein öffentliches Recht. Wir sprechen darum von dem „guten Leben", und meinen ein Leben, das seine Potentiale verwirklichen kann. Aber glücklich wird ein Mensch nicht für sich selbst, sondern nur mit anderen. Glücklich wird er nicht allein, sondern nur in der Liebe Gottes.

Wenn wir dieses „Streben nach Glück" ernst nehmen und nicht nur unseren privaten Spaß haben wollen, treffen wir auf das Unglück der Armen und Kranken, der Verlassenen und Hilflosen und beginnen, daran zu leiden und mit den Unglücklichen und für sie zu schreien. Die Compassion, das ist die Mitleidenschaft des Lebens und das Mitleiden mit den Elenden, ist nur die Kehrseite des Strebens nach Glück. Wer nicht selbst glücklich sein kann, kann auch kein rechtes Mitleid empfinden, und wer kein Mitleid empfindet, kann auch nicht glücklich werden. Es ist die Liebe, die uns glücklich macht und zugleich mit-leiden lässt.

b) Das gemeinsame Leben. Liebe schafft Gemeinschaft. Die „Schere von Arm und Reich" geht in unseren Gesellschaften weiter auseinander. Aber die Alternative zur Armut ist nicht der Reichtum: die Alternative zu Armut und Reichtum ist - Gemeinschaft. Man kann in Armut leben, wenn sie gemeinsam getragen wird. Das haben wir in Deutschland und in Korea in den Hungerjahren nach dem Krieg erlebt. Erst die Ungerechtigkeit macht Urmut zur Qual. Erst die Aufkündigung der Gemeinschaft durch die Reichen erregt den gerechten Zorn des Volkes. Sind alle in der gleichen Situation, dann hilft man sich gegenseitig. Hört aber die Gleichheit auf, weil die einen gewinnen und die anderen verlieren, dann endet die gegenseitige Hilfe.

Mit „Gemeinschaft" meine ich hier sowohl die freiwilligen Solidargemeinschaften wie auch den inneren Zusammenhalt einer Gesellschaft in sozialer Gerechtigkeit. Faktoren der politischen Gemeinschaft sind die Daseinssicherung und die Daseinsvorsorge, also Krankenversicherung, Sozialversicherung und Rentenversicherung. Diese Sicherungen des Lebens jedes Einzelnen übernimmt die Gemeinschaft. Dafür braucht sie ein gerechtes Steuersystem.

„Freiheit - Gleichheit - Brüderlichkeit": Und wer tritt für die

Brüderlichkeit der Menschen ein? Es ist die Aufgabe der christlichen Kirche, nicht nur das Evangelium zu verkündigen, sondern auch Gemeinden zu bilden; nicht nur die christliche Religion zu verbreiten, sondern auch die christliche Gemeinschaft der Schwestern und Brüder Jesu Christi aufzubauen. Das Leitbild der christlichen Brüderlichkeit ist die erste Pfingstgemeinde, die Apg 4, 32-35 beschrieben wird:

„Die Menge der Gläubigen war ein Herz und eine Seele..."

Wir leben heute in Konkurrenzgesellschaften mit wachsender Ungleichheit der Menschen. Um so wichtiger ist es, dass Menschen in der christlichen Gemeinde einen Ort des gegenseitigen Vertrauens finden, der Anerkennung und Liebe. Hier sind vor Gott alle gleich: Reichtum oder Armut, Tüchtigkeit oder Behinderung bestimmen nicht mehr den Wert einer Person. Jeder wird in seiner Menschenwürde geachtet und als „Bruder" oder „Schwester" in Christus begrüßt und angenommen. Die christlichen Gemeinden werden auch zu Zentren der gegenseitigen Hilfe. Einsame, Kranke und Arme finden in christlichen Gemeinden eine Heimat. Die moderne Konkurrenzgesellschaft vereinzelt, die Gemeinde Christi verbindet. Sie ist die Realität sozialer Liebe.

Zum Schluss

Was tun wir, wenn wir Gott lieben?

- Wir loben und preisen Gott für seine Güte.

- Wir heiligen seinen Namen und wir genießen seine Gegenwart.

- Wir sind dazu geschaffen, „to glorify God and enjoy him forever."

II. SEIN NAME IST GERECHTIGKEIT
- Von göttlicher und menschlicher Gerechtigkeit -

Als Papst Benedikt XIV. seine Enzyklika „Gott ist Liebe" veröffentlichte, haben meine katholischen Freunde aus der Befreiungstheologie gesagt, er hätte besser über „Gott ist Gerechtigkeit" gesprochen. In der Tat kommen wir in der Welt der Gerechtigkeit in eine andere Welt als im Land der Liebe. Mit „Liebe" sind unsere innersten Gefühle angesprochen. Liebe hält zusammen, Menschen und auch die Dinge im Kosmos. In unserem Herzen richtet uns die Liebe auf, die wir empfangen, und sie erfüllt uns mit heißer Lebenslust, denn in der Liebe geben wir uns an andere hin. Im Kosmos heißt Eros seit griechischen Zeiten die „Sympathie aller Dinge." Liebe gebiert neues Leben. Die Anziehungskraft bringt Atome, Moleküle und Zellen zusammen. Anziehungskraft, Sympathie oder Liebe bringen Frieden ins Land der Menschen und Leben in den Kosmos der Dinge.

Gerechtigkeit schafft eine andere Welt. Gerechtigkeit ist rationaler als die Liebe. Gerechtigkeit berührt den inneren Kern unserer Selbstachtung. Gerechtigkeit ist sozial und schafft politisch den

Ausgleich einer ungerechten Gesellschaft. Gerechtigkeit ist das Geheimnis einer harmonischen Welt. Ungerechtigkeit kränkt Menschen und erregt den gerechten Zorn des Volkes.

Um der Gerechtigkeit willen werden Revolutionen gemacht und Kriege geführt. Es gibt Regeln für einen „gerechten" Krieg, von einem „liebevollen" Krieg hat man nie gehört. Gegen Unrecht und Gewalt der Tyrannen gibt es das Widerstandsrecht des Volkes, von einem „liebenden" Widerstand hat man nie gesprochen. Liebe gibt es nur ohne Gewalt, Gerechtigkeit aber kann in Notfällen Gewalt fordern.

Ich will in diesem Vortrag die verschiedenen Konzepte der Gerechtigkeit so darstellen, wie sie sich auseinander entwickelt haben, um zuletzt die „bessere Gerechtigkeit" zu erreichen, von der Jesus in der Bergpredigt gesprochen hat. Als Theologe werde ich dabei das Verhältnis von göttlicher und menschlicher Gerechtigkeit im Auge behalten, denn Gerechtigkeit ist kein Ideal, sondern immer ein reales Verhältnis von Verschiedenen oder Gleichen, von Göttern und Menschen.

1. Das Gesetz der Götter: Opfer-Religionen

Säkulare Staaten sind eine Errungenschaft der westlichen Aufklärung. Es gibt sie erst seit 200 Jahren. Alle Staaten vorher und außerhalb waren und sind religiöse Staaten. In säkularen Staaten ist „Religion Privatsache", darum sind sie tolerant; in religiösen Staaten ist die Religion der höchste Staatszweck. Warum? Weil die Götter des Staates für die Wohlfahrt des Landes und den a Frieden des Volkes sorgen. Darum müssen sie von allen Bürgern in angemessener Weise verehrt werden. Durch öffentliche Opfer werden diese Götter gnädig gestimmt. Wenn aber Hungersnot, Seuchen, Naturkatastrophen und Kriege über das Land kommen, dann zürnen die Götter wegen Gotteslästerung, wegen mangelnden Opferleistungen oder wegen des Ungehorsams der Bürger. Das Volk muss dann Buße tun, wie einst Ninive bei dem Propheten Jona oder es muss die Frevler in seiner Mitte töten.

Das Jona-Buch erzählt beides: Weil der Prophet ungehorsam wird und vor seinem Gott flieht, schickt der ein Unwetter über die See. Die Seeleute können das Meer nur stillen, wenn sie Jona opfern. Jona selbst weiß das: „Nehmt mich und werft mich ins Meer, denn ich weiß, dass um meinetwillen dieses Ungewitter über euch gekommen ist." Als sie Jona opfern, wird das Meer wieder still, der Gott hat sein

Opfer bekommen. Mit diesem Gesetz der Götter predigt Jona in Ninive den Untergang nach 40 Tagen. Aber das Volk tut Buße, und siehe da, die Stadt geht nicht unter, der Gott Israels hat Erbarmen und bricht das Gesetz der Götter. „Das aber verdross Jona sehr und er ward zornig auf Gott", in dessen Name er angekündigt hatte, was nicht eintrat. Die Lehre aus dieser Geschichte: Menschen können durch Opfer und Buße den Willen der Götter beeinflussen.

Die Gunst der Götter zu sichern, war die vornehmste Aufgabe der alten Gott-Kaiser, der Priesterkönige und des chinesischen „Himmelssohns." Der römische Caesar war zugleich der Hohepriester seines Imperiums: Pontifex maximus. Der Kaiser von China war zugleich der Priester seines Landes, am Himmelstempel in Peking vollzog er bis 1914 die uralten Rituale, um den Himmel günstig zu stimmen. Er war selbst göttlich, aber wenn der Himmel ihm zürnte, wenn Erdbeben und Überschwemmungen das Land verwüsteten, musste er im Namen des Himmels gestürzt werden.

Was erzürnte die Götter am meisten? Es war die „Gotteslästerung" durch Menschen, die den Göttern ungehorsam waren oder nicht an den öffentlichen Opfern teilnehmen wollten. Die Gotteslästerer mussten sterben, damit das Volk leben konnte.

Im alten Israel galt der Rechtssatz:

„Wer den Namen des Herrn lästert, soll des Todes sterben. Die ganze Gemeinde soll ihn steinigen" (5 Mos 24,16).

Im römischen Imperium galten die Christen als Atheisten" und wurden verfolgt, weil sie die Staatsgötter für „Dämonen" hielten und ihnen die öffentlichen Opfer verweigerten. Wenn es Naturkatastrophen gab, wurden sie als die „Schuldigen" besonders hart bestraft. Wenn der Tiber über die Ufer trat und Rom verwüstete, wenn der Nil nicht über die Ufer trat und das Land unfruchtbar blieb, „sofort heißt es, die Christen vor die Löwen", klagte der Kirchenvater Tertullianus.

Im christlichen Imperium galten die heidnischen Kulte als Gotteslästerung und wurden verboten. In Missernten und Pestzeiten wurden die „ungläubigen" Juden am Zorn Gottes schuldig befunden und vertrieben oder getötet.

Noch im Jahr 1706 erklärten die juristische und die theologische Fakultät in Tübingen die „Gotteslästerung" zu dem „abscheulichsten und größten Verbrechen, wodurch Gott leicht zum Zorn gereizt und die Schmach am ganzen Land durch Hungersnot, Erdbeben und Pest rächen könnte."

So denken auch heute noch viele Menschen. Als am 11. September 2001 Islamisten den Terroranschlag auf das World Trade Center in New York verübten und 3.000 Menschen töteten, erklärte der bekannte evangelische Fernsehprediger Jerry Falwell diesen Massenmord als „Gottes Strafe für das homosexuelle New York", so als sei Gott ein mörderischer Terroristengott. Fundamentalistische Mullahs deuteten den Tsunami, der in der indonesischen Provinz Aceh 30.000 Tote hinterließ, als Strafe Gottes über den schlechten Islam der Bewohner. In Afrika tötet der falsche theologische Satz: „AIDS ist eine Strafe Gottes" Frauen, die an dieser Seuche erkranken. Sie werden religiös stigmatisiert und aus ihren Dorfgemeinschaften verstoßen. Dieser Götterglaube ist keineswegs aus der modernen Welt verschwunden: Angesichts von Krankheiten und Tod schließen manche Menschen einen persönlichen Vertrag mit der Vorsehung: Wenn ich nicht krank werde, dann verspreche ich dies oder das Gute zu tun, sagen sie, und nach Katastrophen suchen Menschen immer noch nach den schuldigen Sündenböcken, die geopfert werden müssen, damit die Katastrophe vorübergeht. Es sind immer die Fremden, die als Minderheit in einer Gesellschaft leben, die an allem Bösen schuld sein sollen.

Diese Opfer-Religionen sind durch die Bibel widerlegt: Seit Abrahams Versuch, seinen Sohn Isaak zu opfern, von Gott mit einem Schaf verhindert wurde, gab es in Israel keine Menschenopfer mehr.

Mit der Hingabe Christi zur Versöhnung der gottlosen Welt sind für Christen Götterfurcht und Opferkulte ein für alle Mal beendet. Nicht ein vermeintlicher „Zorn Gottes" muss versöhnt werden, sondern Gott versöhnt diese gottlose und ungerechte Welt durch Christus mit sich selbst, wie es in 2 Kor 5, 19 klar und eindeutig gesagt wird. Nicht ein menschenfeindlicher Gott muss mit uns versöhnt werden, sondern wir gottfeindlichen Sünder müssen durch Gott versöhnt werden. Das ist in der Hingabe des Sohnes Gottes am Kreuz geschehen. Naturkatastrophen und menschliche Verbrechen sind keine Offenbarungen eines Zornes Gottes, sondern Zeichen einer zerrütteten Natur, auf deren Versöhnung durch Christus wir vertrauen.

2. Das Gesetz der Geschichte: Karma und das Alte Testament

Was die Opfer-Religionen den Göttern zuschreiben, entdecken die indische Karma-Lehre und die alttestamentliche Weisheit in der Geschichte der handelnden und leidenden Menschen. Es gibt folgerichtige Ereignisse, die auf unsere Taten folgen: „Wie man sich bettet, so liegt man", oder: „Wer Wind säht, wird Sturm ernten", oder: „Wer zu spät kommt, den bestraft das Leben." Alle unsere Taten haben gerechte Folgen, mit denen sie vergolten werden. Gute Taten haben ein schönes Leben zur Folge, böse Taten haben ein schlechtes Leben zur Folge. „Jeder ist seines eigenen Glückes Schmied." Alle Taten bilden ein unsichtbares Schicksal um den Täter, durch das die gerechten Folgen bewirkt werden. Das wird indisch „Karma" genannt. Entsprechende Vorstellungen finden sich in den Lebensweisheiten vieler Völker. Im Alten Testament wird es der „Tun-Ergehens-Zusammenhang" genannt. Dieser vorherbestimmte Zusammenhang von Tun und Ergehen kann sich auf das individuelle Leben beziehen, aber er kann auch auf die Folge der Generationen angewendet werden: „Die Väter haben saure Trauben gegessen, und den Kindern sind davon die Zähne stumpf geworden." In Indien sorgt die Wiedergeburtslehre (Samsara) für den gerechten Ausgleich in einem anderen Leben, wenn es ihn in diesem Leben nicht gibt: „Wer Korn stielt, wird in seinem nächsten Leben als Ratte wiedergeboren." „Karma ist der Brennstoff des Samsara, des Geburtenkreislaufs, und die ganze Mühe der Frommen zielt darauf, überhaupt kein Karma mehr zu produzieren und das Weltgeschehen überhaupt zum Stillstand zu bringen" (R.Hummel). Das aber kann nur gelingen, wenn das Begehren durch Entsagung und die Unwissenheit durch Erkenntnis überwunden werden.

Der Zusammenhang zwischen Tun und Schicksal wird im Alten Testament als ein göttliches Gesetz vorgestellt. Wie ein Naturgesetz Ursache und Wirkung im Kosmos bestimmt, so bestimmt dieses

Geschichtsgesetz unser Tun und unser Ergehen. Gott muss nicht auf jede gute oder böse Tat belohnend oder bestrafend antworten. Er setzt diese innergeschichtliche Ordnung in Kraft und erhält durch sie die Welt. Man kann es das immanente Vergeltungsgesetz nennen: Gutes hat Gutes, Böses hat Böses zur Folge.

Das gilt auch in den sozialen Zusammenhängen, in denen Menschen leben, handeln und leiden. Hier hat das Vergeltungsgesetz die Form der Goldenen Regel: „Was du nicht willst, das man dir tu, das füg auch keinem anderen zu." Das schafft eine Gemeinschaft auf Gegenseitigkeit: „Wie du mir, so ich dir."

Das erste Problem der geschichtlichen Vergeltungslehre, der Karma-Lehre und des alttestamentlichen Tun-Ergehens-Zusammenhangs ist darin zu sehen, dass ihre Logik nur vom Tun auf das Ergehen funktioniert, nicht umgekehrt vom Ergehen auf das Tun schliessen lässt. Natürlich gibt es eine moralische Kausalität: „Wer viel raucht, bekommt Lungenkrebs", „Wer bei Rot auf der Ampel über die Straße geht, kann von einem Auto über fahren werden." Aber es gibt keine geschichtliche Kausalität, nach der wir aus dem Ergehen auf die Tat zurück schließen könnten. Wer ist an der Behinderung eines neugeborenen Kindes schuld? Die Mutter, der Vater oder die Vorfahren? Die Toten von Auschwitz: für welche Schuld ihrer Vorfahren sind sie gestorben? Auf einem Dietrich-Bonhoeffer-

Kongress in Südafrika erklärte eine koreanische Theologin, Bonhoeffer sei einen frühen Tod gestorben, weil er ein schlechtes Karma von seiner Familie geerbt habe. Er wurde aber von den Nazis ermordet und das hat nichts mit seinem Karma zu tun und ist auch kein Tun-Ergehens-Zusammenhang.

Dieses geschichtliche Vergeltungsgesetz scheitert schon im Alten Testament an der Klage der Psalmen: „Warum geht es den Gottlosen so gut, und warum muss der Gerechte so viel leiden?" Wir kommen zu dem Resultat: Zwischen Tun und Ergehen herrschen in der realen Geschichte keine Zusammenhänge und auch keine Gerechtigkeit.

Der Gott Israels ist keineswegs nur der Grund des geschichtlichen Vergeltungsgesetzes. Er widerspricht vielmehr dem Karma und dem behaupteten geschichtlichen Tun-Ergehens-Zusammenhang. Der Gott, der „dir alle deine Sünden vergibt und heilt alle deine Gebrechen, der dein Leben vom Verderben erlöst, der dich krönt mit Gnade und Barmherzigkeit" (Psalm 103-4-5) ist vielmehr der Schöpfer des neuen Lebens, das Karma und Schicksal außer Kraft setzt. Statt endloser Vergeltungen schafft er den neuen Anfang. Seine Gnade ist der ewige Grund menschlicher Freiheit. Mitten in den Zwängen der Schuld und des Schicksals eröffnet Gottes Erbarmen die Zukunft des Lebens.

Das Alte Testament ist nicht nur das Buch der Vergeltungen, sondern auch der Verheißungen. Mit der Heilung des Blindgeborenen setzt Jesus nach Joh 9, 2-3 das Gesetz des Karma und den "Tun-Ergehens-Zusammenhang ausser Kraft:

„Und seine Jünger fragten: Meister, wer hat gesündigt, dieser oder seine Eltern, dass er blind geboren ist?
Jesus antwortete: Es hat weder dieser gesündigt noch seine Eltern, sondern es sollen die Werke Gottes an ihm offenbar werden."

3. Das Gesetz der Gegenseitigkeit: Konfuzius und Moses

Für eine soziale und politische Ethik der Gerechtigkeit wird seit alters her die Gegenseitigkeit als Grundlage angegeben. Auf die Frage, ob es ein einziges Wort gäbe, mit dem sich der Inhalt der Sittlichkeit ausdrücken lasse, gab Konfuzius die passende Antwort: „Dieses Wort ist Gegenseitigkeit." Aber ist nicht die Voraussetzung der Gegenseitigkeit die Gleichheit der Menschen? Das hatte Konfuzius in seiner aristokratischen Ethik übersehen.

Gegenseitigkeit heißt im Alten Testament auch Vergeltung. Die Vergeltung von Gutem mit Gutem und Bösem mit Bösem hat nichts mit Rache zu tun, sondern nur mit Ausgleich. Ausgleich garantiert das friedliche Zusammenleben der Menschen.

Das kommt in der genialen Definition der Gerechtigkeit durch den römischen Juristen Ulpian sehr gut zum Ausdruck:

Justitia est constans et perpetua a voluntas jus suum unicuique distribuendi.

Gerechtigkeit ist der feste und andauernde Wille, jedem sein Recht zu geben.

„Jedem das Seine - Jeder das Ihre." Das klingt nach der Gleichheit aller Bürger und Bürgerinnen, muss diese aber nicht voraussetzen. In der alten römischen Sklavenhaltergesellschaft konnte das auch heißen: Jedem Herrn das Seine und jeder Sklavin das Ihre; jeder an seinem Platz in der Klassengesellschaft. In einer idealen Gesellschaft jedoch würde mit dieser Formel auf Gleichheit und Verschiedenheit zugleich Rücksicht genommen, wie es im Kommunistischen Manifest 1848 heißt: „Jeder nach seinen Fähigkeiten - jeder nach seinen Bedürfnissen."

Vergeltung im Guten und Bösen galt auch als die himmlische Rechtsordnung Gottes. Gott ist der gerechte Richter. Vor ihm sind alle Menschen gleich. In gerechter Vergeltung belohnt er die Guten und bestraft die Bösen. Gott teilt jedem und jeder das Ihre zu und bewahrt damit den Frieden.

Wer die menschliche Rechtsordnung der Gegenseitigkeit verletzt, verletzt darum auch die göttliche Weltordnung. Nicht nur zur Wiederherstellung des menschlichen Ausgleichs müssen Verbrecher bestraft werden. Auch die göttliche Weltordnung muss durch die Bestrafung der Übeltäter wiederhergestellt werden. Ein Mörder muss mit dem Tode bestraft werden, um nicht nur den menschlichen Ausgleich herzustellen. Die Todesstrafe stellt auch die verletzte Gottesordnung wieder her. Im alttestamentlichen Vergeltungsgesetz „Auge um Auge, Zahn um Zahn" geht es nicht um Rache, sondern um den erechten Ausgleich.

Die Kehrseite dieses Strafgesetzes (jus talionis) ist erstaunlicherweise die Goldene Regel. Sie heißt bei Konfuzius negativ:

„Was du nicht wünscht, das man dir tu, das füge auch keinem anderen zu."

Im Matthäusevangelium (7,12) sagt Jesus dasselbe, ins Positive gewendet:

„Alles nun, was ihr wollt, dass euch die Leute tun

sollen, das tut ihr ihnen auch. Das ist das Gesetz und die Propheten."

Dieses ethische Gesetz der Gegenseitigkeit hat praktisch die Gleichheit aller Menschen zur Voraussetzung. Die aber gab es zur Zeit des Konfuzius nicht, zur Zeit Jesu nicht, und heute gibt es sie auch nicht. In einer Welt von Mächtigen und Ohnmächtigen, von Reichen und Armen wirkt die Goldene Regel wie ein schönes Ideal, an das sich keiner hält: Was soll der Sieger von dem Verlierer befürchten? Was sollen die Reichen von den Armen befürchten? Warum sollen die Tüchtigen auf die Behinderten Rücksicht nehmen? Die gegenwärtige Generation des Menschengeschlechts verbraucht alles Öl und die wertvollen Rohstoffe und genießt das Leben auf Kosten der künftigen Generationen. Warum? Weil die künftigen Generationen keine Stimme und keine Macht haben, um der gegenwärtigen Generation irgendetwas anzutun. Die Gewalt des Stärkeren setzt sich gegen die Rechte der Schwächeren durch. Die Goldene Regel hindert sie nicht daran.

Ohne die Befreiung der Unterdrückten, ohne das Recht der Schwachen, ohne die Rücksicht auf die kommenden Generationen kann die schöne Goldene Regel nicht realisiert werden. In den gegenwärtigen Machtverhältnissen muss das schöne „Weltethos" meines Freundes Hans Küng ein engagiertes Befreiungsethos für die

Armen, die kommenden Generationen und die Erde werden.

Die Gerechtigkeitsvorstellung der Gegenseitigkeit hat 2 Schwächen:

1) Sie ist eine feststellende, keine schöpferische Gerechtigkeit. Es werden gute und böse Taten nur festgestellt und angemessen vergolten, um eine schon bestehende Ordnung wiederherzustellen. Das ist zu wenig.

2) Die Gerechtigkeit auf Gegenseitigkeit ist nur auf Täter ausgerichtet, nicht auf Opfer. Der Täter des Bösen wird bestraft, von seinem Opfer ist keine Rede. Es ist eine Gerechtigkeit nach dem Werken, keine Gerechtigkeit für die Leidenden. Das ist einseitig.

4. Zuvorkommende Gerechtigkeit

a) Die Sonne der Gerechtigkeit

Zuletzt wenden wir uns den Begriffen der schöpferischen, rettenden, heilenden und zurechtbringenden Gerechtigkeit zu (justitia justificans). Wir finden sie im Alten Testament besonders in den Psalmen und bei den Propheten. Das neutestamentliche Verständnis der rechtfertigenden Gerechtigkeit Christi gründet in ihr.

Der Gott Israels wird als „Sonne der Gerechtigkeit" (Mal 3, 20) verehrt. Das ist mehr als religiöse Poesie. Wie die Sonne am Morgen aufgeht und alles zum Leben erweckt, wie die Sonne alles fruchtbar macht, wärmt und erleuchtet, so sorgt die Gerechtigkeit Gottes für das Leben. Wenn Gott kommt, um die Erde zu richten, wird er alles Gebrechliche aufrichten, das Sterbende zum Leben erwecken, und das Verkehrte zurechtbringen.

Wenn Gott richtet, rettet er. Als Martin Luther Psalm 31, 1 las: „Herr, errette mich durch deine Gerechtigkeit" verlor er die Angst vor dem Gericht Gottes und vertraute auf Gottes rechtfertigende Gerechtigkeit, die man persönlich auch die Barmherzigkeit oder die Gnade Gottes nennen kann. Wenn Gott kommt, wird die „Sonne der Gerechtigkeit" über einer ungerechten Menschenwelt und einer ausgebeuteten Erde aufgehen, wie es Psalm 96,10-13 beschreibt:

„Es freue sich der Himmel und es jauchze die Erde.
Es brause das Meer und was es erfüllt.
Es jubele das Feld, und alles, was darauf ist.
Denn Er kommt, denn Er kommt,
die Erde zu richten.
Es wird die Welt richten mit Gerechtigkeit
und die Völker mit seiner Wahrheit."

Gottes Gerechtigkeit rettet aus Gefahren, heilt die Wunden, schafft Recht denen, die Gewalt leiden (Psalm 103, 6; 146, 7) und ruft eine gerechte Schöpfung ins Leben. Sie richtet sich auf die Opfer der Gewalttäter, die armen, elenden und schwachen Menschen und die geschändete Erde. In Psalm 82 wird diese rettende und befreiende Gerechtigkeit an den Armen und der Erde sogar zum Maß der Götter erhoben:

> „JAHWE steht in der Götterversammlung,
> inmitten der Götter hält er Gericht.
> „Wie lange wollt ihr ungerecht richten
> und die Frevler begünstigen?
> Richtet den Geringen und die Waisen,
> dem Elenden und Bedürftigen schafft Recht.
> Befreit den Geringen und Armen
> aus der Hand der Frevler rettet ihn …
> Steh auf, JAHWE, richte die Erde,
> denn dein Eigentum sind alle Völker."

Mit dem letzten Satz wird diese rettende Gerechtigkeit sogar zum Maß des Gottes Israels erhoben: „Gericht Gottes" heißt Rettung, und Gottes „Richten" besteht darin, den Armen zu „befreien" und den Elenden „aufzurichten." Wenn Gott „die Erde richtet", heilt er ihre

Wunden und erfüllt sie mit ungeahnter Lebensfreude. Gott bringt die Erde zum „Jauchzen" und alles Lebendige zum „Jubeln."

b) Jesus und die „bessere Gerechtigkeit"

Jesus spricht in der Bergpredigt von „der besseren Gerechtigkeit." (Mt 5, 20) Was meint er damit? Die Antwort liegt in der Bergpredigt selbst: Gegenüber der Ethik auf Gegenseitigkeit lehrt Jesus eine Ethik der Zuvorkommenheit. Das wird aus den „Antithesen" der Bergpredigt klar: „Ich aber sage euch": Kein Auge um Auge, kein Zahn um Zahn, sondern „wenn jemand dich nötigt, eine Meile mit ihm zu gehen, so geh mit ihm zwei" (Mt 5, 42). Eine Ethik auf Gegenseitigkeit sagt: Liebe deinen Nächsten, denn der liebt auch dich; hasse deinen Feind, denn der hasst dich auch. Jesus aber lehrt uns: „Liebt eure Feinde, bittet für die, die euch verfolgen, auf dass ihr Kinder seid eures Vaters im Himmel. Denn er lässt seine Sonne aufgehen über Böse und Gute und lässt regnen über Gerechte und Ungerechte. Denn wenn ihr nur die liebt, die euch lieben, was werdet ihr für Lohn haben? Und wenn ihr nur zu euren Brüdern freundlich seid, was tut ihr Besonderes. Tun das nicht auch die Heiden. Darum sollt ihr vollkommen sein, wie euer Vater im Himmel vollkommen ist." (Mt 5, 43-48)

Hier erscheint in Jesu Worten die „Sonne der Gerechtigkeit" wieder, die über Bösen und Guten scheint, um beiden Leben zu geben und sie miteinander zu versöhnen. Vergebung statt Vergeltung, lehrt uns das Gebet des Gekreuzigten für seine Mörder: „Denn sie wissen nicht, was sie tun." In einer Ethik der Gegenseitigkeit reagieren Menschen auf das, was die anderen tun und vergelten Böses mit Bösem und Gutes mit Gutem. In einer Ethik der Zuvorkommenheit agieren wir und schaffen etwas Neues. Wir lassen uns von Feinden keine Feindschaft aufdrängen. Wir werden nicht zu Feinden unserer Feinde. Wir sind „Kinder unseres Vaters im Himmel" und versuchen in allem, was wir tun und erleiden, Gott entsprechend zu leben. Sicher können wir nicht so vollkommen wie Gott sein, aber wir können als „Kinder unseres Vaters im Himmel" leben, wenn wir dem Sohn Gottes Jesus entsprechend leben. Also werden wir uns das Gesetz des Handelns nicht von feindseligen Menschen aufzwingen lassen. Wir spielen ein anderes Spiel. Wir sorgen wie Sonne und Regen für ihr Leben und für unser gemeinsames Leben. Wir bekämpfen nicht unsere Feinde, wohl aber ihre Feindschaft. Feinde kann man mit Gewalt bekämpfen, Feindschaft kann man den Feinden nur durch zuvorkommende Liebe nehmen. Aggressionen kann man nicht mit Aggressionen bekämpfen, sondern nur dadurch, dass man den Aggressoren die Angst nimmt, die sie aggressiv macht.

Welche Gerechtigkeit ist die bessere? Jesus lehrt uns eine schöpferische, zuvorkommende, lebensförderliche und zurechtbringende Gerechtigkeit. Warum? Weil sie die Gerechtigkeit seines

Vaters im Himmel ist.

c) Paulus: Die rechtfertigende Gerechtigkeit

Nach den Evangelien hat Jesus beides gebracht: Heilung der Kranken und Vergebung der Sünden. Sein Evangelium der Armen ist opferorientiert. Bei Paulus finden wir eine Gottesgerechtigkeit, die täterorientiert ist. Das ist die befreiende Lehre von der Rechtfertigung der Sünder aus der zuvorkommenden Gnade Gottes.

„Nun aber ist ohne Zutun des Gesetzes die Gerechtigkeit Gottes offenbar geworden, bezeugt durch das Gesetz und die Propheten ... Sie sind alle Sünder und mangeln des Ruhmes, den sie bei Gott haben sollen, und werden ohne Verdienst gerecht aus seiner Gnade durch die Erlösung, die durch Christus Jesus geschehen ist" (Röm 3,21.23.24).

Welche Gerechtigkeit ist gemeint? Es ist nicht die Gerechtigkeit der Vergeltung im Guten und Bösen, sondern die schöpferische Gerechtigkeit Gottes, die Sünder und Gottlose nicht bestraft, sondern sie gerecht macht im Glauben an Jesus Christus. Gott beantwortet die Gottlosigkeit der Menschen mit seiner Menschwerdung. Gott beantwortet das Böse im Menschen mit seiner Gnade. Gott beantwortet das Verderben der Menschen mit ihrer Erlösung. Das ist die „bessere Gerechtigkeit": Aus ihr werden hässliche Sünder zu neuem Glanz erweckt. Aus ihr wird die „neue Erde" entstehen,

„auf der Gerechtigkeit wohnt" (2 Petr 3, 13). In ihr haben wir Frieden mit Gott, mit uns selbst und unseren Nächsten wie auch mit unseren Feinden. In ihr haben wir die feste Hoffnung auf die kommende Herrlichkeit Gottes.

III. DER GOTT DES FRIEDENS

„Der Gott des Friedens sei mit euch allen." Das ist der Friedensgruß des Apostels an die Gemeinde in Rom (Röm 16, 20). „Der Gott des Friedens" soll Gegenstand meiner dritten Vorlesung zum hundertjährigen Jubiläum der Theologischen Universität der Heiligungskirche in Korea sein. Denn Frieden suchen alle Menschen und alle Geschöpfe Gottes in dieser ungerechten und gewalttätigen Welt und finden ihn nicht. Darum schreien wir zu Gott um den Frieden, „der höher ist als alle Vernunft."

Wir leiden an den gewaltsamen Trennungen der Völker und Familien in Korea, wir leiden an den ungerechten Trennungen der Klassen, der Rassen und der Geschlechter in unseren Gesellschaften und an den globalisierten Konflikten dieser Welt. Wir suchen den Frieden in unseren eigenen Seelen, denn unsere Herzen sind verletzt und gekränkt, unser Gewissen ist schuldbeladen. Wir haben keinen Frieden in uns selbst. Und wenn wir keinen Frieden in uns selbst finden, können wir auch keinen Frieden in der Welt schaffen. Friedlose Menschen verbreiten keinen Frieden. Nur wenn wir selbst Frieden mit Gott finden, können wir friedfertig werden.

„Friede sei mit Euch", das ist der Friedensgruß der Juden, der Christen und der Muslime. Das soll heißen: Wir kommen in friedlicher Absicht und mit offenen Händen zu euch. Empfangt uns mit offenen Armen. Das ist gut so, wenn es ehrlich gemeint ist. Aber wenn man den „Gott des Friedens" weglässt, verliert der Frieden, den wir bringen oder empfangen wollen, sein wahres Subjekt, und dann wird aus dem gemeinsamen Frieden leicht „mein Frieden", den ich anderen aufzwingen will, oder „sein Frieden", dem andere mich unterwerfen wollen. Wer diktiert den Frieden im Konflikt zwischen jüdischen Israelis und muslimischen Palästinensern? Wer diktiert den Frieden zwischen Südkorea und Nordkorea? Wer erzwingt den Frieden zwischen den Reichen und den Armen?

Wenn wir wirklich einen gemeinsamen Frieden wollen, müssen wir von uns Menschen absehen und auf Gott schauen: Es ist der Friede Gottes, der uns und die Anderen, uns und die Feinde, umfängt und einen Raum der Freiheit schafft, in dem wir uns versöhnen und einen Frieden in Gerechtigkeit und Liebe finden können. Denn Gott ist universal und darum ist auch der Frieden Gottes universal, niemand ausschließend, sondern alle einschließend. Gottes Frieden ist „Frieden auf Erden", wie es in der Weihnachtsgeschichte heißt. Gottes Frieden ist auch der Frieden der Anderen und der Feinde auf dieser Erde. Der Friede Gottes reicht sogar über die Menschenwelt hinaus und umfasst die ganze „seufzende Kreatur" (Röm 8, 19), denn

Gottes Frieden ist shalom, das Leben der ganzen Schöpfung. Darum suchen wir nicht nur seinen Frieden „auf der Erde", sondern auch seinen Frieden mit der Erde, die unser aller Mutter ist. Unser Frieden ist nur ein Teil und ein Vorgeschmack des universalen Friedensreiches, das diese feindliche, gewalttätige und durch sich selbst gefährdete und tief verwundete Welt erlösen wird.

Ich will in diesem Vortrag nicht mit der Politik beginnen, sondern mit der Seele. Das mag manche überraschen, aber ohne den Frieden unserer Seele mit Gott können wir nichts für den Frieden in der Welt tun. Nur Menschen, die inneren Frieden gefunden haben, verbreiten Frieden in ihrer Umwelt. Um es radikal zu sagen: Ohne Seelenfrieden gibt es keinen „gerechten Frieden" in der Welt. Alles beginnt im Glauben des Herzens. Aber er geht weiter durch seine Lebenshingabe, durch „sein Blut", hat Jesus Christus Frieden geschaffen im Himmel und auf Erden und das hat kosmische Dimensionen für das Sozialheil auf Erden und das Naturheil im Kosmos. Dafür gehe ich auf die Politik des gewaltfreien Friedens ein und auf die Politik der Feindesliebe: „Pflugscharen statt Schwerter."

1. Der Seelenfrieden

Mit der „Seele" meinen wir mit Augustin und der folgenden

spirituellen Tradition der Christenheit das inwendige Leben des Menschen, also das Verhältnis des Menschen zu sich selbst. Das ist für jeden Menschen anders, darum ist es individuell.

Das Selbstverhältnis des Menschen entspricht seinem Gottesverhältnis. Warum? Weil jeder Mensch ein Ebenbild Gottes ist. Wer sich selbst wahrhaft erkennt, erkennt Gott in sich selbst und sich selbst in Gott. Man hat sich das oft so vorgestellt, dass in dem tiefsten Grund jeder menschlichen Seele ein Spiegel verborgen ist. Wer den findet, erkennt sich selbst und erkennt zugleich Gott, denn auch Gott sieht in diesen Spiegel.

Aus diesem Konzept der gottentsprechenden Seele folgt, dass wir keinen Seelenfrieden finden, wenn wir nicht Frieden mit Gott finden. Ist die Seele mit Schuld beladen, dann herrscht die Sünde über sie. „Sünde" meint Absonderung von Gott, Gottesferne und Gottesfeindschaft. Gewöhnlich kompensiert die Seele das mit Arroganz. Dann ist die Seele mit sich selbst uneins und mit sich selbst zerfallen. Dann ist die sündige, von Gott getrennte Seele krank. Kierkegaard nannte das „Die Krankheit zum Tode."

Ist die Seele durch Unrecht und Gewalttat anderer Menschen gekränkt und verletzt, dann quält sie sich mit der Erniedrigung, die sie erlitten hat. Dann herrscht auch die Sünde über sie, aber es ist nicht die eigene Sünde, sondern die fremde Sünde anderer Menschen. Auch dann wird unsre Seele krank, ist mit sich selbst uneins, und oft kommt dann der Selbsthass über die Seele. Dann wird das Ebenbild Gottes in der Seele dunkel, die Seele kann den Spiegel Gottes nicht mehr finden.

Im ersten Fall sind wir die Täter von Unrecht und Gewalt: „Das Gute, das ich will, tue ich nicht; das Böse, das ich nicht will, tue ich. Nicht ich bin es, sondern die Sünde, die in mir wohnt", bekennt Paulus im Römerbrief (7, 19.20). Wir schreien dann mit dem Apostel: „Wer wird mich erlösen von dem Leib der Sünde (d.i. die Macht der Sünde)?"

Im zweiten Fall sind wir die Opfer von Unrecht und Gewalt. Wir fühlen uns erniedrigt und beleidigt und in unserem Selbstbewusstsein tief gekränkt. Wer wird uns aus der Tiefe dieser Qual aufrichten? Wer wird uns heilen, damit wir wieder mit erhobenem Haupt und aufrechtem Gang durch's Leben gehen können?

Die Täter des Bösen brauchen die Vergebung der Sünden, um Frieden mit sich selbst und mit Gott zu finden. Die Opfer des Bösen brauchen Aufrichtung durch Gott, der „Recht schafft denen, die Gewalt leiden", wie in Psalm 103 heißt. Anders finden sie keinen Frieden mit sich selbst.

Wie finden wir als Täter der Sünde Frieden mit Gott und mit uns selbst? Wir kennen die Antwort: durch die Vergebung unserer Sünden. Aber wie kommt Gott dazu, uns unsere Sünden zu vergeben? Wir kennen die Antwort: durch das „Blut", d. i. die Lebenshingabe Jesu Christi am Kreuz. Wir singen dann das Agnus Dei: „Der Du trägst die Sünd' der Welt, erbarm Dich unser." Empfangen wir diese Vergebung der Sünden, weil wir glauben? Nein: damit wir glauben!, denn Christus ist für uns gestorben, „als wir noch Gottlose" und „als wir noch Sünder waren" (Röm 5, 5.8). Bevor wir glauben und unsere Sünden bekennen, ist er schon „für uns" gestorben. Die Liebe Gottes ist eine zuvorkommende Liebe. Gott vergibt uns unsere Sünden durch Christus, bevor wir sie erkennen, aber damit wir sie bekennen und durch die Wahrheit frei werden. Darum ist Christus auch für die Ungläubigen und auch für die Andersgläubigen gestorben. Er ist sogar zur Vergebung der Sünden seiner Feinde gestorben: „Vater, vergib ihnen, denn sie wissen nicht, was sie tun", betet Jesus am Kreuz.

Das ist nicht nur für uns selbst, sondern auch für unsere Einstellung zu anderen Menschen wichtig. Sind uns unsere Sünden vergeben und haben wir Frieden mit Gott und Frieden mit uns selbst gefunden, dann sind auch den anderen Menschen ihre Sünden vergeben und wir sehen sie im Frieden Gottes.

Das hat politische Konsequenzen: Ich erinnere mich gut. Es war eine Sternstunde im Deutschen Bundestag. Der überzeugte evangelische Christ, der spätere Bundespräsident Gustav Heinemann hielt eine Rede. Es ging damals im „kalten Krieg" um das Verhältnis des Westens zu den kommunistischen Staaten, und als er sagte: „Christus ist nicht gegen die Kommunisten", erhob sich ein Sturm des Protestes, doch er fuhr fort und sagte: „Christus ist für sie gestorben", da breitete sich betretenes Schweigen aus. Christus ist auch für die Kommunisten gestorben. Wir wissen das, denn er ist für uns gestorben „als wir noch Gottlose waren" wie sie.

Doch haben wir mit der Vergebung unserer Sünden schon Frieden mit Gott?

Wir glauben an den Gott, „der unseren Herrn Jesus von den Toten auferweckt hat, welcher ist um unserer Sünden willen dahingegeben und um unserer Rechtfertigung willen auferweckt."(Röm 4,25)

Am Kreuz „trägt" Jesus unsere Sünden und nimmt sie von unserer Seele fort, aber erst in seiner Auferstehung beginnt das neue gerechte Leben im Frieden Gottes. Die Vergebung der Sünden ist nur die eine Hälfte des Heils, das wir durch Christus erfahren, die andere Hälfte besteht im auferweckten und gerechten Leben. „Ist jemand in Christus, so ist er eine neue Kreatur. Das Alte ist vergangen, siehe, es ist alles neu geworden"(2 Kor 5,17). Wir sind nicht nur Sünder, die Vergebung erfahren, sondern wir sind auch schon neue Menschen durch den Geist der Auferstehung. Das ist der volle Friede Gottes.

Das ist für unser Verständnis von Frieden wichtig. Frieden, denken wir oft: Erst war Streit, dann kommt Frieden und dann ist alles wieder gut wie vorher, als es noch keinen Streit gab. Das ist einseitig und sogar falsch: Gottes Frieden ist nicht nur die Beseitigung des Streites und ist auch keine Beruhigung, sondern das volle, neue Leben, das an die Stelle des alten, feindlichen und angstbesessenen Lebens tritt. Versöhnung des feindlichen Lebens ist gut, aber es ist nicht genug. Mit der Auferstehung ins Leben entsteht aus Feinden eine neue Gemeinschaft. Vergebung der Sünden ist der nach rückwärts gerichtete Akt Gottes, Auferstehung ins neue Leben ist der nach vorwärts gerichtete Akt Gottes. Versöhnung beendet eine feindselige Vergangenheit, Auferstehung ins Leben ist der Anfang einer neuen Zukunft.

In den Westkirchen stand immer das Kreuz Christi im Zentrum und mit ihm die Vergebung der Sünden durch sein stellvertretendes Leiden und Sterben.

In der Ostkirche aber steht die Auferstehung Christi im Zentrum und damit der Anfang des neuen Leben.

„Tag der Auferstehung.
Licht lasst uns werden.
Einander umarmen wollen wir uns.
Jene wollen wir Bruder nennen,
die uns hassen.
Um der Auferstehung willen
lasst uns alles vergeben",

heißt es in einer orthodoxen Osterhymne.

Und so meint es auch der Apostel Paulus:

„Um unserer Sünden willen dahingegeben
und um unserer Rechtfertigung willen auferweckt.
Sind wir nun gerecht geworden durch den Glauben,
haben wir Frieden mit Gott
durch unseren Herrn Jesus Christus." (Röm 5,1)

Was folgt daraus für das praktische Leben?

a) Wir können unsere Sünden erkennen und die Wahrheit über uns selbst bekennen ohne Scham und ohne Angst, denn es sind vergebene Sünden, und es ist die warme Wahrheit der Liebe, nicht die kalte

Wahrheit des Gerichts. Sünden bekennen ist eine Erleichterung und macht uns frei.

b) Wir wenden uns von der alten Orientierung unseres Lebens ab, die uns in die Schwierigkeiten der Sünden gebracht hat, und ergreifen die neue Orientierung der Auferstehung ins Leben. Diese Umkehr des Herzens ist keine Qual, sondern eine Freude.

c) Wir versuchen, das Elend, das wir durch unsere Schuld angerichtet haben, wieder gut zu machen, so weit das möglich ist. In Wahrheit können wir nichts „wieder gut machen", denn wir können nicht ungeschehen machen, was geschehen ist. Aber wir können denen helfen, die an unserer Schuld leiden. Damit anerkennen wir ihr Leiden und unsere Verantwortung.

Das sind die klassischen drei Schritte der Buße. Ohne Frieden mit Gott sind sie eine Qual, im Frieden Gottes aber sind sie eine große Lebensfreude.

Buße ist biblisch die Heimkehr des verlorenen Sohnes und die Freude seines Vaters.
Wie finden wir als Opfer der Sünden Frieden mit Gott und mit uns selbst? Wir wissen es nicht, denn das Christentum war immer täterorientiert und opfervergessen. Wir wissen, wie wir mit Tätern

des Bösen umgehen sollen, aber vor den Opfern des Bösen sind wir ratlos. Wir kennen in der theologischen Tradition die Rechtfertigung des Sünders, aber kennen wir auch die Rechtfertigung der Opfer?

Vergleichen wir die Sündenlehre des Paulus mit dem Jesus der synoptischen Evangelien, dann fällt auf, dass der erste Blick Jesu nicht auf die Sünder, sondern auf die Kranken, die Armen und die Ausgestoßenen seines Volkes fiel und ihn des armen Volkes (ochlos, minjung) „jammerte" (Mt 9,36). Jesus erbarmt sich der Opfer des Bösen und richtet sie auf, nimmt sie in seine Gemeinschaft und spricht ihnen das Reich Gottes zu.

Nehmen wir die Psalmen des Alten Testamentes zur Hand, dann finden wir, dass Gottes Gerechtigkeit eine Recht schaffende Gerechtigkeit ist: „Gott schafft Recht denen, die Unrecht leiden" (103, 6; 146,7). Gottes Gerechtigkeit ist keine vergeltende Gerechtigkeit, die Gutes mit Gutem und Böses mit Bösem vergilt, sondern eine Recht schaffende Gerechtigkeit für die Opfer und eine zurechtbringende Gerechtigkeit für die Täter.

Bevor Christus die Sünden der Welt trug und für die Vergebung der Sünden starb, wurde er selbst zum Opfer von Unrecht und Gewalttat. Sein Passionsweg führt ihn zu den Opfern von Unrecht und Gewalttat, und diese können in ihm ihren göttlichen Bruder erkennen, der in ihre Erniedrigung hinein geht und ihre Ohnmacht teilt. Durch seine Solidarität bringt Jesus seinen Gott und Vater vom Himmel auf die Erde und in die Hölle der Gottverlassenen hinein. Sein Kreuz ist seitdem ein Zeichen dafür, dass Gott an den Schmerzen der Opfer des Bösen teilnimmt und in der Erniedrigung bei uns ist.

Im Bild vom großen Weltgericht Mt 25 stellt sich der Menschensohn zu den Opfern der Sünde und nennt die Hungrigen, Durstigen, Fremden, Kranken und Gefangenen „meine geringsten Brüder".

Was geschieht mit unserer Seele, wenn wir das erkennen? Durch den Glauben vereinigt sich unsere verletzte und erniedrigte Seele mit dem verletzten und erniedrigten Christus, und Christus nimmt die gequälte Seele in seine Arme. Er nimmt auf sich unsere Schmerzen und Traurigkeiten, um uns hineinzunehmen in seine Auferstehung und sein Leben.

Wir haben in diesen Jahren in Deutschland eine breite Diskussion über die Opfer sexuellen Missbrauchs in der katholischen Kirche und an Heimschulen (Internaten) geführt. Erwachsene, die als Kinder von Priestern oder Lehrern sexuell missbraucht wurden, haben oft 30 Jahre nicht darüber reden können und vor Scham geschwiegen. Die Kirchen und Schulen wussten auch nicht, wie sie diesen Opfern der

Sünde helfen sollten. Wir haben drei Schritte entdeckt:

a) Nur die Wahrheit kann die Opfer frei machen. Sie müssen nicht nur aus ihrem Leiden, sondern auch aus ihrer Erniedrigung herauskommen. Bei Opfern sexuellen Missbrauchs kommt auch die Scham über die Schande, die ihnen angetan wurde, hinzu. Ihre Seele ist traumatisiert. Sie brauchen die Achtung ihrer Menschenwürde und die Anerkennung, dass ihnen Unrecht getan wurde. Sie brauchen einen Schutzraum der Liebe, damit sie ohne Selbsterniedrigung darüber sprechen können, was sie erlitten haben. Sie können ihre Selbstachtung wiederfinden. Sie müssen nicht ewig „Opfer" bleiben.

b) Der Gott, der im leidenden Christus in diese Tiefen menschlichen Elends gekommen ist, kann ihnen Frieden mit sich selbst geben und sie aus der Tiefe erheben.

c) Damit wird es den Opfern möglich, das Böse, das gegen ihren Willen in ihr Leben durch Gewalt eingedrungen ist, zu überwinden. „Lass dich nicht vom Bösen überwinden", rät Paulus (Röm 12, 24). Vergelte darum Böses nicht mit Bösem, denn das vermehrt nur das Böse. „Übenwinde das Böse mit Gutem", rät er. Es geht gar nicht um den Täter, der bestraft werden muss, sondern um das Böse, dessen Knecht der Täter wurde. Dieses Böse muss überwunden werden: zuerst in den Opfern, dann in den Tätern und es kann nur durch das Gute überwunden werden. Wenn wir nicht vergelten, sondern vergeben, tun wir auch uns selbst etwas Gutes: Wir befreien unsere Seele von den Tätern. So finden die Opfer des Bösen Frieden mit Gott und Frieden in ihrer Seele.

Vergebung des Bösen, das uns angetan wurde, ist das Königsrecht der Opfer. Es erhebt das Opfer des Bösen über die Täter des Bösen und macht sie zu freien Herrn aller Dinge. Wie das gehen kann, sehen wir an Martin Luther King, an Nelson Mandela, an Gandhi und an Bonhoeffer und an den vielen einfachen Menschen, die in ihrem unschuldigen Leiden den barmherzigen Gott erfahren und die Christusgemeinschaft der Opfer erlebt haben.

2. Politik des Friedens

Ich werde jetzt nur die spezifisch christlichen Beiträge zu einer Politik des Friedens, nicht aber unsere allgemeinen Rechte und Pflichten als Staatsbürger darstellen. Worin besteht die „bessere Gerechtigkeit" der Kinder Gottes nach der Bergpredigt Jesu? Was tun Christen im öffentlichen Bereich der Politik? Oder haben wir dort nichts zu suchen und zu sagen?

Ich beginne mit dem Volksaufstand, der 1989 zum Sturz der

sozialistischen Diktatur in Ostdeutschland und zur Wiedervereinigung Deutschlands geführt hat. In Leipzig in der damaligen DDR versammelte sich an jedem Montagabend eine kleine Gruppe von Christen in der Nikolaikirche zu einem Friedensgebet. An diesen Gebeten entzündeten sich im Herbst 1989 die Protestmärsche des Volkes. Es entstand die friedliche Revolution, die zum Abbruch der Mauer in Berlin und dann zur Vereinigung des geteilten Landes führten. Aus dem Friedensgebet der Christen kam der Ruf „Keine Gewalt", weder aus der Demonstration noch gegen die Demonstration, und es wurde keine Gewalt angewendet. Die gewaltfreie Überwindung einer Gewaltherrschaft war nicht nur möglich, sondern ist danach in ganz Osteuropa, in Südafrika und im vorigen Jahr in den arabischen Ländern wirklich geschehen. Wenn das unterdrückte Volk das Selbstvertrauen gewinnt „Wir sind das Volk", ist seine Macht größer als die Gewalt der Diktatoren. Friedensgebete sind nicht machtlos.

a) Macht und Gewalt

Wir wollen uns den Unterschied zwischen Gewalt und Macht klar machen. Gewalt bezeichnet ein vielfältiges negatives Phänomen: Es gibt die alltägliche Gewalt im Umgang von Stärkeren gegenüber Schwächeren. Das ist die physische Gewalt gegen Frauen, Kinder, Behinderte und Kranke. Es gibt aber auch seelische Grausamkeit, mit denen Schwächere gequält werden, und vieles mehr, das wir als ungerecht, unmenschlich und lebensabträglich empfinden.

Macht an sich ist gut. Es gibt die Macht der Liebe, die Macht des Verstehens, die Kraft der Hilfe. Wir nennen Gott den Allmächtigen" und erfahren in den Kräften seines heiligen Geistes die „Ermächtigung" zum Leben (empowerment).

Wenn aus den guten Mächten böse Gewalten werden, haben wir es mit Perversionen der Lebenskräfte in Triebe zur Zerstörung des Lebens und zuletzt mit dem Todestrieb zu tun. Gewalt ist die ungerechte, lebensfeindliche Anwendung an sich guter Kräfte.

Aus der Liebe zum Leben wird die Liebe zum Tod.

Wie können wir Macht und Gewalt unterscheiden? Wir unterscheiden sie am Leben selbst: Macht stärkt und erhöht das Leben, Gewalt erniedrigt und zerstört das Leben.

Ist diese Unterscheidung richtig, dann entsteht die Frage: Nachdem wir so oft sehen, wie aus guten Mächten die bösen Gewalten geworden sind, gibt es auch den umgekehrten Weg, dass aus bösen Gewalten gute Kräfte des Lebens werden? Kann die Gewalt des Todes in die Macht des Lebens transformiert werden? Wie können die Energien, die in Gewalttaten investiert worden sind, erlöst werden und zu Lebenskräften umgeformt werden? Das ist die messianische Verheißung des Propheten Jesaja (2,4):

> „Und Gott wird richten unter den Heiden
> und zurechtweisen viele Völker.
> Da werden sie ihre Schwerter zu Pflugscharen und
> ihre Spieße zu Sicheln machen.
> Denn es wird kein Volk wider das andere
> das Schwert erheben,
> und sie werden hinfort nicht mehr lernen, Kriege zu führen."

„Aus Schwertern - Pflugscharen": Das ist der christliche Beitrag zur Friedenspolitik. Frieden ist kein Zustand, sondern ein Prozess. In diesem Prozess geht es um die Transformation von gegenseitiger Angst in gegenseitiges Vertrauen: von gegenseitiger Bedrohung in gemein Leben; um die Transformation des militärisch-industriellen Komplexes in unseren Völkern in lebensförderliche Industrien. Frieden - das ist die Umkehr vom Tod ins Leben. Die militärischen Gefahren wachsen seit dem Bau von Atombomben. Der Frieden durch gegenseitige Abschreckung hat lokale Kriege nicht aufgehalten. Wenn die Menschheit überleben will, müssen wir Angst verlieren und Vertrauen gewinnen; Gewalt reduzieren und Lebenskräfte vergrößern, militärische Konfrontationen abbauen und zivile Zusammenarbeit aufbauen. Ist das möglich? Wird das Erfolg haben? Das ist eine Frage des Glaubens. Im Deutschen gibt es einen berühmten Dichterspruch:

„Wo aber Gefahr ist, wächst das Rettende auch"
(Friedrich Hölderlin, Tübingen)

b) Feindschaft überwinden - Frieden schaffen

Wir wenden uns zuletzt der Bergpredigt Jesu zu. In den Seligpreisungen lesen wir:

„Selig sind die Friedfertigen,
denn sie werden Gottes Kinder heißen."(Mt 5,9)

Wohlgemerkt: Es heißt nicht: Selig sind die Friedlichen, sondern: Selig sind diejenigen, die „Frieden-schaffen" (eirenopoesis). Nicht die werden selig gepriesen, die im eigenen Kreise ein friedliches und stilles Leben führen, sondern diejenigen, die in die Konflikte hineingehen, um dort, wo sich Feinde begegnen, wo der Hass entbrennt und der Tod droht, das Leben zu lieben und Frieden zu schaffen.

Diese werden „Gottes Kinder" heißen. Das kommt nur noch einmal in der Bergpredigt vor:

„Liebet eure Feinde,
bittet für die, die euch verfolgen,
damit ihr Kinder seid eures Vaters im Himmel." (Mt 5,44.45)

Was also meint Jesus mit dem „Frieden-schaffen"? Er meint die Feindesliebe. Die „Kinder Gottes" richten sich in ihrem Leben allein nach dem Willen ihres „Vaters im Himmel" aus, nicht nach dem Hass und der Feindschaft der Menschen.

„Darum sollt ihr vollkommen sein,
wie euer Vater im Himmel vollkommen ist" (Mt 5,48)

Sie reagieren nicht auf die Feindschaft, die sie erfahren, sondern antworten auf den Willen Gottes:

„Er lässt seine Sonne aufgehen
über Böse und Gute
und lässt regnen
über Gerechte und Ungerechte" (Mt 5,45)

Wie kann man seine Feinde lieben?

Es gibt zwei Möglichkeiten, mit der Feindschaft umzugehen, wenn sie einmal entstanden ist und uns entgegenschlägt:

- entweder werden wir zu Feinden unserer Feinde. Dann versuchen wir, alle unsere wirklichen Feinde und möglichst auch noch unsere potentiellen Feinde zu vernichten; die möglichen Feinde militärisch durch preemptive strikes nach der Strategie von Präsident George Bush jr. Wir sind dann in einem tödlichen Freund-Feind-Denken gefangen: „Wer nicht für uns ist, ist gegen uns" und muss vernichtet werden.

- Oder wir versuchen, nicht unsere Feinde, sondern die Feindschaft, die entstanden ist, zu überwinden. Dann werden wir durch vertrauensbildende Maßnahmen aus Feinden Freunde zu machen versuchen, mit denen wir Zusammenarbeiten wollen. Die Voraussetzung dafür ist aber, dass wir uns selbst nie zu Feinden unserer Feinde machen lassen. Wir werden die Ursachen ihrer Feindschaft gegen uns erkennen und sie zu beseitigen versuchen.

Der erste Weg ist der Weg der Gewalttätigen. Er führt in den Tod. Die Schlachtfelder der Geschichte zeigen ihren Irrsinn, denn wer seinem Feind zum Feind wird, kann so viele Feinde töten, wie er kann, er schafft sich durch seine eigene Feindseligkeit immer neue Feinde. Durch die Teilung der Welt in Feinde und Freunde entsteht eine grundsätzlich feindliche Welt. Es gibt keinen Frieden, wenn man zum Feind seiner Feinde wird. Man muss also zuerst sich selbst von der Feindschaft befreien. Denn Feindschaft zerstört nicht nur das Leben der Opfer, sondern auch das Leben der Täter.

Der zweite Weg ist der Weg der Friedensstifter. Er führt in das Leben hinein, das Leben der Feinde, das eigene Leben und das gemeinsame Leben ohne Feindschaft. Das ist der Weg der Feindesliebe.

Wie ist Feindesliebe in der Seele von Menschen möglich? Wenn ich Unrecht erleide, durch Beleidigungen gekränkt oder durch Gewalt verletzt werde, entsteht in mir automatisch das Verlangen nach Vergeltung. Vergeltung heißt: Ich gebe das Böse, das ich erlitten habe, dem zurück, der es mir angetan hat.

Durch Vergeltung stelle ich meine Selbstachtung wieder her. Doch fühle ich mich dann besser? Ich war doch genau so böse wie mein Feind, jedenfalls nicht besser als er. Ich habe durch Vergeltung des Bösen mit Bösem das Böse nur verdoppelt.

In einer Ethik der Gegenseitigkeit, wie bei Moses und Konfuzius, ist Vergeltung die einzige Möglichkeit, angemessen auf das erfahrene Unrecht zu reagieren. Wenn man nicht mit Vergeltung reagiert, zeigt man angeblich Schwäche.

In einer Ethik der Zuvorkommenheit, die Jesus in seiner Bergpredigt lehrt, geht es um die Überwindung der Feindschaft und die Bekehrung der Feinde. Ich reagiere auf Feindschaft nicht mit Feindschaft, sondern schaffe ein neues Zusammenleben. Das ist der Weg der schöpferischen Liebe zum Leben.

Der erste Schritt der Feindesliebe besteht darin, sich von Feinden keine Feindschaft aufdrängen zu lassen, sondern den Kopf oben zu behalten und sich von diesem Zwang, der immer nahe liegt, frei zu halten. Dafür ist die Orientierung wichtig: Wir sind nicht die Feinde unserer Feinde, sondern „Kinder unseres Vaters im Himmel." Also werden wir Hass nicht mit Hass und Raketen nicht mit Raketen beantworten, sondern unserem Gott, dem Vater Jesu Christi, zu entsprechen versuchen, der „seine Sonne aufgehen lässt über Böse und Gute", weil er wie die Sonne und der Regen das Leben liebt.

Der zweite Schritt .der Feindesliebe liegt in der Erkenntnis des Anderen. Nach Martin Bubers Übersetzung lautet das Gebot der Nächstenliebe: „Liebe deinen Nächsten wie dich selbst, denn er ist wie du." Ich erkenne mich selbst in dem Anderen und den Anderen in mir selbst. Er hat die gleiche Menschenwürde und die gleichen Menschenrechte, die ich für mich in Anspruch nehme. Dieses Erkennen des Anderen ist wichtig, denn jede

Feindschaft beginnt mit der Dehumanisierung der Feinde: Sie sind Untermenschen, Ungeziefer und Unkraut und müssen „ausgerottet" werden. Mit solchen Dehumanisierungen werden die normalen Tötungshemmungen abgebaut. Der Krieg kann beginnen.

Sind die USA „der große Satan" und Israel „der kleine Satan", dann sind Amerikaner und Israelis Feinde Gottes und können getötet werden, wo man sie treffen kann. Feindschaft beginnt immer mit der Verteufelung der Anderen.

Der dritte Schritt der Feindesliebe muss zum Erkenntnis der Gründe für Feindschaft führen. Weil Aggressionen meistens aus erlittenen Kränkungen entstehen, ist es hilfreich, auf die Leidensgeschichten feindlicher Menschen oder Völker zu hören und gemeinsam mit ihnen nach Heilung dieser quälenden Erinnerungen zu suchen. Das verlangt nicht eine Haltung überlegener Herablassung, sondern der Compassion, der Mitleidenschaft. Orte solcher Begegnung sind oft die Massengräber der anderen Seite. Zeiten solcher Begegnungen sind die gemeinsamen Trauerzeiten.

Feindesliebe funktioniert nicht rein emotional und nur mit guten Absichten. Sie muss auch intelligent sein, wie es in der Friedensbewegung der achtziger Jahre hieß: Intelligente Feindesliebe. Sie geht rational vor. Mit rationaler Feindesliebe werden wir uns bemühen, Feinde auch davor zu bewahren, immer tiefer in die Feindschaft hineinzugeraten. Ich stelle mir das so vor: Mit der einen Hand die Aggressionen abzuwehren, mit der anderen Hand Frieden und gemeinsames Leben anzubieten. Ich liebe Feinde ja nicht, weil sie Feinde sind, sondern weil Gott sie geschaffen hat und ihr Leben, nicht ihre Selbstzerstörung durch Feindschaft will.

Feindesliebe ist keine Gesinnungsethik, wie nach Max Weber viele sog. Realpolitiker anzunehmen scheinen. Feindesliebe ist realistische Verantwortungsethik. Sie verlangt, Verantwortung nicht nur für das eigene Leben und das Leben der Seinen zu übernehmen, sondern auch für das Leben der Feinde und der Ihren, so wie die Sonne über Böse und Gute scheint und allen Leben schenkt.

Ich liebe eine Geschichte, die ich nach dem Zweiten Weltkrieg hörte. Es ist die Geschichte einer einfachen russischen Frau. Sie verteilte Brot an einen Zug deutscher Kriegsgefangener, die durch ihr Dorf getrieben wurden. Als die russischen Soldaten ihr verbieten wollten, den Feinden Brot zu geben, antwortete sie: „Ich gebe allen Hungernden Brot. Als die deutschen Soldaten russische Kriegsgefangene durch unser Dorf trieben, gab ich ihnen zu essen, und wenn ihr einmal von der Geheimpolizei durch unser Dorf getrieben werdet, werde ich euch auch Brot geben."

Das ist Feindesliebe wie das Licht der Sonne und die Kraft des Regens für das gemeinsame Leben.

IV. CHRISTUSERFAHRUNGEN IN KRANKHEITEN UND HEILUNGEN

In meinem Beitrag zu diesem Christlichen Gesundheitskongress 2012 möchte ich im Kern auf zwei Fragen eingehen:

1. Was erfahren wir, wenn wir krank werden?

2. Was erfahren wir, wenn wir gesund werden?

- Ist eine Krankheitserfahrung auch eine Christuserfahrung?

- Ist eine Heilungserfahrung auch eine Auferstehungserfahrung?

1. Krankheit in verschiedenen Perspektiven

a) In der Perspektive des Arztes

Das ist zwar nicht die erste Perspektive, in der Krankheit wahrgenommen wird, aber die öffentlichste, weil wir sie für die wichtigste halten: Kommt ein Patient zum Arzt, wird dieser seine Daten aufnehmen, seine körperlichen Funktionen messen, ihn mit Röntgenstrahlen etc. durchleuchten, um sich ein Bild über die Beschwerden zu machen. Dann wird er die aufgenommenen Fakten als Symptome einer Krankheit deuten. Hat er die zutreffende Diagnose erstellt, kann die Therapie beginnen. Wird die Krankheit überwunden, oder besiegt, wie man sagt, dann ist der status quo ante wiederhergestllt und der Patient wird als „gesund" entlassen.

In dem Maße wie es gelingt, die Krankheit vom kranken Menschen zu isolieren und die Kausalkette vom Erreger bis zu den typischen Auswirkungen in einem Krankheitsprozess in den Griff zu bekommen, wird gezielte Therapie möglich. Der kranke Mensch wird auf ein typisches Krankheitsbild gebracht und als „Fall" dieser Erkrankung behandelt. Der kranke Mensch selbst mit seiner Seele, seiner Lebensgeschichte und seinem Innenleben wird – abgesehen von psychischen Erkrankungen – kaum berücksichtigt, oft sogar bewusst ausgeblendet. Im „Sprechzimmer" eines Arztes wird heutzutage wenig gesprochen, weil es zu viel Zeit kosten würde und bei Krankenkassen nicht abgerechnet wird. Die „Klinik ist wesentlich stumm", wie Paul Lüth in seiner „Kritischen Medizin" schon 1972 bemerkte. Ich war selbst vor 5 Jahren monatelang in Kliniken und weiß, wovon ich rede. Das ist unumgänglich und ein „Sachzwang." Ich sage das mit Hochachtung und Mitgefühl mit den Ärzten, die mir das Leben gerettet haben.

b) Aus der Perspektive des kranken Menschen

„Krankheiten als solche gibt es nicht. Wir kennen nur kranke Menschen", schrieb Ludolf von Krehl in seiner Pathologischen Physiologie schon 1930. Das ist aus der Perspektive eines Arztes gewiss ungewöhnlich, aus der Perspektive der Patienten aber stimmt es. Erwachen wir eines Morgens krank, dann sagen wir: „Ich bin krank", und: „Ich fühle mich nicht wohl." Wir erfahren eine Störung im Verhältnis zu uns selbst: Das Ich ist krank, mein Selbstgefühl ist angegriffen. Meine Person ist betroffen. Wir beginnen immer mit dieser Wahrnehmung des Krankseins, erst mit dem lokalisierenden Bewusstsein können wir dann sagen: „Ich habe Herzbeschwerden." Damit verschieben wir die Krankheit vom Sein in das Haben. Wir gewinnen Distanz und erheben unser Ich aus dem Kranksein. Das ist ein normaler und notwendigen Vorgang. Durch Distanz zur Krankheit kann ich mich auf sie einstellen und mich so oder so zu ihr verhalten. Gleichwohl gewinne ich nie die objektive

Distanz zu meiner Krankheit wie die fremde Person eines Arztes. Die Krankheiten, die ich habe, bleiben im Lebenskreis meines Daseins. Ich muss sie erkennen, ich muss sie annehmen und an ihrer Überwindung arbeiten. Wie objektiv und unpersönlich sie auch in der Klinik behandelt werden, Krankheiten sind Teil meines persönlichen Lebens, und ich muss sie nicht nur erleiden, sondern kann sie auch durch die Kraft meiner Person, durch meinen Glauben und meinen Lebenswillen beeinflussen, andere können sie durch ihre Liebe zu mir beeinflussen. Der Patient ist und bleibt die Person seines Lebens.

Jede Krankheit ist ein Teil meiner Lebensgeschichte, und ich muss sie so akzeptieren, wenn ich sie erleben und verstehen will. Gewöhnlich nehmen wir Krankheitszeiten nur als Störungen unseres nomalen aktiven Lebens wahr und vergessen sie so schnell wie möglich. Damit verpassen wir, was sie uns sagen wollen. Unser Leben wird oberflächlich und ärmer, wenn wir nur unsere gesunden Zeiten schätzen. Spätestens bei Alterserkrankungen merken wir das. In den Erfahrungen von Krakheit und Gesundheit gibt es jedoch wesentliche Unterschiede. Einen haben wir schon erwähnt: Es ist das Kranksein und Krankheiten haben. Erstaunlicherweise gibt es das bei der Gesundheit nicht: Ich sage: „Ich bin gesund", aber nicht: „Ich habe Gesundheiten." Krankheiten gibt es im Plural, Gesundheit nur im Singular: Krankheiten sind vielfältige Störungen und Leiden,

Gesundheit ist ihnen gegenüber ganzheitlich: „Ich bin gesund."
Darum können wir auch nur wenig über die Beschaffenheit unserer
Gesundheit sagen. Sind wir nicht krank, dann spüren wir unser
Gesundsein gar nicht. Gesund ist man, wenn die Organe schweigen,
hat einmal jemand gesagt. Gesundheit ist wie das Glück eher ein
Zustand, der uns trägt. Erst wenn wir krank werden, erkennen wir,
was Gesundheit ist. Wir erkennen sie, wenn wir sie nicht mehr haben.

c) In der Perspektive Jesu

Das erste, was nach den Evangelien Meschen an Jesus erlebten,
war die Heilkraft des göttlischen Geistes. Darum werden nach den
Evangelien Meschen in Jesu Nähe nicht als „Sünder" wie bei Paulus,
sondern als Kranke offenbar. Aus den Winkeln und Schatten, in
die man sie verdrängt hatte, kommen sie hervor und suchen die
Nähe Jesu. „Am Abend aber, als die Sonne untergegangen war,
brachten sie zu ihm allerlei Kranke und Besessene, und die ganze
Stadt versammelte sich vor der Tür, und er half vielen Kranken, die
mit seuchen beladen waren, und trieb viele Dämonen aus." (Mk 1.
32 ff) „Dämonen" sind personal vorgestellte Mächte der Zerrüttung
und der Zerstörung. Ihnen ist die Lust am Quälen eigen. Wenn der
Messias kommt, sagt die alte jüdische Hoffnung, dann werden
diese Quälgeister von der Erde verschwinden und die Menschen
werden wieder gesund und vernünfig leben können. Wunderbare
Krankenheilungen gab es in der Antike oft. Es gibt auch in unserer

moderne Welt der wissenschaftlichen Medizin Spontanheilungen, wie man sie nennt. Bei Jesus aber stehen sie in einem besonderen Horizont: Sie gehören zur Ankunft des Reiches Gottes. Wenn der lebendigen Gott zu seiner Schöpfung kommt, dann müssen die Mächte der Qual weichen, die gequälten Geschöpfe werden gesund. Das Reich des lebendigen Gottes vertreibt die Bazillen des Todes und breitet die Keime des Lebens aus. Es bringt nicht nur Heil in einem religiösen Sinne, sondern auch Gesundheit in körperlicher Erfahrung. In der Heilung der Kranken wird das Reich Gottes leibhaftig. Der Lebensgeist macht lebendig, was krank liegt und stehen muss. Auch wenn viele von uns heute keinen persönlichen Zugang zu diesen Geschichten von den Krankenheilungen Jesu haben, weil sie selbst nichts Vergleichbares erlebt haben, werden wir mit ihrer Hilfe doch verstehen können, dass die Lebenskraft Gottes unsere Körper durchdringen will, und werden die organische Seite des Reiches Gottes begreifen.

Wie alle schweren Krankheiten Vorboten des Todes sind, so müssen wir auch die Krankenheilungen Jesu als Vorboten verstehen: sie sind Vorboten der Auferstehung. Erst mit der Wiedergeburt dieses sterblichen Lebens zum ewigen Leben wird vollendet, was Jesus an den Kranken getan hat. In jeder schweren Krankheit ringen wir mit dem Tod. In jeder Heilung erleben wir etwas von Auferstehung: wir fühlen uns wie „neugeboren" und dem „Leben wiedergeschenkt." So wird es sein, wenn geschieht, was wir uns nicht vorstellen können, weil wir es noch nicht erfahren haben: die Auferstehung und das Leben der zukünftigen Welt.

Als man einen kranken Jungen zu ihm bringt, beschwört Jesus den Vater:
„Wenn du doch glauben könntest! Alle Dinge sind möglich dem, der glraubt."
Der Vater des Jungen antwortete unter Tränen: „Ich glaube ja, Herr, hilf meinem Unglauben." (Mk 9, 23-24) Dieses bisschen ungläubigen Glaubens genügt. Jesus „ergreift den Jungen bei der Hand, richtet ihn auf; und er stand auf." Noch stärker sprechen die Geschichten der kranken Frauen: Da ist die „blutflüssige Frau" (Mk 5, 25 ff). Sie schleicht sich durch die Menge von hinten an Jesus heran und fasst seinen Rock an: „Wenn ich nur sein Kleid anrühre, würde ich gesund werden" sagt sie sich. Sie macht durch ihre körperliche Berührung Jesus „unreine", wie man damals dachte, holt sich aber ihre eigene Heilung von ihm. Jesus „fühlte alsbald an sich selbst die Kraft, die von ihm ausgegangen war." Er sieht sie an und sagt: „Meine Tochter, Dein Glaube hat dich gesund gemacht, geh hin in Frieden."

Wenn wir diese verschiedenen Perspektiven vergleichen, stellen wir fest: Jesus nimmt Krankheit aus der Perspektive der kranken Mschen wahr. Er therapiert nicht Krankheiten, sondern heilt kranke

Menschen. Er setzt auf die Heilkraft des Heiligen Geistes, aus der er lebt und wirkt, und auf die Kraft des menschlichen Glaubens. Er sieht Menschen in der Dimension „vor Gott" und in dieser Dimension sieht Jesus uns im Kampf zwischen dem Lebensgeist des kommenden Reiches Gottes und dem Todesgeist der quälenden „Dämonen", der Ängste und Triebe, die uns die Freiheit rauben und uns krank machen.

2. Gesundheit in verschiedenen Perspektiven

Hier können wir die verschiedenen Begriffe nicht einzelnen Personengruppen zuordnen. Es handelt sich vielmehr um vorstellungen von Gesundheit, die ferner oder näher zum menschlichen Personkern liegen.

a) Sigmund Freud und andere definierten Gesundheit als „Arbeits- und Genussfähigkeit." Ist ein Mensch in seiner Arbeitsfähigkeit beeinträchtigt und in seiner Genussfähigkeit behindert, gilt er als „krank." Sind beide Fähigkeiten wieder hergestellt, kann er als „gesund" bezeichnet werden. Diese schlichte, aber gebräuchliche Definition von Gesundheit entspricht exakt der industriellen Leistungsgesellschft, die ihre zentralen Werte auf Produktion und Konsum ausrichtet. Vormoderne Gesellschaften und außereuropäische Kulturen pflegen andere Werte und haben darum andere Begriffe von Gesundheit, z.B. soziale Begriffe. Das tritt bei der Ausbreitung westlicher Medizin in Asien und Afrika besonders deutlich in Erscheinung. Auch in der westlichen Welt macht diese Gesundheitsdefinition viele Menschen nicht gesund, sondern krank, stigmatisiert sie und macht sie im Alter „wertlos" und zu „überflüssigen Menschen."

b) Die internationale World Health Organization hat eine erweiterte Definition aufgestellt: „Gesundheit ist ein Zustand des vollkommenen körperlichen, geistigen und sozialen Wohlbefindens und nicht nur das Fehlen von Krankheit und Gebrechen." Dies ist eine Maximaldefinition, die in der Negation gut ist, in der Position aber weit über das Menschenmöglich hinausgeht. Gilt nur der „gesund", der sich im Zustand vollkommenen und allseitigen Wohlbefindens befindet, dann sind alle Menschen mehr oder weniger krank, denn sie alle existieren nicht im Paradies. Gemessen an dem Ideal „sozialen Wohlbefinden" gibt es keine „gesunden" Gesellschaften, die solches garantieren können. An Hand dieses Ideals steigen die Ansprüche der Menschen an die Gesundheitssysteme ins unermessliche. Das Ideal des allseitigen Wohlbefindens, ist eine Utopie und nicht einmal eine besonders humane Utopie. Es ist die Utopie von Leben ohne Leiden, vom Glück ohne Schmerz und einer Gemeinschaft ohne Konflikte. Es ist die Utopie vom Leben ohne Sterben, denn nur ein unstebliches

Leben könnte „vollkommenes Wohlbefinden" geben.

Gesundheit und körperliche wie geistige Unversehrtheit sind in der Tat Menschenrechte, auf die jeder Mensch Anspruch hat.

Aber ein „Zustand" beschreibt nicht die gesunde Lebenskraft zum Menschsein. Wird Gesundheit als ein erreichbarer Zustand beschrieben, erweckt sie unerfüllbare Ansprüche der Menschen an sich selbst, wie der gegenwärtige Trend in den reichen Ländern zum Fitnesskult, Diätwahn, Anti-aging-Maßnahmen usw. zeigt. Ansprüche an das Gesundheitssystem wachsen und entlasten sie von der eigenen Verantwortung für ihren Zustand. Muss nicht eine Gegenbewegung zur Rettung der Menschlichkeit darin einsetzen, dass Gesundheit und Krankheit wieder personalisiert und Altern und Sterben als Teile des Lebens akzeptiert werden? Dieser Vorschlag führt zu anderen Definitionen der Gesnudheit.

c) Sieht man Krankheit nur als Funktionsstörung bestimmter körperlicher Organe an, dann ist Gesundheit ein störungsfreier Zustand. Schwere und lange Krankheiten betreffen aber den ganzen Menschen. Gesundheit heißt in dieser Perspektive „nicht die Abwesenheit von Störungen, sondern die Kraft, mit ihnen zu leben." Gesundheit ist hier kein Zustand, sondern „die Kraft zum Menschsein" in gesunden und in kranken Zuständen. Diese seelische

Kraft, wie man früher sagte, zeigt sich in der Fähigkeit zum Glück und zum Leiden, zur Freude und zur Trauer, aufs Ganze gesehen, in der Kraft zur Annahme des Lebens und zur Hingabe des Lebens. Es ist, theologisch gesprochen, die Bejahung des Lebens und des Sterbens im großen Ja Gottes, die Annahme von Leben und Tod im weiten Raum Gottes. Gesundheit und Krankheit sind in diesem Verständnis nicht immer Gegensätze. Es gibt Menschen, die im Umgang mit ihrer Krankheit sehr gesund sind und Gesundheit ausstrahlen.

Wird dagegen Gesundheit als Zustand allgemeinen Wohlbefindens als gängige menschliche Einstellung verbreitet, dann können krankhafte Einstellungen der Menschen zu ihren gesunden und kranken Zuständen entstehen, weil Menschsein dann mit Gesundsein gleichgesetzt wird. „Hauptsache gesund", sagt man dann, und Krankheiten sollen nicht sein. Das kann dazu führen, dass Kranke aus dem öffentlichen Leben verdrängt werden und Krankheiten als Katastrophen angesehen werden, die dem Menschen Selbstvertrauen und Selbstwertgefühl rauben. Der moderne Gesundheitskult, Wellness-Religion, produziert dann genau das, was er überwinden will, nämlich die Angst vor dem Kranksein. Anstatt Krankheit und Gebrechen zu überwinden, entwirft er ein Ideal von allgemeinem Wohlbefinden, aus dem Kranke und Gebrechliche ausgeschlossen sind. Wenn sich dann Gesunde von Gebrechlichen und Behinderten, Alten und Arbeitsunfähigen abwenden, verurteilen sie diese zum "sozialen Tod." Beziehungen zu ihnen werden abgebrochen und ihre Wertlosigkeit wird angeprangert. Was der Gesundheit des Lebens dienen sollte, macht die Ausgeschlossenen krank. Die Gesundheitsdefinition der World Health Organization ist darum so missverständlich, weil in ihr von allem, aber nicht vom Tod die Rede ist. Wenn aber nicht an das Sterben des Menschen gedacht wird, ist jede Gesundheitsdefinition illusionär. Wie Geborenwerden so ist Sterben ein Teil des Lebens.

Schwere Krankheiten führen oft in Lebenskrisen hinein. Unter solchen Lebenskrisen verstehen wir Sinnkrisen. Der Kranke versteht sien Leben nicht mehr, weil das Kranksein ihm die bisherigen Vertrauensgrundlagen seines Lebens entzieht, auf die er sich verlassen hatte. Er oder sie reagieren darauf mit Wut auf sich selbst und Aggression gegen andere und fallen zuletzt in tiefe Resignation und Apathie. Wenn man spürt, dass man sein Vertrauen nicht mehr auf seine Gesundheit, seine Tüchtigkeit oder Schönheit setzen und sein Selbstwertgefühl nicht mehr aus seiner Leistung oder seiner Lust gewinnen kann, bricht man zusammen oder man gewinnt die Kraft zum Leben aus einem größeren Vertrauen und einer tieferen Selbstachtung.

Eine Lebenskrise dieser Art bietet die Chance, das Vertrauen des Herzens von den bedrohten und entzogenen Gütern abzuziehen und auf tragfähigen Boden zu stellen. Jene Selbstgerechtigkeit, die durch die Eitelkeit guter Werke und dem eigenen Leistungsstolz aufgebaut wird, findet sich auch in der Selbstgerechtigkeit, die durch das Vertrauen auf die eigene Tüchtigkeit entsteht und zum angstvollen Kult um die eigene Gesundheit führt.

Menschliches Leben ist kein Mittel zum Zweck, es lebt, weil es gelebt wird. Man muss nicht „gebraucht" werden, um sinnvoll zu leben. Leben ist in sich selbst gut, weil es von Ewigkeit her geliebt, bejaht und gerechtfertigt ist. Es bedarf keiner Selbstrechtfertigungen, weil es die große Angst um das Selbst nicht geben muss. Die „Kraft zum Menschsein", von der wir gesprochen haben, ist die große Bejahung durch Gott, in die hinein man leben und sterben kann. Menschliches leben wird menschlich als angenommenes, bejahtes und geliebtes leben, darum kann man es selbst in seiner Endlichkeit annehmen und in seiner Gebrechlichkeit lieben. In diesem Glauben erfahren Menschen eine große Freiheit gegenüber den Wechselfällen des Lebens. Das ist der „einige Trost im Leben und im Sterben", von dem der Heidelberger Katechismus spricht. Man wird daraus folgern können, dass dem Leben nicht dient, was im Sterben nicht tröstet.

3. Gesundheit in der Perspektive Jesu

„Alle, die ihn anrührten, wurden gesund." (Mt 14, 36) „Dein Glaube hat dich gesund gemacht." (Mk 5, 34) Was heißt nach den Evangelien „gesund" und „gesundmachen"? Das Besondere in den Heilungen Jesu und im Glauben liegt nicht nur in der Rückkehr der Funktionstüchtigkeit, dass also die Blinden sehen und die Stummen reden und die Lahmen wieder gehen können, auch nicht nur in der Rückkehr aus einem kranken Zustand in die Normalität, wie das Wort: „Die Gesunden brauchen des Arztes nicht" denken lässt, sondern zuerst im Ganzwerden. Jesus macht das Kaputte „heil", er macht es ganz. Ricarda Huch nannte Jesus darum den „Ganzmacher." Ein ganzer Mensch zu werden, ergreift Seele und Leib. Ganzwerden heißt Englisch auch „becoming whole" und das ist mit „holy", heilig, verwandt. Die Ganzheit eines Menschen bedeutet Harmonie seiner Organe und seiner Seele, und diese Harmonie besteht in der Einigkeit des Menschen mit sich selbst.

Da aber kein Mensch wie Robinson auf einer Insel lebt, ist diese Einigkeit mit sich selbst auf die Anerkennung durch andere Menschen angewiesen. Werde ich geschätzt und anerkannt, kann ich im Frieden mit mir selbst sein. Werde ich geliebt, kann ich mich selbst lieben. Werde ich geachtet, kann ich mich selbst achten. Weil ich in verschiedenen Sozialbeziehungen existiere und mich selbst in vielfältigen Perspektiven erkenne und meine Lebensgeschichte sich seit meiner Geburt verändert, ist die Kategorie des Ganz-seins eigentlich eine theologische Kategorie: Allein Gott sieht mich in meiner Ganzheit (Psalm 51).

Nur Gott sieht mich, wie ich war und wie ich geworden bin. Im Gedächtnis Gottes ist meine Lebensgeschichte präsent. Werde ich von Gott anerkannt und geliebt, dann bin ich im Frieden mit mir selbst und bin ein ganzer Mensch. Darum treibt Jesus die Dämonen aus, die den Menschen zerreißen und Teile des Menschen beherrschen. Wer besessen lebt, ist nicht er selbst; wer in Ängsten existieren, ist zerrissen. Menschen werden erst im Frieden Gottes „gut, ganz und schön" (Elisabeth Moltmann-Wendel). Darum gehören zu den Heilungen Jesu auch die Sündenvergebungen. In ihnen werden die quälenden Gewissensbisse und Selbstzweifel vertrieben, in ihnen wird das verunglückte Gottes-Verhältnis der Sünder durch Gott selbst zurecht-gebracht. Die Gegenwart des Gottesgeistes in der Person Jesu macht die Heilkraft seines Lebens und Versöhnungskraft seines Leidens aus. „Gesund" im Sinne Jesu sind die Menschen des Friedens, die gottgeliebten Menschen: „saved and sound."

4. Krankheit und Gesundheit als Christuserfahrungen

Ich habe dargestellt, wie sehr unsere innere Einstellungen zu Krankheit und zu Heilungen Krankheitsverläufe und Gesundungen beeinflussen. Zum Schluss möchte ich fragen, wie wir im Glauben an Christus unsere Krankheiten und unsere Heilungen erleben. Weil aber der Glaube beides auf uns selbst bezieht, frage ich lieber, welche Christuserfahrung wir im Kranksein machen und welche Christuserfahrung in unseren Heilungen verborgen liegen. Christus ist auch bei uns, wenn unser Glaube schwach wird. Christus ist auch bei denen, die nicht glauben. Christus ist da, bevor wir an ein Krankenbett treten. Nicht wir bringen Christus zu den Kranken, wir entdecken ihn zusammen mit den Kranken.

a) „Fürwahr, er trug unsere Krankheit und lud auf sich unsere Schmerzen" (Jes 53, 4) sagt der Prophet Jesaja vom leidenden Gottesknecht, den Christen von Anfang an im leidenden und gekreuzigten Jesus gesehen haben. Also erfahren wir in unseren Krankheiten nicht nur uns selbst als Erkrankte, sondern auch Jesus „der unsere Krankheit trug." Also erfahre ich in meinen Schmerzen nicht nur mich als Gequälten selbst, sondern auch Jesus, der meine Schmerzen auf sich geladen hat. Das heißt doch: meine Leidenszeiten führen mich tief in seine Passion hinein. An dem, was ich erleide, nehme ich wahr, was Jesus erlitten hat. Jede im Glauben bewusste Krankheitserfahrung führt uns immer tiefer in die Christuserkenntnis hinein. Wir erfahren nicht nur Christus bei uns, sondern auch uns bei Christus. Unsere Schmerzen bringen uns bei Christus. Unsere Schmerzen bringen uns in seine Schmerzen. Er ist bei uns, wir sind bei ihm.

Das ist auf wunderbare Weise auf dem Isenheimer Altar von Matthias Grünewald in Colmar zu erkennen: Er stand einst in einem Hospital für Pestkranke. Die Todkranken sahen ihre Pestbeulen auf dem Leib des verrenkten und gekreuzigten Christus. Er trug ihre tödliche Krankheit und sie nehmen an seinen Schmerzen teil. Das offenbart eine tiefe Christusgemeinschaft im Kranksein.

Und noch etwas ist hier wichtig: Das Tragen. Das ist eine alte Gotteserfahrung Israels: Gott ist nicht wie ein allmächtiger Herrscher vom Himmel her, sondern eher wie ein geduldiger Knecht, der sein Volk trägt und auf seine Schultern legt. Unser Gott ist ein Gott, der trägt (D. Bonhoeffer). Im Auszug der Kinder Israels aus der Knechtschaft in Ägypten ist Gott nicht nur der, der voran geht, sondern der, der sein Volk trägt. Welche Bilder werden dafür verwendet?

Ein weibliches Bild: „Trag es in deinen Armen wie eine Mutter ihr Kind trägt, in das Land, das du ihren Vätern versprochen hast." (4 Mos 11, 12)

Dann ein männliches Bild: „Du hast gesehen, wie der Herr, dein Gott, dich getragen hat, wie ein Mann seinen Sohn trägt, durch alle Wege, die ihr gewandert seid." (5 Mos 1, 31)

Gott ist ein Gott, der trägt, darum kann man sich auf ihn verlassen. Das ist auch ein Trost im Alter, wenn die eigenen Beine einen nicht mehr tragen: „Ja, ich will euch tragen bis zum Alter hin und bis ihr grau werdet. Ich will es tun, ich hebe und trage und errette." (Jes 46,3-4). Jochen Klepper hat daraus sein schönes Lied gemacht (EG 380):

> „Ja, ich will euch tragen,
> bis zum Alter hin.
> Und ihr sollt einst sagen,
> dass ich gnädig bin."

Je mehr einem im Alter die eigenen Kräfte verlassen, um so mehr spürt man, dass man getragen wird. Das ist eine ganz wunderbare Gotteserfahrung und viel mehr zu preisen als alle Altersbeschwerden, über die wir ständig klagen. Und wenn wir sterben, sterben wir in Jesu Tod hinein. Er geht mit uns in das „finstere Tal" und wir sind bei ihm in Gethsemane und auf Golgatha. Die Sterbeerfahrung ist eine Christuserfahrung, die wir nur im Sterben machen können. Darum ist sie einzigartig und einmalig. Leben und Sterben in weiten Raum Christi ist ein Trost, der uns trägt.

b) Wenn wir nach einer schweren Krankheit wieder gesund werden, wie erleben wir die Heilung? Als Rückkehr in unser Leben vor der Erkrankung oder als ein neu geschenktes Leben? Wäre es nur die Rückkehr in das alte Leben, dann hätten wir nichts gelernt. Spüren wir, dass ein neues Leben beginnt, dann erleben wir die Heilung als Ermutigung und als Ermächtigung (empowerment) zum neuen Leben. Dann ist die Heilung eine Auferstehungserfahrung. Calvin sage: Wir erleben viele Tode und viele Auferstehungen. In schweren Krankheiten ringen wir mit dem Tod, denn sie sind Vorboten des Sterbens. In jeder Heilung erleben wir einen Vorschein der Auferstehung der Toten.

Kranke brauchen Trost und Beistand und Geduld, um ihre Krankheit zu ertragen. Das ist bekannt. Dafür sind Krankenhausseelsorger, Krankenschwestern und Besuche der Familien da. Aber ebenso wichtig ist es, Heilung zu erfahren und zu erkennen, was man mit diesem neuen Lebensanfang machen soll. Aber dann sind die Kranken nicht mehr da. Ärzte sehen die Geheilten selten wieder. Nur in den Rehabilitationszentren geht es auch um die Ermutigung und Ermächtigung zum neuen Lebensanfang nach der Krankheit und nicht nur um die Wiederherstellung der Körperkräfte. Die wahre Rehabilitation heißt: Incipit vita nova. Heilung ist Ermächtigung zum Leben im Geist der Auferstehung Jesu Christi.

V. IM WEITEN RAUM DER FREUDE GOTTES

Von der Freude Gottes möchte ich heute sprechen. Zwar liegen vielen von uns die Tränen näher als das Lachen und die Klagen über das Unrecht in dieser Welt kommen uns leichter über die Lippen als die Lobgesänge. Zwar leiden viele Menschen heute darunter, dass sie Gott in ihrem Leben verloren haben und doch kommt alles Leben aus der Freude Gottes, ist im Glanz der göttlichen Freude lebendig und endet - wie kurz oder lang es auch war - mit dem Eingang in die Freude Gottes: „Geh, ein zu Deines Herrn Freude." (Mt 25,21.)

Ich werde im 1. Teil dieses Vortrags das Christentum als eine einzigartige Religion der Freude darstellen und im 2. Teil auf die Freuden und die Schmerzen des geliebten menschlichen Lebens eingehen.

1. Die Freude Gottes

Ich habe schon einmal eine Theologie der Freude geschrieben. Das war 1971 auf dem Höhepunkt des Vietnamkriegs und der weltweiten Empörung über ihn. Es geschah in der Mitte der studentischen Proteste und der Befreiungsbewegungen in der Dritten Welt. Der deutsche Titel hieß: „Die ersten Freigelassenen der Schöpfung. Versuche über die Freude an der Freiheit und das Wohlgefallen am Spiel." Der englische Titel war: „Theology and Joy", London 1973. Meine Frage war damals: Wie können wir lachen und uns freuen, wenn doch so viele Tränen abgewischt werden müssen uns täglich neue hinzukommen? „Wie kann ich des Herrn Lied singen in einem fremden Land?", klagt schon Psalm 137, und ein alter Black Spiritual fragt: „How can I play, when I'm in a strange land?" Wie kann einer hier lachen, wenn in Vietnam unschuldige Menschen getötet werden? Wie kann einer jetzt spielen, wenn in Afrika Kinder verhungern? Wie können wir in Europa tanzen, wenn in den Gefängnissen lateinamerikanischer Militärdiktaturen Menschen gefoltert werden und „verschwinden"? Leben wir nicht in einer Welt? Haben wir ein Recht zur Freude, wenn wir nicht für jene schreien, die nichts zu lachen haben? Damals ging das Stück „Anatevka" oder „Fiddler on the Roof" über unsere Bühnen. Es zeigt Tewje, den Milchmann, und seine jüdische Gemeinde in der Ukraine: Der Zar bedrückt sie mit hohen Steuern, ihre Söhne müssen in fremden

Heeren dienen, die Kosaken veranstalten Progrome, wann immer sie Lust auf eine Judenverfolgung bekommen. Und dennoch tanzt diese kleine Gemeinde der Unterdrückten und singt des „Herrn Lied im fremden Land." Wollen sie ihre hässliche Lage vergessen? Trösten sie sich mit schönem Klang über den Jammer hinweg? Oder gibt es das wirklich: Freiheit mitten in der Unterdrückung? Freude in allem Leiden? Gotteslob im Seufzen der Kreaturen?

Angeregt durch die „österliche Freude" der orthodoxen Liturgie will ich 40 Jahre später nicht fragen: Wie kann ich des Herrn Lied singen im fremden Land?, sondern: Wie kann ich das Loblied Gottes in seiner Gegenwart singen, bildlich gesprochen: In der Wärme seines leuchtenden Angesichts? Ich setze den Kontrast von 1971 voraus, denn er ist weltweit gesehen nicht geringer geworden, aber ich will jetzt die positiven Dimensionen der „großen Freude" in den weiten Räumen des Gottes ermessen, der uns näher ist, als wir denken, und unser Leben weiter macht, als wir ahnen. Freude ist Kraft zum Leben, zur Liebe, zum schöpferischen Anfang, sie macht uns wach und von innen heraus lebendig: Wie erfahren wir diese Kraft in der Gegenwart des auferstandenen Christus? Wie stimmen wir unser Leben auf die unermessliche Freude Gottes ein? Sind wir überhaupt glücksfähig?

a) Es ist nach dem Alten Testament die Zuwendung Gottes

zum Menschen und seine umfassende Gegenwart, die Freude hervorrufen:

> „Du tust mir kund den Weg zum Leben,
> vor dir ist Freude die Fülle
> und Wonne zu deiner Rechten ewiglich." (Ps 16,11)

Diese lebendigmachende Gegenwart Gottes wird oft mit dem „leuchtenden Angesicht" Gottes beschreiben. Von dem leuchtenden Angesicht Gottes geht der Segen aus, der das Leben zu einem erfüllten Leben macht und zu einem festlichen Leben erhöht.

Freude wird erstaunlicherweise auch mit dem komischen Gericht Gottes verbunden. Wenn Gott kommt, um die Erde „zu richten", wird Freud die Natur der Erde zum Blühen bringen:

> „Es freue sich der Himmel und die Erde sei fröhlich,
> man sage unter den Heiden, dass der Herr regiert.
>
> Das Meer brause und was darinnen ist,
> das Feld sei fröhlich und alles, was darauf ist.
> Es sollen jauchzen die Bäume im Wald vor dem Herrn,
> denn er kommt zu richten die Erde."
>
> (1.Chron 16,31-33; Ps 96,11-13)

Wenn Gott kommt, um den Erdkreis zu richten, wird Freude die ganze Schöpfung ergreifen.

Wenn Gott zu Menschen kommt, tritt eine Wende ein. Gott selbst wendet sich von seinem „verborgenen Angesicht" zu einem leuchtenden Angesicht. Diese Wende in Gott von der Abneigung gegen das Unrecht Meschen zur zuneigung seiner Gnade ruft bei den betroffenen Menschen die entsprechende Wende hervor:

> „Du hast meine Klage verwandelt in einem Reigen,
> du hast mir den Sack der Trauer ausgezogen
> und mich mit Freude gegürtet."(Ps 30,12)

> „Lass mich hören Freude und Wonne,
> dass die Gebeine fröhlich werden,
> die du zerschlagen hast.
> Verbirg dein Antlitz vor meinen Sünden.
> Und tilge alle meine Missetat."(Ps 51,11-12)

Wenn die „Erlösten des Herrn" wiederkommen werden, wird ewige Freude über ihrem Haupte" sein: „Freude und Wonne werden sie ergreifen, und Schmerzen und Seufzen werden entfliehen."(Jes 35, 10)

Gott selbst wird über die Erlösten „mit Jauchzen fröhlich sein":

„Er wird sich über dich freuen und dir freundlich sein,
er wird dir vergeben in seiner Liebe
und wird über dich mit Jauchzen fröhlich sein."
(Zeph 3,17)

Ist das nicht ein wunderbares Bild für die Herrlichkeit Gottes? Der sich über seine erlösten Geschöpfe freuende, der jauchzende und singende Gott?

Wir sehen aus dieser zusammenstellung aus den Psalmen und Propheten des Alten Testaments einen großen, wunderbaren Einklang der Freude Gott - der Freude der Erde - und der Freude der Erlösten.

b) Wie erreicht die Freude Gottes die Menschen? Lukas interpretiert Jesu erstaunliches und von den Parisäern öffentlich gerügtes Verhalten gegenüber „Sündern und Zöllnern": „Dieser nimmt die Sünder an und isst mit ihnen", durch drei Gleichnisse: das verlorene Schaf, der verlorene Groschen und der verlorene Sohn (Lk 15,1-32). Seine theologische Deutung lautet bei dem gefundenen Schaf und dem gefundenen Groschen:

„So wird Freude im Himmel sein
über einen Sünder, der Buße tut,
mehr als über neunundneunzig Gerechte,
die der Buße nicht bedürfen." (Lk 15,7.10)

Diese Theologie stimmt nicht ganz, denn erstens hat Jesus Sünder und Zöllner ohne Bedingungen angenommen und keinesfalls nur mit bußfertigen Sündern gegessen, zweitens konnte das verlorene Schaf nichts zu seiner Auffindung beitragen und der gefundene Groschen erst recht nicht. Die „Freude" liegt zuerst bei dem Finder:

„Und wenn er es gefunden hat,
so legt er es sich auf die Schultern voller Freude." (15,5)

Es handelt sich um Gleichnisse für die Finderfreude Gottes, die Jesus an den „Verlorenen" seiner Gesellschaft demonstriert hat.

Allein der „verlorene Sohn" tut Buße, des heißt: er kehrt um auf seinem Weg, der ins Verderben geführt hat, und will vor seinem Vater sagen: „Vater, ich habe gesündigt gegen den Himmel und vor dir" (15, 18). Aber bevor er dieses „Sündenbekenntnis" machen kann, kommt ihm der Vater entgegen:

„Als er aber noch weit entfernt war, sah ihn sein Vater, und es jammerte ihn, er lief und fiel ihm um den Hals und küsste ihn." (15,20)

Erst daraufhin bekennt der gefundene Sohn seine Verlorenheit, doch den Vater kümmert sein Bekenntnis nicht, denn

„Mein Sohn war tot und ist wieder lebendig geworden,
er war verloren und ist gefunden worden.
Und sie fingen an, fröhlich zu sein." (15,24)

Die Aktivität liegt allein bei dem suchenden und findenden und sich freuenden Gott, weil die „Verlorenen" ganz gleich, wo sie sind und wie sie dahin gekommen sind, sein Eigentum sind. Man hat den Eindruck, es macht Gott Freude, die Verlorenen zu suchen, und es beglückt ihn, sie zu finden. Den Verlorenen selbst bleibt wie den Nachbarn und dem älteren Bruder des verlorenen Sohnes die Mitfreude mit Gott. Das ist für die Gefundenen auch spontan und selbstverständlich, aber für die Nachbar und die „neunund-neunzig Gerechten" ist Mitfreude selten.

Das Ereignis des Findens eines Verlorenen ist wie ein Lebendigmachen von Toten. Sich daran zu freuen, ist das Einstimmen in die Freude Gottes, an wem auch immer dieses geschieht. Es ist ein Begrüßen des Lebens, wo Verderben herrschte. Darum ist Freude nicht nur ein „Ausdruck" des Glaubens.

Glaube selbst ist Freude. Paulus schreibt den Korinthern: „Wir sind nicht Herren eures Glaubens, sondern Gehilfen eurer Freude." (1 Kor 1, 24) und aus dem Gefängnis schreibt er an Philipper: „Freut Euch in dem Herrn allewege... der Herr ist nahe." (4,4.5)

c) Moderne Religionstheorien siedeln Religion gern im Unglück des Volkes an: Religion ist „der Seufzer der bedrängten Kreatur" oder „das Opium des Volkes" sagte Karl Marx. Erst „Not lehrt Beten." In Wahrheit aber ist Religion das Fest des Lebens und Beten ist zuerst das Jubeln über das Glück des Daseins.

Im Fest wird Leben dargestellt, nicht hergestellt. In den Darstellungen des Lebens vor den Göttern werden die Erfahrungen des Lebens zum Ausdruck gebracht. Es gibt keine Erfahrungen ohne den adäquaten Ausdruck dieser Erfahrungen. In den Festen der Religionen kommt ein „demonstrativer Seinswert" zum Ausdruck. Der ist zwar nicht notwendig, aber es ist sinnvoll, die Freude am Dasein im Rühmen, Danken und Jubeln durch Musik und Tanzen zum leibhaftigen Ausdruck zu bringen. Im Fest des Lebens wird die Seele „erhoben": sursum corda. Sie wird in den weiten Raum Gottes, auch „Himmel" genannt, erhoben. Das Fest des Lebens beschwingt die Seele und setzt ungeahnte Kräfte frei, es erneuert das Leben aus seinem transzendenten Ursprung heraus.

Wenn wir es recht bedenken, kommen wir zu dem überraschenden Ergebnis: Das Christentum ist eine einzigartige Religion der Freude. Es lebt der christliche Glaube in seinen Festen: Weihnachtsfreude und Osterherrlichkeit, Weihnachtslieder und Osterlachen, Menschenwerdung Gottes und Auferstehung des Menschen.

Aber das universale Zeichen des Christentums ist doch das Kreuz, ein Symbol für den Schmerz, das Leiden und den grausamen Tod. Wie passt das zusammen? Sind die Freude und der Schmerzen Gegensätze, die sich ausschließen, oder gehören sie zusammen?

- Das Christentum beginnt mit Weihnachten. Als Maria schwanger wird, singt sie:

> „Meine Seele erhebt den Herrn,
> und mein Geist freut sich Gottes, meines Heilands."
> (Lk 1,46)

Als ihr Kind in Bethlehem geboren wird, kommen die Engel des Himmels zu den armen Hirten auf dem Feld:

> „Siehe, ich verkündige euch große Freude,
> denn euch ist heute der Heiland geboren." (Lk 2,10)

Diese Geburt des göttlichen Kindes findet nach Vorstellung der Ostkirche nicht in einem menschengemachten Stall, sondern in einer Erdhöhle statt: Er ist auch der Heiland der Erde. Jesus wird aus der überschwenglichen Freude Gottes geboren, an ihm hat Gott „Wohlgefallen", er bringt die „große Freude" zu den Menschen, zuerst zu den einsamen, frierenden Hirten auf dem Feld. Darum singen wir noch heute und weltweit fröhliche Weihnachtslieder und beschenken uns gegenseitig, um unsere Freude zum Ausdruck zu bringen:

>„O du fröhliche, o du selige Weihnachtszeit.
>Welt ging verloren, Christ ward geboren..."

Oder

>„Joy to the world! The Lord is come:
>Let earth receive her king."

Weihnachten ist das zentrale Fest der westlichen Christenheit.

-Ostern ist das zentrale Fest der östlichen Christenheit. Die Auferstehung Christi und die Erscheinung des ewigen Lebens auf dieser Erde in ihm sind der unerschöpfliche Grund für den Osterjubel.

Im Loblied (doxastikon) des Ostertages heißt es:

> „Der Auferstehung Tag
> Licht lasst uns werden an diesem Fest.
> Und lasst uns einander umarmen.
> Lasst uns zu denen, die uns hassen, sprechen:
> Um der Auferstehung willen wollen wir alles
> verzeihen, und so lasst uns rufen:
> Christ ist auferstanden von den Toten."

Nach dem Kanon des Johannes von Damaskus singt die Kirche:

> „Alles quillt über von Licht.
> Himmel und Erde, selbst die unterirdische Welt.
> Jegliche Schöpfung feiere Christi Erweckung froh.
> In ihr erst ist sie gefestigt."

Die Osterfreude ist nach alttestamentlichem Vorbild auch die Freude der Erde. Darum wird das Fest im Frühling gefeiert, im europäischen Frühling, als Zeichen für den Frühling der neuen, ewigen Schöpfung.

-Die Erfahrung endlich des göttlichen Geistes im Leben der

Menschen wird zu Pfingsten mit vielen glücklichen Liedern besungen. Pfingsten ist das zentrale Fest der neuen pentecostal churches weltweit. Wenn immer im Neuen Testament von dieser Erfahrung gesprochen wird, taucht das Wort von der Freude auf, denn es ist der Geist des Lebens, der Menschen zu einem neuen, wachen und intensiven Lebensgefühl erweckt. Es ist ein nachhaltiges Lebensgefühl, das die Seele und die Sinne für die Nähe Gottes im gelebten Leben öffnet.

„Mein Leib und meine Seele freuen sich
in dem lebendigen Gott." (Psalm 84,3)

Es sind darum nicht nur „geistliche" Freuden, sondern auch die Freuden der Sinne:

„Du erweckst mir alle Sinne..."

Man muss darum nicht zwischen geistlichen und sinnlichen Freuden unterscheiden, sie gehören zusammen, wohl aber muss man unterscheiden zwischen Lebensfreude und zerstörerischen Süchten, die im Neuen Testament auch „fleischliche Lüste" genannt werden.

-Doch wie ist es mit den zentralen Feiertag der lutherischen

Christenheit, am Karfreitag? Hier wird zuerst der Passion Jesu gedacht und seinem Sterben am Kreuz. Sein Leiden mit uns und für uns erweckt ein tiefes Mitgefühl mit Jesu Qualen am Kreuz und eine Compassion mit der Passion Gottes in ihm. Darum singen wir:

> „O Haupt voll Blut und Wunden,
> voll Schmerz und voller Hohn
> O Haupt, zum Spott gebunden
> mit einer Dornenkron..."(EG 85,1)

Es ist eine Anteilnahme an Jesu Schmerzen, der teilnimmt an unseren Schmerzen. „Die Bibel weist den Menschen an die Ohnmacht und das Leiden Gottes; nur der leidende Gott kann helfen", schrieb Dietrich Bohnhoeffer in seiner Gefängniszelle 1944 und dichtete:

> „Menschen gehen zu Gott in Seiner Not,
> finden ihn arm, geschmäht, ohne Obdach und Brot,
> sehn ihn verschlungen von Sünde, Schwachheit und Tod.
> Christen stehen bei Gott in Seinem Leiden."

Der Gott, der sich freuen kann, kann auch leiden. Der Gott, der Glück und Seligkeit erfährt, empfindet auch Schmerzen und

Kummer. Ein Gott, der nicht leiden kann, kann auch kein Gott der Freude sein. Weil beides in Gott zu finden ist, singen wir am Karfreitag auch:

> „In dir ist Freude
> in allem Leide..."

2. Die Freude und der Schmerz des menschlichen Lebens

Damit wechseln wir von der Theologie der Freude zur Anthropologie der Freude, zu joy und happiness und zur menschlichen Glückseligkeit. Wir behalten aber die Freude Gottes an den erlösten Menschen und die Freude der Menschen am lebendigen Gott als Maßstab vor Augen. Wenn wir das tun, kann Freude kein äußerliches, vorübergehendes Gefühl sein, sondern muss etwas sein, was nur „mit ganzem Herzen, ganzer Seele und mit allen Kräften" erlebt werden kann. Mit halbem Herzen und abwesender Seele kann man sich nicht gut freuen.

a) Dafür ist die Unterscheidung von Freude und Spaß, joy und fun, hilfreich. Wir leben in den reicheren Gesellschaften der Erde und in ihren aufstrebenden Mittelschichten in einer Spaßgesellschaft: Ich will meinen Spaß im Leben haben, sagen die jungen Leute, die es sich leisten können, und „machen Party", vorzugsweise in Discos zu einer Musik, die so laut ist, dass man sein eigenes Wort nicht versteht, aber man soll auch gar nicht reden und zuhören, sondern jede und jeder soll in der tanzenden Menge für sich selbst „außer sich sein." Hat man so „seinen Spaß" gehabt, wird man keineswegs satt und zufrieden, sondern hungrig nach immer mehr Spaß. Das Leben soll eine Party ohne Ende sein. Die älteren Reichen haben ihre Cocktail-Party, auf der man Höflichkeiten und Nettigkeiten austauscht und sich gegenseitig belauert. Man lernt nicht mehr, selbst Feste zu feiern, man bemüht sich auch gar nicht mehr: Man engagiert Animateure für die gelangweilten Seelen, und bezahlt Entertainer, um sich unterhalten zu lassen, weil einem selbst nichts einfällt.

Der Abstand von der Freude zu diesem Spaß ist ähnlich weit wie vom Glück zum Glücksspiel oder von einem gelingenden Leben zum Lotteriegewinn. Echte Freude ist ein Lebensgefühl, Spaß ist ein oberflächliches Erlebnis. Freude ist anhaltend und nachhaltig und prägt die ganze Lebenseinstellung, Freude ist eine erfüllte Zeit, Spaß ist „kurzweilig" und dient dem „Zeitvertreib", wie man sagt. Das Lebensgefühl hinter der „party-making fun-society" ist vermutlich die Langeweile und eine gewisse Verachtung des Lebens. Echte Freude beschwingt die Seele, lässt Beziehungen gelingen, macht das Herz leicht und die Glieder beweglich, mobilisiert ungeahnte Kräfte und stärkt die Zuversicht. Echte Freude ergreift das Sein des

Menschen, vermehrt aber nicht seine Habseligkeiten. In der Freude kommt die ekstatische Natur der menschlichen Existenz zu ihrem wahren Ausdruck. Wir sind für die Freude geboren.

b) Auf der anderen Seite wird die Freude am Leben und das Glücklichsein damit in Frage gestellt und ihnen das Recht abgesprochen, dass die Schmerzen und die Verzweiflungen vielen Menschen näher liegen als die Freude und das Glück. Man sagt: Die Trauer ist tiefer als die Freude, der Schmerz wiegt schwerer als das Glück, das Weinen liegt uns näher als das Lachen, denn das menschliche Leben gleicht eher einer Tragödie als einem Freudenspiel. Besonders die Deutschen waren nach zwei verlorenen Weltkriegen und unsagbarer staatlicher Kriegsverbrechen eher ins Scheitern verliebt als ins Gelingen. Im 20. Jahrhundert breitete sich in Europa ein „tragisches Lebensgefühl" (Unamuno) aus. Nach der „europäischen Urkata-strophe" des ersten Weltkriegs galten die existentialistische Literatur und Philosophie als realistischer als der Idealismus des 19. Jahrhunderts. Viele stürzten sich in den "Untergang des Abendlands" (Oswald Spengler). Die neudeutsche Freude an der „deutschen Erfolgsgeschichte" nach der Vereinigung des geteilten Vaterlands wirkt darum so künstlich, weil man glaubt, man müsse nun so positiv sein.

c) Schillers „Ode an die Freude" wurde in der Vertonung aus

Beethovens 9. Symphonie zur Europa-Hymne gemacht. Hat Europa das nach den Staatsverbrechen des 20. Jahrhunderts verdient? Kann Europa das in den kapitalistischen Krisen des 21. Jahrhunderts einlösen? Wir sehen sie uns genauer an:

> „Freude, schöner Gotterfunke
> Tochter aus Elysium.
> Wir betreten feuertrunken
> Himmlische, Dein Heiligtum.
>
> Deine Zauber binden wieder,
> was die Mode streng geteilt.
> Alle Menschen werden Brüder,
> wo dein sanfter Flügel weilt."

In der folgenden Strophe heißt es:

> „Duldet mutig, Millionen,
> duldet für die bessere Welt.
> Droben überm Sternenzelt
> wird ein guter Vater lohnen."

Die Weltharmonie der Freude wird in einer anderen Welt hergestellt, damit die „Millionen" das Leiden in dieser Welt geduldig ertragen und nicht revoltieren. Sind das die Kosten der idealen Menschheitsfreude?

Diese „Theodizee der Freude" hat schon bald Reaktionen des Protest-Atheismus hervorgerufen. Das sinnlose Leiden der „Millionen" kann nicht durch jenseitigen Lohn eines „guten Vaters" und dann noch „droben überm Sternenzelt" aufgewogen werden. Das Leiden ist der Fels des Atheismus, an dem der Freuden-Idealismus scheitert.

Dostojewski hat sich mit Schillers Freuden-Idealismus auseinandergesetzt und gegen dessen Troststrophe Iwan Karamasows bekannte Geschichte erzählt: „Ein kleiner Junge hatte beim Spielen unabeabsichtigt den Lieblingshund des Gutsbesitzers am Bein verletzt. Zur Strafe ließ der General den Jungen von seinem Jagdhunden vor den Augen seiner Mutter zu Tode hetzen und in Stücke reißen."

Iwan sagte dazu:

„Was für eine Harmonie ist das, wo es eine solche Hölle gibt? Und wenn die Leiden der Kinder verrechnet werden sollen zur Ergänzung der Summe der Leiden, welche zur Erkaufung der Wahrheit unerlässlich wäre, so will ich sagen, dass die ganze Wahrheit einen solchen Preis nicht wert ist ... Darum beeile ich mich, meine Eintrittskarte (in diese Welt) zurückzugeben. Nicht dass ich Gott nicht gelten lasse, aber ehrerbietigst gehe ich ihm meine Eintrittskarte zurück."

„Da behalte ich lieber die ungerächten Leiden" und empöre mich! Diese Welt, in der es solche Verbrechen und solche Leiden gibt, ist keine Gotteswelt. Sie werden auch nicht durch Lohn in der jenseitigen Welt ausgeglichen. Darum ist nicht die Freude ihr Angesicht, sondern Schmerz.

Aber sind Freude und Trauer, happiness and pain, Lachen und Weinen eigentlich Alternativen? Ich glaube nicht. Das Geheimnis des Lebens ist die Liebe. In der Liebe gehen wir aus uns heraus und setzen uns den Lebenserfahrungen aus. Darum werden wir nur in der Liebe glücksfähig, aber zugleich auch verletzbar, wir können uns freuen, aber wir werden auch traurig, wir können lachen und weinen. Je tiefer uns die Liebe in das Leben hineinführt, desto lebendiger werden wir, aber desto leidenserfahrener werden wir auch. Je lebendiger das Leben wird, desto tödlicher trifft und der Tod. Das ist die Dialektik des bejahten und geliebten Lebens.

Wir können leicht die Gegenprobe machen: Wenn wir nach einer Enttäuschung oder einem Misslingen resignieren und die Liebe in uns zurückziehen, verlieren wir das Interesse am Leben und werden apathisch. Dann spüren wir die Schmerzen nicht mehr, aber wir leben auch nicht mehr. „Nimm Dir nichts vor, dann schlägt Dir nichts fehl," sagt ein zynisches, norddeutsches Sprichwort, Es ist uns alles egal geworden. Wir sind seelisch erschlafft und bekommen ein Herz aus Stein. Wir werden unberührbar, aber berühren auch nichts mehr. Diese seelische Erstarrung ist ein Schritt zum Sterbe der Person.

Darum sind Schillers „Ode an die Freude" und Dostojewskis Empörung über das unschuldige Leiden eines einzigen Kindes keine Gegensätze. Die Freude am Glück eines Lebens führt uns spontan in die Empörung über das zerstörte Leben der „Millionen", denn der Protest gegen das Leiden in dieser Welt ist nichts anderes als die heiße Sehnsucht nach einer glücklichen Welt der Freude. Sonst würden wir das unschuldige Leiden und das zerstörte Leben wie ein Schicksal hinnehmen. Dass wir uns aber damit nicht abfinden, das macht die Hoffnung auf eine andere Welt. Wir klagen nicht Gott wegen der Leiden in dieser Welt an, sondern protestieren im Namen Gottes gegen die Leiden und die es verursachen.

Zum Schluss fragen wir: Was ist ursprünglicher und tiefer, die Freude oder der Schmerz, das Leben oder der Tod?, und antworten: Das Dasein ist ursprünglicher als das Nichtsein; das Leben ist mehr als der Tod: zuerst kommt die Liebe, dann die Trauer, und die Hoffnung geht der Verzweiflung voraus. Darum ist die Freude ursprünglicher und tiefer als der Schmerz. Im Schmerz wollen wir, dass vergeht, was wir erleiden. In der Freude wollen wir, dass bleibt, was uns so glücklich macht. Darum sprach „Zarathustra" nach Friedrich Nietzsche:

> „Lust - tiefer noch als Herzeleid!
> Weh spricht: Vergeh!
> Doch alle Lust will Ewigkeit -
> will tiefe, tiefe Ewigkeit!"

Warum ist das Christentum eine einzigartige Religion der Freude, obwohl in seiner Mitte das Leiden und Sterben Christi am Kreuz steht? Weil hinter Golgatha die Sonne der Auferstehungswelt aufgeht, weil der Gekreuzigte im Glanz des ewigen, göttlichen Lebens auf Erden erschienen ist, weil in ihm die neue, ewige Schöpfung der Welt beginnt. Das drückt der Apostel Paulus mit seiner Logik des Umwievielmehr aus; wo die Sünde mächtig ist, wird die Gnade noch viel mächtiger. (Röm 5, 20) Denn Christus ist gestorben, ja wie viel mehr auch auferweckt. (Röm 8, 34) Darum werden die Schmerzen in Freuden verwandelt werden und der zeitliche Tod in das Leben aufgehoben, das ewig ist.

> „Was aus Schmerzen kam, war Vorübergang/
> und mein Ohr vernahm nichts als Lobgesang."

VI. DIE HEILIGKEIT GOTTES UND DIE HEILIGUNG DES LEBENS

1. Lebensfragen

a) Welches Leben willst du führen?
So fragen junge Leute sich selbst und so werden sie oft von ihren Eltern und Lehrern gefragt. Worauf kommt es an? Was soll unter allen Umständen sein? Jedes Leben muss gelebt werden und jedes menschliche Leben muss bewusst gelebt werden. Man kann sich nicht treiben lassen, man muss sich entscheiden. Sammeln wir einige Antworten:

-Ich möchte ein glückliches Leben führen: Aber was ist Glück?

-Ich möchte ein erfolgreiches Leben führen: Aber ist Erfolg alles, worauf es ankommt?

-Ich möchte ein reiches Leben haben: Aber möchtest du nur finanziell reich werden oder auch an Erlebnissen oder an Anerkennung?

-Ich möchte ein gesundes Leben führen: So wünschen es jene, die Krankheit oder Behinderung erfahren haben. „Hauptsache gesund", sagen alte Menschen. Aber ist Gesundheit der Sinn des Lebens?

- Unter gebildeten jungen Leuten heißt es oft: Ich will mich selbst verwirklichen: Doch wenn man sich selbst nicht kennt, ist es schwer, sich selbst zu verwirklichen. Man muss sich selbst erst einmal finden. Aber findet man sich im Glück oder im Erfolg oder im Reichtum oder in der Gesundheit? Es ist doch ganz ungewiss, ob unser Selbst darin steckt.

-Oder willst du ein heiliges Leben führen und dich auf das Abenteuer eines Lebens mit Gott einlassen? Dann wirst du dich selbst in Gott finden und Gottes Spuren in deinem Leben entdecken. Und das ist mehr als Glück und Erfolg, Reichtum und Gesundheit. Wenn du dein Leben heiligen willst, dann denke nicht an die großen Heiligen wie Franz von Assisi oder Mutter Teresa, sondern beginne mit dir selbst und suche in deinen Lebenserfahrungen die Übereinstimmung mit Gott. Höre auf sein Wort und verantworte dein Leben. Begrüße jeden Morgen als ein Geschenk Gottes. Suche das Reich Gottes und seine Gerechtigkeit, so wird dir alles andere zufallen: Glück und Erfolg,

Reichtum und Gesundheit. Ist das nicht viel mehr als alles, was du dir wünschen kannst?

Wohl dem, der in Freiheit wählen kann, welches Leben er oder sie führen wollen.

b) Man muss auf Gottes Ruf antworten

Es ist uns nicht immer gegeben zu wählen, welches Leben wir erleben wollen. In meiner Jugend griffen die Politik und der Krieg tief in das persönliche Leben ein und ließ uns keine Wahl. Bishop Sundo Kim hörte im Koreakrieg in Todesnot den Ruf Gottes und hat ihn sofort verstanden und ist ihm gefolgt.[1] Mich hat Gott im Feuersturm, der meine Heimatstadt Hamburg 1943 zerstörte, gerufen. Ich überlebte, während Freunde neben mir starben, und ich fragte mich: „Warum muss ich leben und bin nicht tot wie die anderen?" Erst 3 Jahre später fand ich in der Bibel die Antwort und erkannte, dass Gott mich dort gerufen hatte. Mit meiner Antwort begann, die Heilung meiner verwundeten Seele und die Heiligung meines Lebens.[2] Ich kam aus dem Krieg und der Gefangenschaft zurück wie Jakob nach seinem Ringen mit dem Engel Gottes am Jabbokfluss „mit hinkender Hüfte, aber gesegnet." Ich wurde nicht nur Christ, sondern auch Theologe, um nicht nur mit Leib und Seele,

---

1) Bishop Sundo Kim, Hurt Turning into Glory, Wesley's Chapel Publications 2013.
2) Jürgen Moltmann, Weiter Raum. Eine Lebensgeschichte, Gütersloh 2006.

sondern auch mit dem Verstand in Übereinstimmung mit Gott zu leben. Gottes Wege mit uns Menschen sind nicht nur geheimnisvoll, sondern auch überraschend.

c) Das Heilige und die Dämonen der modernen Welt

Das Heilige scheint aus der modernen Welt verschwunden zu sein. Nach dem sakralen Zeitalter folgte „das säkulare Zeitalter", sagen manche Kulturhistoriker wie Charles Taylor.[3)] Derjenige Journalist gilt in Deutschland als „modern", dem „nichts mehr heilig" ist, der keine Tabus kennt und den Respekt verachtet. Doch das ist höchst gefährlich, denn wo das Heilige verschwindet, kehren die Dämonen ein und die sind tödlich. Die modernen Dämonen beanspruchen das Heilige für sich und erscheinen im Glanz göttlicher Macht. Sie fordern Glaube, Hingabe und Opfer. Ich spreche wieder persönlich:

Ich erinnere genau die erhabenen, religiösen Schauer, die mir den Rücken herauf und herunterliefen, wenn wir als Kinder bei Feierstunden der Nazis in der Schule das Lied sangen:

„Heilig Vaterland:
in Gefahren
Deine Söhne sich um dich scharen ..."

---

3) Charles Taylor, A Secular Age, Cambridge, M<äsi-2007.

Wir waren dann zum Sterben für unser Heiliges Vaterland Deutschland bereit: „Deutschland, Deutschland über alles in der Welt" Doch zur selben Zeit brannten auf dem Altar dieses Heiligtums schon die Feueröfen von Auschwitz, 6 Millionen Juden wurden ermordet, Millionen deutscher Soldaten wurden in jenem verbrecherischen Krieg geopfert. Das war die grauenhafteste Dämonie des 20. Jahrhunderts. Und es geschah im „säkularen Zeitalter." Die Dämonen des Nationalismus begannen den ersten Weltkrieg, die Dämonen des Stalinismus wüteten in Russland, die Dämonen des deutschen und japanischen Imperialismus wüteten im zweiten Weltkrieg. Menschenleben wurde nicht mehr heilig gehalten, sondern war nichts wert und wurde verbraucht und geopfert. Für wen? Für die Götzen der eigenen Macht. Warum gedenken die japanischen Premierminister am Yasukuni-Schrein nur ihrer eigenen Kriegstoten und nicht der Millionen ihrer Opfer in Südostasien, in China und Korea? Sind da immer noch die Dämonen des Nationalismus am Werk?

Heute sitzen uns die Dämonen des Kapitalismus/Konsumerismus im Nacken. Sie sind nicht mehr brutal, wohl aber sehr verführerisch. Sie heißen „Gier" und „Geiz" und machen uns zu Egoisten. Sie spalten unsere Völker in arm und reich und vertreiben die Solidarität und die Nächstenliebe. Welches Menschenbild wird durch Werbung und

Reklame verbreitet?

Wer sein Leben dem lebendigen Gott heiligt, wird mutig den Bedrohungen der modernen Dämonen widerstehen und immun werden gegenüber ihren Verführungen. Nur die Heiligung des persönlichen, sozialen und politischen Lebens vermag den modernen Dämonen der säkularen Gesellschaft zu widerstehen.

2. Die Heiligkeit Gottes

a) Das Wort „heilig" kommt exklusiv nur in der religiösen Sprache vor, aber in der Sphäre der Religionj ist es das am meisten gebrauchte Wort. Was ist damit gemeint?[4]

Mit heilig wird das Erhabene bezeichnet, das uns in Ehrfurcht zu Boden sinken lässt:

> „Gott ist gegenwärtig,
> alles in uns schweige,
> und sich innigst vor ihm beuge",

---

[4] Rudolf Otto, Das Heilige. Über das Irrationale in der Idee des Göttlichen und sein Verhältnis zum Rationalen, München (1917), München 1963. Mircea Eliade, Das Heilige und das Profane. Vom Wesen des Religiösen, Hamburg 1957.

heißt es in einem deutschen Kirchenlied von Gerhard Tersteegen.

Dazu gehört auch das Moment des Übermächtigen. Vor der Allmacht Gottes fühlt sich der Mensch „schlechthin abhängig", wie Friedrich Schleiermacher das religiöse Gefühl nannte. „Je klarer dem Menschen die Größe Gottes einleuchtet, desto kleiner fühlt er sich selbst."(Rudolf Otto).

Mit heilig wird auch das Ungeheuerliche, das Geheimnisvolle oder das „ganz Andere" Gottes bezeichnet, wie nach Rudolf Otto der dialektische Theologe Karl Barth betonte. Das ist das mysterium tremendum, vor dem der Mensch erschauert. Während uns alles andere in der Welt bekannt vorkommt, weil es uns gleicht, stehen wir vor dem Heiligen wie vor etwas Ganz-Anderem, das uns fremd ist und uns zutiefst verunsichert und uns Angst macht: „Wer Gott schaut, muss sterben" (2 Mos 33, 20). Das Heilige ist darum für Menschen das Unantastbare, von dem man besser die Finger lässt und den neugierigen Verstand zurücknimmt: „Und sie entsetzten sich", heißt es von den Frauen vor dem leeren Grab Jesu am Ostermorgen. (Mk, 16 5).

Mit heilig wird nicht zuletzt das Faszinierende bezeichnet, das uns in seinen Bann schlägt und uns nicht mehr loslässt. Das ist das mysterium fascinosum, das uns erstaunen lässt und zur Bewunderung veranlasst. „Und sie wunderten sich alle über das, was ihnen die Hirten gesagt hatten" heißt es in der Weihnachtsgeschichte (Lk 2, 18). Das wird noch gesteigert durch das religiöse Entzücken über die Offenbarung dessen, was „kein Auge gesehen, kein Ohr gehört, was in keines Menschen Herz gekommen", wie Paulus sagt (1 Kor 2, 5). Dieses Entzücken vollendet sich in Seligkeit, die mehr ist als alle irdischen Glückserfahrungen:

> „Des Glaubens Wesen ist ein Staunen nur,
> doch nicht um wegzusehen von Gott,
> nein, trunken am Freund zu hangen,
> ganz in ihn versunken",

dichtete der islamische Mystiker dschelal eddin (Otto. 52).

Wenn wir diese Eigenschaften des Heiligen zusammenstellen, wird klar, dass sie nicht nur auf die Sphäre des Göttlichen passen, sondern auch auf die Sphäre des Dämonischen: Erschreckend und faszinierend sieht uns nicht nur das Gute an, sondern auch das Böse, nicht nur das Leben, sondern auch der Tod.

b) Nach den biblischen Traditionen wohnt Gott nicht im Heiligen, sondern das Heilige in Gott. Nicht das von Menschen erfahrene oder gemachte Heilige ist Gott, sondern Gott allein ist heilig. Nicht das Heilige macht Gott, sondern Gott erweist sich als „der Heilige Israels." Gott ist heilig und mächtig, Gott ist heilig und gerecht, Gott ist heilig und barmherzig:

> „Heilig, heilig heilig,
> ist der Herr Zebaoth.
> Alle Lande sind seiner Herrlichkeit voll",

So sieht der Prophet Jesaja in seiner Vision Gott. Und dabei wird ihm seine eigene Situation klar:

> „Weh mir, ich vergehe!
> Denn ich bin unreiner Lippen
> und wohne in einem Volk von unreinen Lippen",

Und dann kommt der Engel mit einer glühenden Kohle und berührt seine Lippen zum Zeichen, „dass die Schuld von dir genommen und die Sünde vergeben wird." (Jes 6, 3, 7) Diese Rechtfertigung des unreinen Sünders ist die Voraussetzung für jede Heiligung.[5]

---

[5] Die Heiligung hat die Rechtfertigung des Sünders zur Voraussetzung und das Dasein in dieser Welt zur Bedingung. Davon war wie Martin Luther auch John Wesley überzeugt. Vgl. Theodore Runyon, The New Creation. John Wesley's Theology Today, Nashville 1998. Manfred Marquardt, Rechtfertigung und Heiligung aus evangelisch-methodistischer Sicht, in: M.Marquardt/W.Klaiber, Heiligung aus biblischer und

c) Daraus folgt als erstes Gebot die Heiligung des Namens Gottes, kadosch haschem, wie es im Alten Testament heißt und im „Unser-Vater-Gebet" Christi. Mit dem Namen wird die ganze Person identifiziert und angerufen. Der Vatername Gottes macht es, dass wir Gott immer anrufen möchten, aber Heiligkeit Gottes macht es, dass wir den Namen Gottes nicht unnütz im Munde führen sollen. Den Namen Gottes missbrauchen, heißt nach Martin Luther (Gr. Katechismus), ihn „zur Lüge zu verwenden oder etwas unter dem Namen ausgeben, das nicht ist, oder zu fluchen, zu schwören, zaubern und ... Bosheit ausrichten." Der Name Gottes wird geheiligt, wenn er recht gebraucht wird: „Rufe mich an in der Not, so will ich dich erretten und du sollst mich preisen." (Ps 50) Und der Heidelberger Katechismus sagt:

„Geheiligt werde dein Name, das ist,
gib uns erstlich, dass wir dich recht erkennen
und dich in allen deinen Werken ...
heiligen, rühmen und preisen,
danach auch, dass wir unser ganzes Leben,
Gedanken, Worte und Werke
Dahin richten, dass dein Name um unseretwillen

---

evangelisch-methodistischer Sicht, Stuttgart 1987.

Nicht gelästert, sondern geehrt und gepriesen werde."

(Frage 122)

Wie die ersten Bitten im Unser-Vater-Gebet ist die Heiligung des Namens „wie im Himmel so auf Erden" eine Bitte für Gott. Hat Gott die Heiligung seines Namens in die Hände der Menschen gelegt? „Die Bösen bestehen durch ihren Gott, aber die Gerechten, da besteht Gott durch sie, und in ihre Hände ist die Heiligung des Namens gegeben."[6]

d) Im Neuen Testament werden Gott der Vater und Gott der Sohn eigentlich nicht „heilig" genannt. Der „Heilige Vater", der „Heilige Sohn", das klingt abwegig, obwohl doch der Name des Vaters geheiligt werden soll. Nur Gott der Geist wird „Heiliger Geist" genannt. Warum?

Weil der Geist mit seinen göttlichen Energien, die man im Glauben persönlich und in der Gemeinde sozial erfährt, nicht irgend ein Geist ist, sondern in die Gemeinschaft Gottes des Vaters und des Sohnes gehört. Auf der anderen Seite wird damit gesagt, was dieser Geist tut. Der Heilige Geist ist nicht nur Quelle des Lebens, sondern auch Quelle der Heiligung des Lebens. Darum wird er zugleich mit dem

---

[6] Ernst Bloch, Geist der Utopie, 1918, 246.

Vater und dem Sohn „angebetet und verehrt." Das soll sagen: In den Energien des Lebens haben wir es mit Gott selbst zu tun. Wie Gott der Vater der Schöpfer genannt wird, und Gott der Sohn ein Erlöser heißt, so wird nach Luther der Geist ein „Heiliger und Heiligmacher" geheißen. Weil der Heilige Geist im Glaubensbekenntnis auch dominum et vivificantem, Herr und Lebendigmacher genannt wird, heißt Heiligen = Lebendigmachen, Heilmachen, Ganzmachen.

3. Das Abenteuer der Heiligung des Lebens

Nach der Heiligung des Namens Gottes ist die Heiligung des eigenen Lebens unsere Aufgabe. Sie ist nicht nur eine Aufgabe, sondern auch das Abenteuer eines Lebens in Übereinstimmung mit Gott und eine Lebensfreude. Wir sind Subjekte unserer Lebensgestaltung, wenn Gott uns aus den Zwängen unserer Verhältnisse und den Abhängigkeiten von unseren Süchten herausruft und uns zur Person macht. Dann antworten wir auf seinen Ruf und sagen Ja zu unserer Berufung. Wir machen den Anfang eines neuen Lebens. Ein gottentsprechendes Leben ist ein geheiligtes Leben.

Was ist ein gottentsprechendes Leben? Es ist ein christliches Leben in der Nachfolge Jesu und ein innerliches Lebendigwerden im Geist

Gottes. Die Seligpreisungen und die Zumutungen der Bergpredigt orientieren uns und heiligen unser Leben. Wir entsprechen dem Sohn Gottes und sind Kinder Gottes. In der Christusgemeinschaft verwirklichen wir „uns selbst": unsere Gottebenbildlichkeit. Darum ist ein gottentsprechendes Leben ein glückliches Leben: „Gott nahe zu sein ist mein Glück" (Ps 73, 28). Diese Orientierung kann auch in der Frage bestehen, die Martin Niemöller bei einem einfachen Arbeiter in einer Fabrik fand. Der hatte diese Frage über seine Werkbank geschrieben: „Was würde Jesus dazu sagen?" Niemöller wurde ins Gefängnis geworfen, weil er nicht Hitler, sondern Jesus fragte: „Herr, was willst du, das ich tun soll?" Ihm war mehr an der Übereinstimmung mit Jesus gelegen als an sozialer Anerkennung in Hitlers Reich. Die Bekennende Kirche, die ihm folgte, heiligte ihr Leben Christus und widerstand den politischen Dämonen jener dunklen Zeit in Deutschland. In Übereinstimmung mit Gott zu leben, kann nicht nur Glück und Wohlstand, sondern auch Widerspruch und Widerstand im eigenen Volk bedeuten.

a) Aber ich will zuerst von der Heiligung des persönlichen Lebens sprechen: In der Frühzeit der Industrialisierung in England haben Methodisten die Heiligung in einem selbstbestimmten, diszipinierten Leben gesehen. Nicht Rauchen, nicht Trinken und keine Verschwendung von Zeit und Gütern gehörten dazu. Der mit Gebetszeiten, Arbeitszeiten und Ruhezeiten regulierte Tagesablauf ist auch heute ein starkes Moment der Heiligung des persönlichen Lebens. Soziologen wie Max Weber haben das als „innerweltliche Askese" verspottet. Heute wissen wir es besser: Es ist gesund, so zu leben! Auf allen Zigarettenpackungen steht heute die Aufschrift: „Es ist gefährlich für die Gesundheit", „Rauchen kann tödlich sein." So ist es heute auch mit der Umweltverschmutzung, der Energieverschwendung und dem Übermaß an Fleischverzehr: Das ist gefährlich für die Gesundheit der Menschen und tödlich für die Natur der Erde! Wir können nicht gesund leben in einer kranken, mit tödlichen Keimen verseuchten und Radioaktivität kontaminierten Umwelt. Darum sind John Wesleys Weisungen für ein geheiligtes persönliches Leben heute so gültig wie vor 350 Jahren.[7]

Ein diszipliniertes Leben ist ein freies, selbstbestimmtes Leben. Mit einem disziplinierten Leben können wir sagen: „Yes, we can!" Wir können immer etwas mehr, als wir uns selbst zutrauen, denn Gott vertraut uns und traut uns ein Leben für sein Reich auf Erden zu. Und Gott segnet ein geheiligtes Leben durch die Fruchtbarkeit seiner Energien. Er segnet uns mit „Gnade und Barmherzigkeit."(Ps 103) Er segnet uns auch mit Erfolg. Ich weiß, dass „Erfolg" kein Name Gottes ist, „Misserfolg" aber ist auch kein Name Gottes. Wenn wir mit unserer Arbeit Erfolg haben, schreiben wir es der Barmherzigkeit

---

7) Christoph Klaiber, Von Gottes Geist verändert. Ursprung und Wirkung wesleyanischer Pneumatologie, Göttingen 2014, 248-276.

Gottes zu, nicht uns selbst. Zwar freut uns der Erfolg, wie uns Misserfolge ärgern, aber beide berühren unser Selbstbewusstsein nicht, denn unser Selbstbewusstsein ist im Gottesbewusstsein geborgen. Sind wir „geliebt bei Gott", dann sind wir nicht abhängig von Erfolg oder Misserfolg: Wir sind frei! Soviel zum „Evangelium der prosperity."

b) Zur Heiligung des sozialen Lebens möchte ich zuerst bemerken, dass die sog. „Max Weber These" falsch ist[8]: Der Kapitalismus ist nicht aus dem Geist des Calvinismus entstanden, sondern aus dem Geist der Renaissance vor der Reformation in Florenz, nicht in Genf. Max Weber hatte gemeint, der Calvinist produziere gute Werke und wirtschaftliche Erfolge, um sich seiner Erwählung gewiss zu werden. Spiegel der Erwählung sei das Bankkonto gewesen. Darum gelte im reformierten Protestantismus die Regel: „Get what you can, save what you can, give what you can." Daran ist wenig wahr: Nach Calvin ist Christus der „Spiegel der Erwählung", nicht das Bankkonto. Die Regel der Sparsamkeit - bei Schotten und Schwaben besonders weit verbreitet - dient nicht der Kapitelanhäufung, sondern - wie das Sprichwort sagt: dem „give what you can."

Wie Luther hatte auch Calvin die weltliche Arbeit als

---

[8] Jürgen Moltmann, Die Ethik des Calvinismus, in: Das Experiment Hofn]fung, München 1974, 131-145.

„Berufung" verstanden. War das Wort vocatio im Mittelalter für die Priesterberufe reserviert, so qualifiziert das „allgemeine Priestertum aller Gläubigen" auch alle weltlichen Arbeiten der Gläubigen als göttliche Berufungen, um etwas für Gott, für den Nächsten und die Ausbreitung des Reiches Gottes zu tun. Jede Arbeit, in welchem Beruf auch immer, steht unter Gottes Gebot und Verheissung.

Calvin hat insbesondere den gemeinschaftsbezogenen Charakter der Berufsarbeit betont: „Arbeit ist nötig, damit alle zu leben haben, und sie soll so geschehen, dass keine Ausbeutung der Armen durch die Reichen, der Fremden durch die Einheimischen, der Schwachen durch die Mächtigen stattfindet."(Max Geiger)

Wie geschieht das? Zwingli und Calvin verwarfen den damals massenhaften Schweizer Söldnerexport. Das war so viel, wie wenn heute der Export aller Kriegswaffen verboten würde, nicht nur der Massenvernichtungsmittel. Calvin hat das Zinsnehmen im Kapitalverkehr reguliert: Von Armen darf kein Zins genommen werden; zinstragende Kapitalinvestitionen sollen nur erlaubt sein, wenn die Hilfe für Notleidende nicht beeinträchtigt wird; Zinsverträge müssen nach der „goldenen Regel" (Mt 7, 12) abgeschlossen werden. Calvin beseitigte die kanonischen Vorschriften der Kirche und unterstellte das Wirtschaftsleben den Geboten Gottes. Nach diesen ist als erstes „das Recht des Nächsten", der Schwachen und der Flüchtlinge zu beachten. Die reformierten Gemeinwesen und Städte haben sich durch vorbildliche Armenfürsorge und Krankenhausordnungen ausgezeichnet. Sie haben neben Pastoren und Presbytern das Diakonat eingeführt. Vor mittelalterlichen Kirchen saßen immer Bettler, um die Gläubigen zur Barmherzigkeit anzuregen. Die „sieben Werke der Barmherzigkeit" galten als Maßstab guter Werke. Vor evangelischen Kirchen gab es keine Bettler. Nicht weil evangelische Christen geizig waren und kein Erbarmen mit Armen hatten, sondern weil die Diakonoe für die Armen sorgte, ihnen Unterkunft und Arbeit verschaffte und für die Aufnahme von Flüchtlingen sorgte. In Holland und Deutschland wurden die diakonischen Einrichtungen der reformierten Kirchen zum Vorbild für die staatliche Sozialgesetzgebung. Das ist „organisierte Barmherzigkeit." Sie ersetzt die persönliche Barmherzigkeit nicht, bringt aber mehr soziale Gerechtigkeit in die Gesellschaft als die persönliche Barmherzigkeit. Der moderne europäische Sozialstaat ist eine späte Frucht calvinistischer Ethik, nicht des Raubtier-Kapitalismus, in dem „der Mensch des Menschen Wolf und jeder sich selbst der Nächste ist.

Soziale Gerechtigkeit ist die Heiligung des sozialen Lebens.

c) Das politische Leben wird geheiligt durch Frieden und dämonisiert durch Krieg.

„Selig sind die Friedfertigen,
denn sie werden Gottes Kinder heißen." (Mt 5,9)

sagt Jesus in der Bergpredigt. Also werden die, die durch Glauben und Taufe zu „Gottes Kindern" geworden sind, die Ersten sein, die den so umstrittenen und vielfach korrupten Bereich der Politik dadurch heiligen, dass sie Frieden stiften, wo Gewalt und Unrecht herrschen.[9] Wohlgemerkt: Es heißt nicht, selig sind die Friedlichen, die mit Politik nichts zu tun haben wollen, um sich nicht die Finger schmutzig zu machen, sondern „selig sind die Frieden stiften." Es geht um die Eirenopoesis. Frieden schaffen. Nicht preist Jesus die selig, die im eigenen Kreis ein stilles und friedliches Leben führen, sondern diejenigen, die in die Konflikte hineingehen, um dort, wo Hass brennt und der Tod droht, das Leben zu lieben und Frieden zu schaffen. Es geht dabei um die eigene Gotteskindschaft:

„Liebet eure Feinde,
bittet für die, die euch verfolgen,
auf dass ihr Kinder seid eures Vaters im Himmel." (Mt 5,44).

Wie kann man seine Feinde lieben?

---

[9] Jürgen Moltmann, Ethik der Hoffnung, Gütersloh 2010, 211-231.

Es gibt zwei Möglichkeiten, mit Feindschaft umzugehen, wenn sie einmal entstanden ist:

Wir werden zu Feinden unserer Feinde und hassen, die uns hassen. Dann versuchen wir nicht die Feindschaft zu beseitigen, sondern unsere Feinde zu vernichten. Wir folgen dann dem Gesetz der Vergeltung: „Wie du mir, so ich dir." Bedrohst du mich mit Atombomben, bedrohe ich dich mit Atombomben. Alle wirklichen oder möglichen Feinde werden durch preemptive strikes nach amerikanischer Strategie abgeschreckt. Wer ist mein Feind? „Wer nicht für uns ist, ist gegen uns", sagt das alte Freund-Feind-Gesetz.

Oder wir versuchen, nicht die Feinde, sondern die Feindschaft zu beseitigen. Dann lassen wir uns nicht zu Feinden unserer Feinde machen und lassen uns keine Feindschaft aufzwingen. Wir folgen nicht dem Vergeltungsgesetz, sondern dem Willen „unseres Vaters im Himmel." Was aber ist der Wille Gottes im Angesicht unserer Feinde?

> „Er lässt seine Sonne aufgehen
> über die Bösen und die Guten
> und lässt regnen über Gerechte und Ungerechte",

das ist die Begründung der Feindesliebe in der Bergpredigt Jesu (Mt 5,45). Die Sonne ist ein Symbol des Lebens für alles Lebendige auf der Erde. Sie gibt Leben ohne Unterschied Bösen und Guten, Freunden und Feinden. Sonne und Regen sind offenbar nicht an unseren zwischenmenschlichen Konflikten interessiert, sondern allein daran, dass wir gemeinsam in Frieden gut leben. So soll die Liebe Feindschaft überwinden, damit Menschen gemeinsam leben können.

Feindeshass treibt die tödliche Spirale der Gewalt nach dem Gesetz der „Gegenseitigkeit" weiter.

Feindesliebe überwindet die Feindschaft durch die Gnade der Zuvorkommenheit.

Feindesliebe ist keine „Gesinnungsethik", wie man sie diffamiert hat, sondern realpolitische Verantwortungsethik. Sie verlangt nicht nur Verantwortung für das eigene Volk, sondern auch für das Leben der Feinde.

Wir wollen, dass die Nordkoreaner ihre Kanonen und Raketen abziehen und ihre Armee reduzieren, damit ihre Kinder besser leben können. Wir bedrohen sie nicht, sondern bieten ihnen Hilfe dafür an, ihre „Schwerter in Pflugscharen" zu verwandeln.

Für eine christliche Friedenspolitik ist noch eine andere Heiligung des politischen Lebens notwendig.[10] Von Christen in der Politik wird erwartet:

1. Die Wahrheit zu sagen, wo Lügen herrschen;
2. Ehrlichkeit zu verbreiten, wo Korruption besteht.

Demokratie gründet nicht auf Kontrolle, sondern auf Vertrauen. Keine Kontrolle funktioniert ohne Vertrauen. Wie gewinnt man Vertrauen privat und auch politisch? Die Antwort ist privat und politisch einfach: Sage die Wahrheit und du gewinnst Vertrauen. Doch „wer einmal lügt, dem glaubt man nicht, und wenn er auch die Wahrheit spricht", sagt ein altes deutsches Sprichwort. Darum verlieren Politiker so schnell das Vertrauen des Volkes.

Gustav Heinemann, ein überzeugter Christ und der dritte Bundespräsident in Deutschland, hat es für Politiker so formuliert:

„Sage, was du tust, und tue, was du sagst."

Ich füge hinzu: Halte das Volk, das dich gewählt hat, nicht für

---

10) Ebd. 231-256.

dümmer als dich selbst. Es kann bittere Wahrheiten besser vertragen als gut gemeinte Lügen oder feige politische Ausreden.

Merkwürdigerweise haben jedoch ausgerechnet Politiker oft ein gebrochenes Verhältnis zur Wahrheit. Verdirbt Politik den Charakter eines Menschen? Ich glaube das nicht. Es liegt an der Auffassung von Politik als Kampf um die Macht. In solchen Kämpfen um die Macht werden Reden nicht auf ihren Wahrheitsgehalt geprüft, sondern auf ihre Wirkung. Das haben wir immer in Kriegszeiten erlebt: Das erste Opfer jedes Krieges ist die Wahrheit. Um Kriegsgründe zu erfinden, werden Lügen verbreitet, und während eines Krieges kann man die Wahrheit nicht sagen, sie könnte dem Feind nützen.

Politik ist aber nicht nur ein Kampf um die Macht, sondern zuerst ein Kampf um das Recht und die Gerechtigkeit. Und dafür muss die Wahrheit gesagt werden und das Vertrauen geschaffen werden. Feindselige Verhältnisse können durch sogenannte „vertrauensbildende Maßnahmen" aufgelöst werden. Dafür gibt es berühmte Vorbilder: Mitten im Kalten Krieg zwischen dem Ostblock und der Westlichen Welt kam es in Europa 1975 in Helsinki, Finnland, zu der KSZE-Konferenz: Das war die „Konferenz für Sicherheit und Zusammenarbeit in Europa." Sie hat damals den „Eisernen Vorhang" durchlöchert, weil sie das gegenseitige ideologische Misstrauen auflösten. Die heutige Europäische Gemeinschaft ist das Ergebnis der „vertrauensbildenden Maßnahmen" der Helsinki-Konferenz. Auf politischer Ebene haben wir in Lateinamerika und Asien die erfolgreiche Umwandlung von Diktaturen in Demokratien erlebt. Es ist möglich, Vertrauen ins politische Leben zu bringen. Misstrauen erzeugt Angst und Angst erzeugt Gewalt. Vertrauen schafft Freiheit und ein Zusammenleben in Frieden. Denn es ist wahr: Nur

„die Wahrheit wird euch frei machen."[11]

---

11) Ich habe mich ausführlicher zur Heiligung des Lebens geäussert in: Der Geist des Lebens. Eine ganzheitliche Pneumatologie, München 1991, Teil II. Das Leben im Geist, 95-230; und in:Die Quelle des Lebens. Der Heilige Geist und die Theologie des Lebens, Gütersloh 1997, 49-101.

VII. BARMHERZIGKEIT / ERBARMEN

„Mir ist Erbarmung widerfahren, Erbarmung, deren ich nicht wert"

1. Erfahrung und Begriffsbestimmung

a) Es geschah mir am 15. Februar 1945. Wir, deutsche Soldaten, waren in Kleve am Niederrhein von englischen Panzerverbänden überrollt worden und im Reichswald versprengt. Ich hatte mich 2 Tage lang in einem zerschossenen Haus versteckt, in dem ich nichts Essbares fand und Schnee aß und aus Pfützen trank. In der zweiten Nacht gelang mir der Übergang über eine vielbefahrene Straße und der Eingang in den Wald. Als ich mich im Morgengrauen in einer Tannenschonung verstecken wollte, sprang mir ein englischer Soldat entgegen. Ich rief „I surrender" wurde gefangen genommen, nicht erschossen. Am Gefechtsstand saß ich am Morgen verschmutzt und erfroren, verhungert und verzweifelt. Die englische Einheit machte sich gerade zum Angriff bereit, da kam ein Lieutenant und gab mir spontan sein Kochgeschirr mit baked beans. Seitdem liebe ich baked beans, sie sind für mich der Geschmack des Lebens. Mir war Erbarmung widerfahren, „Erbarmung, deren ich nicht wert ...." Ich war für den, der sich meiner erbarmte, kein Feind, sondern nur ein verhungernder und verzweifelter Mensch.[12] Ich fühlte mich nicht erniedrigt, sondern als Mensch, als ein Mitmensch brüderlich anerkannt.

b) Was ist mit dem Verb „Erbarmen" und dem Substantiv „Barmherzigkeit"gemeint?

In der hebräischen Sprache bedeutet rächäm ein so tiefes Mitgefühl, dass sich die Eingeweide zusammenkrampfen.[13] Es ist weiblich und weist auch auf die mütterlichen Geburtsschmerzen hin, unter denen neues Leben zur Weltgebracht wird. Es ist ein hinreißendes Gefühl der Empathie und der Compassion: Ich werde spontan in den erbärmlich leidenden Anderen hineinversetzt und komme ihm zur Hilfe.

Im Griechischen ist die Wortbedeutung ähnlich, doch im Lateinischen rückt die Lebensmitte von den Eingeweiden hoch ins Herz des Menschen. Das Herz eines Menschen, seine Mitte und d. h. der Mensch ganz und gar, wird von der Misere der Armen so ergriffen, dass es zur spontanen misericordia kommt.

---

12) Weiter Raum. Eine Lebensgeschichte, Gütersloh 2006, 37.
13) J. Moltmann, Der mütterliche Vater und die Macht seines Erbarmens, in der Geschichte des dreieinigen Gottes, München 1991, 45-54. Leonardo Boff, The maternal Face of God, San Francisco 1987

Im mittelalterlichen Deutsch wurde daraus das Wort Barmherzigkeit gebildet, was eigentlich „arm-herzig" heißt: Ein Herz für die Armen haben. Die Erbärmlichkeit des Elenden schreit nach der Barmherzigkeit seiner Nächsten.

Im Deutschen hat Martin Luther das griechische Wort für „erbarmen" auch mit „es jammerte ihn ..." übersetzt, was so viel heißt wie, „es machte ihn traurig", „es trieb ihm die Tränen in die Augen" „„er konnte es nichts mehr mit ansehen." Dieses leidenschaftliche „erbarmen" mit dem Elenden bringt den Menschen nahe an die Empörung über die Armut. Aber davon später.

2. Der erbarmende Gott - Gottes Barmherzigkeit

Wir gehen vom Alten Testament, dem jüdischen Tenach aus, denn in diesem Buch finden wir den „Wahrheitsraum", wie der Alttestamentler Frank Crüsemann mit Recht sagt,[14] für das Neue Testament der Christenheit und für den Koran der islamischen Welt.

Barmherzigkeit kommt aus dem Innersten Gottes. Barmherzigkeit entspricht dem Pathos und der Passion des Gottes Israels, dem

---

14) Frank Crüsemann, Das Alte Testament als Wahrheitsraum des Neuen, Gütersloh 2011.

Schöpfer des Himmels, der Erde und aller Lebewesen.

„Nach seiner Barmherzigkeit", heißt es immer wieder, gedenkt Gott seines Volkes und erhört seine Gebete. „Nach seiner Barmherzigkeit" tröstet Gott sein Volk und erbarmt sich der Elenden. „Seine Barmherzigkeit ist ewig" (Psalm 106,1). Sie gilt dem Volk seines Bundes, ist jedoch zugleich universal: „Gottes Barmherzigkeit geht über die ganze Welt" (Sirach 16,12). Gott ist „geduldig und regiert alles mit Barmherzigkeit" (Weisheit, 15 1). Die universale Barmherzigkeit wird gern die „große Barmherzigkeit" genannt und ist immer verbunden mit Gnade und Trost, mit Rettung aus der Not und Vergebung der Sünden.

a) Gottes Barmherzigkeit ist stärker als sein Zorn über Untreue und Unrecht. Aus ihr kommt das konkrete Erbarmen:

„Ich habe dich einen Augenblick verlassen,
aber mit großer Barmherzigkeit will ich dich sammeln.
Ich habe mein Angesicht im Augenblick des Zorns
ein wenig vor dir verborgen,
aber mit ewiger Gnade will ich mich deiner erbarmen,
spricht der Herr, dein Erlöser." (Jes 54,7.8).

Es ist hier zu bemerken, dass Gottes Zorn und seine Gnade nicht gleichwertig sind: sein Zorn ist zeitlich, seine Gnade ewig; die Gottverlassenheit währt einen Augenblick, die Gottesnähe bleibt; das abgewandte Angesicht Gottes (hester panim) wird überwunden durch das zugewandte, „leuchtende Angesicht Gottes." Vielleicht ist der „Zorn" Gottes nur Gottes verwundete Liebe. Die göttliche Liebe erträgt diese Verwundungen, weil sie größer ist und das Böse mit Gutem überwindet.

b) Das Wichtigste an der Barmherzigkeit aber ist, dass sie das Vergeltungsgesetz außer Kraft setzt. Vergeltung im Guten wie im Bösen setzt die Gleichheit der Personen voraus: „Gleiches wird mit Gleichem vergolten", „Gleiches wird von Gleichem erkannt" und: „Gleich und gleich gesellt sich gern." „Birds of a feather flock together." Das soziale Gewebe der Vergeltung im Guten wie im Bösen ist die „Gegenseitigkeit", sagte schon Konfuzius.[15] Die Goldene Regel ist die Kehrseite des Vergeltungsgesetzes. Sagt dieses: „Auge um Auge, Zahn um Zahn", so sagt jenes positiv: „Alles nun, was ihr wollt, das euch die Leute tun, das tut ihnen auch" (Mt 7, 13). Das ist Handeln auf Gegenseitigkeit: „Do ut des" oder „Tit for Tat." Und wenn sie Gutes nicht erwidern können, sagen bayrische Katholiken gern: „Vergelt's Gott", denn von irgendjemandem

---

15) J. Moltmann, Erfahrungen theologischen Denkens, Gütersloh 1999, II §4: Theologische Erkenntnistheorie 139-165; Ethik der Hoffnung, Gütersloh 2010, IV § 2: Göttliche und menschliche Gerechtigkeit, 185-210.

muss alles „vergolten" werden, nur dann ist die Gleichheit und der ausgewogene Friede in der Welt wieder hergestellt. Dieses „Weltethos", wie Hans Küng es genannt hat, gilt nicht für Elende, Kranke, Behinderte, Arme und Schwache. Es gilt nicht für Fremde. Es gilt auch nicht für Kinder. Für Ungleiche wie diese gibt es keine ethische Gegenseitigkeit und keine Forderung nach Vergeltung, sondern nur einseitig zuvorkommende Barmherzigkeit. Das freie Erbarmen hilft ihnen zum Leben, befreit sie, richtet sie auf und schafft ihnen Recht. Damit Ungleiche sich erkennen muss, das „Sehen" des Elenden geübt werden. Damit Erbarmen geschieht, müssen Ungleiche zueinander finden. Das Vergeltungsgesetz und die Goldene Regel führen zu exklusiven Gesellschaften der einander Gleichen. Hier gilt: „Wie du mir, so ich Dir." Diese Regeln gelten in inklusiven Gesellschaften nicht, wie die heutige Inklusions-Debatte für behinderte Kinder im Schulunterricht zeigt. Nur in barmherzigen Gesellschaften können die Armen, Schwachen, Behinderten und die Kinder überleben. Darum ist hinter dem exklusiven Weltethos der Gegenseitigkeit das Weltethos der Barmherzigkeit das tiefere und universalere Ethos.

a) Die Gottesgeschichte Israels ist die Erfahrung des Erbarmen Gottes. Der klassische Text steht 2. Mos 3,7.8:

„Ich habe das Elend meines Volkes in Ägypten

gesehen und ihr Geschrei über ihre Bedränger gehört, und bin hernieder gefahren, dass ich sie errette aus der Ägypter Hand und sie herausführe aus diesem Land in ein gutes und weites Land ..."

Mit der Herabkunft Gottes beginnt die Exodusgeschichte, der Israel seine Existenz und seinen Gottesbund verdankt. Mit der Herabkunft ist die Einwohnung Gottes in Israel verbunden.[16] Diese Schechina führt das Volk in Wolkensäule am Tage und im Feuer bei Nacht in das Land der Freiheit. Gottes Macht wird vom Volk im Exodus nicht als Gewalt, sondern als tragende Macht erfahren. Wie eine Mutter ihr Kind in den Armen trägt, wie ein Mann seinen Sohn trägt, so trägt Gott sein Volk „auf Adlersflügeln." Gott regiert nicht „von oben", sondern trägt „von unten" mit Geduld und Barmherzigkeit. Durch Mose macht Gott nicht nur seinen Bund mit dem Volk seiner Wahl, sondern will auch inmitten der Israeliten „wohnen". Der mitgehende Gott leidet alles, was Israel an Verfolgungen und Exilen erleidet, und macht es, dass Israel sich nicht aufgibt. Seine tragende Schechina ist die gegenwärtig erfahrbare Barmherzigkeit Gottes.

b) Auch die Gottesgeschichte Christi ist eine Geschichte des Erbarmens Gottes. Der „Herabkunft" Gottes zur Rettung des

---

16) Bernd Janowski, Gottes Gegenwart in Israel, Neukirchen 1993, 119-148.

gefangenen Volkes Israel entspricht die Menschwerdung Gottes in Jesus von Nazareth. Der „Befreiung" von geschichtlichen Tyrannen entspricht die „Befreiung" von der Tyrannei der Geschichte, von den Mächten des Bösen und des Todes. Nur ist die Schechina Gottes hier eine Person: „In ihm wohnt die ganze Fülle der Gottheit leibhaftig" (Kol 2, 9). In der Sendung Jesu Christi, in seinem Leben und Wirken, in seinem Sterben und Auferstehen ist die „große Barmherzigkeit" Gottes offenbar geworden und unter uns wirksam. In seiner Menschwerdung überschreitet Gott die Grenze des Göttlichen zum Menschlichen, in seiner Auferstehung durchbricht Christus die Grenze des Todes und öffnet den Weg ins ewige Leben. Das sind zwei Grenzüberschreitungen in das Ungleiche und ganz Andere. Das geht nicht auf Gegenseitigkeit, sondern nur durch die barmherzige Zuvorkommenheit Gottes.

Im Lobgesang des Zacharias (Lk 1, 67-80) und im Lobgesang der Maria (Lk 1, 46-54) wird die „herzliche Barmherzigkeit Gottes" gepriesen, durch die „Licht bei denen leuchtet, die in Finsternis und Schatten des Todes sitzen." (Lk 1, 78.79) Paulus lobt den „Gott und Vater unseres Herrn Jesus Christus, den Vater der Barmherzigkeit und Gott allen Trostes." (2 Kor 1, 3) Im ersten Petrusbrief (1, 3) wird der Gott Jesu Christi gelobt, "der uns nach seiner großen Barmherzigkeit wiedergeboren hat zu einer lebendigen Hoffnung durch die Auferstehung Jesu Christi." Nicht nur der Vater Jesu Christi, auch

Jesus selbst wird als Subjekt der Barmherzigkeit erkannt. Sein ist die Barmherzigkeit, die „zum ewigen Leben führt." (Judas 1, 23)

Zusammenfassend kann man sagen: Barmherzigkeit ist eine besondere Gestalt der Liebe Gottes, sie ist durch das Elend der Menschen spezifisch geprägt. Gott ist Liebe (1 Joh 3, 16), das ist allgemein wahr; Gott ist „ein Erbarmer" (Jak 5, 11 nach Jes 54, 10), das ist konkret wahr an den Menschen, die nach Erbarmen schreien. Das Ziel der Barmherzigkeitsgeschichte Christi ist nicht nur die Beseitigung der Not, sondern auch das Geschenk der Freiheit, der Gesundheit und der Fülle des Lebens. Durch Gottes Barmherzigkeit wird nicht nur eine Not beseitigt, sondern auch neues Leben geboren.

3. Der erbarmende Mensch - menschliche Barmherzigkeit

Die Evangelien erzählen, wie das menschlich geschehen ist und geschieht. Auf dem Weg nach Jerusalem „sieht" Jesus die Kranken und Ausgesetzten des Volkes und „es jammerte ihn", heißt es immer wieder. Die Schmerzen der Kranken und die Depressionen der Sünder griffen ihn ans Herz und trieben ihm die Tränen in die Augen, und er heilte sie in Kraft des göttlichen Lebensgeistes, die in ihm war und richtete sie auf. Sie rufen zu ihm: „Erbarme dich!", und „es jammerte ihn des Volkes" und er heilte „alle Krankheiten und

Gebrechen" (Mt 35.36; Mt 9, 36; 14, 14; 15, 32; 20, 34). Das Wort für Volk ist hier ochlos, das arme, niedrige Volk, nicht laos, das Gottesvolk.[17]

Im Lukasevangelium gewinnt die Barmherzigkeit in dem Gleichnis vom verlorenen Sohn (Lk 15,11 -32) eine erstaunlich positive Form: Als der Vater den „verlorenen Sohn" aus dem Elend der Fremde heimkehren „sieht", wartet er nicht auf dessen Buße, seine Reue und sein Schuldbekenntnis, sondern er „sah ihn von weitem" und „es jammerte ihn", er lief ihm entgegen, „fiel ihm um den Hals und küsste ihn" und rief aus: „Dieser mein Sohn war tot und ist wieder lebendig geworden, er war verloren und ist gefunden worden. Und sie fingen an, fröhlich zu sein." Hier kommt die Barmherzigkeit nicht nur aus dem Mitleiden, sondern auch aus der Freude des Vaters. Lukas schließt daraus auf das Erbarmen Gottes mit verlorenen Menschen, das nicht aus Mitleid, sondern aus der Freude Gottes am Wiederfinden geboren wird.

Damit kommen wir zu Lukas 10, 25 - 37 zu dem weltbekannten Gleichnis vom barmherzigen Samariter:

„Es war ein Mensch, der ging von Jerusalem hinab nach Jericho und

---

17) Ahn, Byung-Mu, Jesus und das Minjung im Markusevangelium, Göttingen 1979; J. Moltmann, (Hg), Minjung - Theologie des Volkes Gottes in Südkorea, Neukirchen 1984.

fiel unter die Räuber; sie zogen ihn aus, schlugen ihn und machten sich davon und ließen ihn halbtot liegen. Da kam ein Priester vorbei und als er ihn sah, ging er vorüber. Dann kam ein Levit vorbei, und als er ihn sah, ging er vorüber. Ein Samariter aber, der auf der Reise war, als er zu der Stele kam, sah er ihn. Er jammerte ihn: er verband seine Wunden, setzte ihn auf sein Reittier, brachte ihn in die Herberge und pflegte ihn. Er gab dem Wirt Geld zur weiteren Pflege.

Jesus fragte den Schriftgelehrten: „Wer ist der Nächste gewesen, dem, der unter die Räuber gefallen war?" Und der antwortete: „Der die Barmherzigkeit an ihm tat."

An dieser Geschichte sind einige Dinge besonders bemerkenswert:

a) Es beginnt mit der Frage der Nächstenliebe. „Wer ist denn mein Nächster?", fragt der Schriftgelehrte, und Jesus kehrt die Frage herum: „Wer von den dreien war dem, der unter die Räuber gefallen war, der Nächste?" Also frage nicht: „Wer ist mein Nächster?", sondern frage: Wem bin ich der Nächste?

b) Der Schriftgelehrte war ein frommer Jude, der „Samariter" aber kam aus Samarien, und die Juden, die dort wohnten, galten in Jerusalem als Ketzer und Ungläubige. Was will Jesus damit sagen? Ich glaube, er will nicht nur den rechtgläubigen Schriftgelehrten provozieren, sondern sagen: Das Gebot der Nächstenliebe gilt universal für jeden Menschen und jeder kann zum Nächsten werden, der sich erbarmt.

c) Der Priester sieht den Halbtoten und geht vorüber, der Levit tut dasselbe: Sehen und gehen vorüber. Bei ihnen löst das Sehen keinen Affekt des Erbarmens aus. Ich nehme an, sie haben nicht hingesehen, sondern auf ihren eigenen Weg geachtet. Sie haben ihn gesehen, ohne ihn zu erkennen. Das klagt sie an. Sie können nicht sagen: Wir haben nichts gesehen und nichts gehört, wir haben es nicht gewusst, wie viele Deutsche sagten, als die Juden in Deutschland „unter die Räuber fielen."Sie haben ihn gesehen und sind doch vorüber gegangen.

d) Der barmherzige Samariter hilft nicht nur aus dem Affekt, sondern auch durchaus rational: Er bringt das Opfer zur Herberge und sorgt für seine Pflege. Er nimmt sich Zeit, gibt Geld und führt sein Erbarmen zu einem guten Ende. Der halbtote Mensch „jammerte ihn" zwar, aber er beließ es nicht beim Jammern über die bösen Räuber und das Elend ihres armen Opfers.

e) Über das Opfer der Räuber auf der Straße nach Jericho wird nicht gesagt, ob er Jude oder Samariter, gläubig oder ungläubig war. Für das Erbarmen genügt es, dass er ein Opfer von Unrecht und Gewalt geworden ist. Das Erbarmen fragt nicht nach Religion,

Nationalität, Geschlecht oder Herkunft. Es reagiert nur auf das Elend.

f) Der „barmherzige Samariter" ist auch in das deutsche Strafrecht eingegangen. Strafgesetzbuch § 323c stellt „unterlassene Hilfeleistung" unter Strafe:

„Wer bei Unglücksfällen oder gemeiner Gefahr oder Not nicht Hilfe leistet, obwohl dies erforderlich und ihm den Umständen nach zuzumuten, insbesondere ohne erhebliche eigene Gefahr und ohne Verletzung anderer wichtiger Pflichten möglich ist, wird mit Freiheitsstrafe bis zu einem Jahr oder mit Geldstrafe bestraft."

Haben der Priester und der Levit sich nach deutschem Recht strafbar gemacht? Wie können sie sich verteidigen? Sie sollten das einmal durchspielen, denn es kann uns jederzeit passieren, dass auch wir sehen und nicht hinsehen, dass auch wir vorübergegangen sind.

Was ist Erbarmen und wie geschieht es? Der „barmherzige Samariter" erwartet keinen Lohn und keine erwidernde Liebe, nicht einmal einen „Lohn im Himmel." Er fühlt sich auch nicht gut, als ihn der unter die Räuber Gefallene „jammerte." Er ist spontan pragmatisch, weil der Elende Hilfe braucht. Das ist genug. Ein echter „Samariterdienst" versteht sich von selbst und ist ohne Antwort auf die Frage: Warum hast Du zugegriffen und geholfen? Gerade darin entspricht mitmenschliches Erbarmen der Barmherzigkeit Gottes.

Das christliche Mittelalter hat „sieben Werke der Barmherzigkeit" gelehrt:

> Hungrige speisen - Durstige tränken
> Fremde beherbergen - Nackte kleiden
> Kranke pflegen - Gefangene besuchen
> Tote bestatten.

Das geht auf die Geschichte vom großen Weltgericht Matthäus 25,31 - 45 zurück. Dort sagt der Menschensohn - Weltenrichter, wenn er in Herrlichkeit kommt und alle Völker versammelt, zu den Gerechten:

> „Ich bin hungrig gewesen, und ihr habt mir zu essen gegeben.
> Ich bin durstig gewesen, und ihr habt mir zu trinken gegeben.
> Ich bin ein Fremder gewesen, und ihr habt mich aufgenommen.
> Ich bin nackt gewesen, und ihr habt mich bekleidet.
> Ich bin krank gewesen, und ihr habt mich besucht.
> Ich war im Gefängnis, und ihr seid zu mir gekommen."

Wenn die Gerechten fragen: Herr, wann haben wir dich hungrig, krank und gefangen gesehen?, antwortet der Menschensohn-Weltenrichter:

„Was ihr getan habt einem von diesen meinen geringsten Brüdern, das habt ihr mir getan."

Man muss diese Gemeinschaft Christi des kommenden Weltenrichters mit seinen „geringsten Brüdern" ernst nehmen: Es gibt die manifeste Gemeinschaft der Glaubenden mit Christus, dem „Erstgeborenen unter vielen Brüdern und Schwestern" (Röm 8, 29). Christus identifiziert sich mit ihrem Zeugnis: „Wer euch hört, der hört mich" ... Wem ihr die Sünden vergeht, dem sind sie vergeben" (Joh 20, 33). Aber es gibt die verborgene Gemeinschaft der Armen, Kranken und Gefangenen mit Christus. Christus identifiziert sich mit ihrem Elend und ihren Schmerzen: „Was ihr meinen geringsten Brüdern und Schwestern getan habt, das habt ihr mir getan" und „Wer sie besucht, der besucht mich." Der altkirchliche Grundsatz: Wo Christus ist, dort ist Kirche, ubi Christus ibi ecclesia, trifft für beide Gemeinschaften zu. Also kommt es darauf an, die manifeste Kirche der Glaubenden zur verborgenen Kirche der Armen zu bringen. Der Glaube sagt, was die Kirche ist, die Armen sagen, wohin die Kirche gehört. Die Barmherzigkeit ist die Verbindung beider Gemeinschaften Christi. Christus umarmt beide Gemeinschaften, damit sie zu einer Gemeinschaft der Barmherzigkeit werden.[18]

---

18) J. Moltmann, Kirche in der Kraft des Geistes, München 1975, III §7: Der Ort der Kirche in der Gegenwart Christi, 141 - 152.

Die Armen, Hungrigen und Gefangenen sind keineswegs Objekte der christlichen Nächstenliebe und humaner Pflichterfüllung. Sie sind die Gegenwart des kommenden Richters und Retters der Welt. Als Brüder und Schwestern Christi sind sie Subjekte, Ebenbilder Christi und Geliebte Gottes: Wer sich zu ihnen gesellt, sieht und spürt die Nähe Christi in ihnen. In ihnen wird Gottes Zukunft Gegenwart. Ich habe das in der Open Door Community, Atlanta, in der die Gemeinschaft mit jobless and homeless and imprisoned people gelebt wird, selbst erfahren: „I hear Hope banging at my back Door."[19] Sie entspricht Dorothy Day und der Catholic Workermovement: „Sharing the Bread of Life. Hospitality and Resistance at the Open Door Community."[20] Die sogenannten „sieben Werke der Barmherzigkeit" gehören in solche Gemeinschaften, dann verlieren sie ihren, protestantisch kritisierten Geruch der selbstgefälligen „Werkgerechtigkeit" und werden etwas Selbstverständliches. Man muss einfach tun. Sie verlieren auch ihren „himmlischen Lohn", moderner gesprochen: das Wohlgefühl der „Gutmenschen", der für Arme „spendet."

---

19) Ed Loring, I hear Hope banging at my Back Door, Atlanta 2000.
20) Peter R. Gathje, Sharing the Bread of Life. Hospitality and Resistance at the Open Door Community, Atlanta 2006. Ed Loring, The Cry of the Poor. Cracking White Male Supremacy, Atlanta 2010.

Kann Erbarmen auch Anerkennung bedeuten?

Wir haben bisher nur über den barmherzigen Menschen gesprochen. Wir versetzen uns jetzt in die Lage des erbärmlichen Menschen, denn Barmherzigkeit muss nicht nur gegeben, sie muss auch akzeptiert werden. Ist man auf die Barmherzigkeit anderer Menschen angewiesen, fühlt man sich erbärmlich und erniedrigt, weil man sich nicht selbst helfen kann. Zur „Tafel" oder Suppenküche zu gehen, um kostenlos zu essen, ist für Menschen, die sich früher selbst versorgen konnten, beschämend. Sie gehen aus Not dahin, wollen aber nicht gesehen werden. Wie kann das Erbarmen so ausgeübt werden, dass es nicht erniedrigt und beschämt und das Selbstgefühl des Notleidenden verletzt? Von dem Heiligen Martin von Tours gibt es zwei Bilder: auf dem einen steht er und der Bettler steht auch, sie sind auf Augenhöhe, und dann teilt er den Mantel brüderlich mit dem Bettler: auf dem anderen Bild sitzt er hoch zu Pferde und der Bettler kniet unter ihm und er teilt den Mantel von oben nach unten. Das erste Bild zeigt, dass Erbarmen auch mit Anerkennung des Bettlers als eines Bruders verbunden werden kann, das zweite Bild erniedrigt den Bettler zweifach, einmal durch seine Notlage und dann durch das Erbarmen des Reiters hoch zu Pferde. Er hätte wenigstens absteigen können.

Die sieben Werke der Barmherzigkeit werden den Armen, Kranken und Gefangenen gegeben, aber die sind nicht nur arm, krank und gefangen, sondern auch Brüder und Schwestern Christi wie die Gerechten, die sich ihrer erbarmen, auch. Wenn die erbarmenden Menschen diese Würde der Erbärmlichen anerkennen, stärkt ihr Erbarmen das Selbstgefühl und stellt eine Gemeinschaft her. Als der Lieutenant mir erbärmlichen Gefangenen die baked beans gab, fühlte ich mich nicht erniedrigt, sondern als Mensch anerkannt. Er teilte sein Frühstück brüderlich mit dem armen, unbekannten Gefangenen. Das stillte nicht nur meinen Hunger, sondern erhob auch mein Selbst-gefühl.

4. Barmherzigkeit im Islam und Buddhismus

Barmherzigkeit und das Erbarmen werden in allen Weltreligionen gepriesen. In dieser Hinsicht gibt es eine Ökumene der Religionsgemeinschaften, die ihren Dialog im Blick auf das Elend in der Welt fruchtbar machen muss. Wir werfen hier nur einen kurzen Blick in den Koran und in eine buddhistische Schrift.

a) „Allerbarmer" (Ar-Rahman) ist einer der Namen Gottes und zusammen mit „Allbarmherziger" (Ar-Rahmin) der häufigste Name

Gottes im Koran.[21] Das arabische Wort rahma ist dem hebräischen Wort rächäm verwandt und leitet von der Zusammenkrampfung der Eingeweide ab, hat also mütterlichen Charakter, was man bei dem männlichen „Allah" nicht vermutet. Man kann beides unterscheiden: Während Allbarmherzigkeit Gottes bedingungslose und universale Fürsorge für alle Geschöpfe meint, ist das Allerbarmen Gottes Reaktion auf das Leiden und Tun von Menschen. Das Almosengeben den Armen ist die vierte von den fünf Säulen des Islam. Während es bei Jesus heißt:

„Selig sind die Barmherzigen, denn sie werden Barmherzigkeit erlangen." (Mt 5,7)

heißt es in einem islamischen Hadith:

„Diejenigen, die nicht barmherzig sind, werden keine Barmherzigkeit erlangen."

Ein Problem, das in den koranischen Schulen diskutiert wurde und wird ist dies: Gilt die Barmherzigkeit Gottes nur den gläubigen Muslimen oder allen Menschen, also auch den Ungläubigen? An

---

21) Mouhanad Khorchide, Islam ist Barmherzigkeit, Grundzüge einer modernen Religion, Freiburg 2012. Seine Auslegungen des Koran sind in den islamischen Gemeinschaften in Deutschland umstritten. Den Fundamentalisten gelten sie zu „christlich."

der Antwort entscheidet sich der Umgang mit anderen Menschen. Blickt man auf die Barmherzigkeit Gottes, dann gilt das Erbarmen allen elenden Menschen. Blickt man auf die wahren Gläubigen, dann gilt das Erbarmen nur den anderen Gläubigen, die in Not geraten sind. Das wird auch im Christentum diskutiert: „Lasst uns Gutes tun, allermeist aber an des Glaubens Genossen", schrieb Paulus (Gal 6, 10), und im Judentum: Wenn ich zwei Notleidende, einen Juden und einen Heiden vor mir habe, wem soll ich helfen, wenn ich nur einem helfen kann? Meine Antwort ist: Wo solche Unterscheidungen gemacht werden, gibt es kein wahres Erbarmen mehr, das der Barmherzigkeit des Schöpfergottes entspricht.

b) Im Buddhismus finden wir die Figuren des barmherzigen Boddhisattva und der chinesischen Göttin Quan-iin (Kannon) der Barmherzigkeit. Die erste Figur steht für das Mitleid, die zweite für das Erbarmen. Im Buddhismus wird Barmherzigkeit als Mitgefühl, karuna, bezeichnet.[22] Karuna ist eine der verschiedenen Formen mitmenschlicher Verbundenheit wie Liebe, Mitfreude, Mitleid. Karuna ist nicht eine Pflicht, sondern eine Frucht der Einsicht kraft Meditation und der aus ihr entspringenden Gleichmut. Taitetsu Unno beschreibt in seinem Artikel „Karuna" die buddhistische Barmherzigkeit so:

---

22) Taitetsu Unno, in Enc. Rel. 269 ff.

„In der Barmherzigkeit hilft man denen und sorgt sich um die, die in der Not sind, hilflose Tiere … Mittellose bekommen zu essen … und Tiere werden von menschlicher Versklavung befreit … Die Barmherzigkeit des Heiligen Weges besteht darin, sich alles Lebendigen zu erbarmen … Die Barmherzigkeit des Reinen Landes bedeutet, aus Mitleid und Mittrauergefühl der Großen Barmherzigkeit anderen Lebewesen zur Hilfe zu kommen, dass sie die Buddhaschaft erlangen."

Im ersten Fall ist Barmherzigkeit auf die Not gerichtet, im zweiten Fall auf die Erlösung durch die Buddhaschaft. In beiden Fällen ist es wichtig für den Menschen, in das Kraftfeld der „Großen Barmherzigkeit" zu kommen, die alles Lebendige, Menschen, Tiere und Pflanzen umfasst.

Ein solches universales Erbarmen aller Geschöpfe in der großen Schöpfungsgemeinschaft gibt es auch im Christentum, besonders in der orthodoxen Spiritualität. Dostojewski lässt den Staretz Sossima sagen:

„Liebet die ganze Schöpfung Gottes, wie das Ganze so auch jedes Sandkörnchen! Liebet jedes Blättchen, jeden Lichtstrahl Gottes! Liebt die Tiere, liebt die Pflanzen, liebt jegliches Ding! Liebst du jegliches Ding, so wird sich dir Gottes Geheimnis in den Dingen offenbaren. Einstmals wird es dir offenbar werden, und dann wirst du es Tag für Tag immer mehr und mehr erkennen. Und schließlich wirst du das ganze Weltall lieben mit allumfassender, allumspannender Liebe."[23]

Dostojewski hatte diese „allumfassende Liebe" von Isaak dem Syrer, der in der zweiten Hälfte des 7. Jahrhunderts im Grenzgebiet zwischen dem heutigen Irak und Iran in Ninive (Mosul) lebte.[24] Er besaß dessen Homilien und legte dessen kosmische Spiritualität dem Staretz Sossima in den Mund.

5. Gibt es barmherzige Strukturen?

Wir haben bisher Barmherzigkeit nur im persönlichen Erbarmen mit einem elenden Lebewesen angesehen. Der „barmherzige Samariter" erbarmte sich zwar des „unter die Räuber Gefallenen", - doch gegen die Räuber hat er nichts unternommen. Funktioniert aber Nächstenliebe nur im persönlichen Bereich?

---

23) F. Dostojewski, Die Brüder Karamasow, Band 1, Berlin O. J. 440.
24) Waclav Hryniewicz, Hoffnung der Heiligen. Das Zeugnis Isaaks des Syrers, in: Ostkirchliche Studien, 45, April 1986, Heft 1, 21-41.

Der brasilianische Bischof Dom Helder Camara sagte einmal:

„Als ich mich der Armen erbarmte, lobte man mich und nannte mich einen Heiligen.
Als ich öffentlich fragte, warum die Armen arm sind, beschimpfte man mich und nannte mich einen Kommunisten."

Wenn es unmenschliche Sozialstrukturen gibt, gibt es auch menschenwürdige Strukturen. Wenn es soziale Verhältnisse gibt, in denen Arbeiter ausgebeutet werden, Arbeitslose betteln gehen und Kranke und Alte zu früh sterben müssen, gibt es auch soziale Verhältnisse, die allen ein menschenwürdiges Leben ermöglichen.

Bis zur Reformationszeit saßen in Europa Bettler vor allen Kirchen, damit die Kirchgänger ihnen Almosen geben und gute Werke an ihnen tun konnten. Die galten als Verdienste vor Gott und wurden im Himmel belohnt. Sie halfen nicht nur den Armen, sondern auch sich selbst.

Mit der Reformation verschwanden die Bettler vor den Kirchen in Zürich, Straßburg, Genf und Wittenberg, denn die Reformation war nicht nur eine Kirchenreformation, sondern auch eine Sozialreformation. Die Städte sorgten für ihre Armen, gaben ihnen Unterkunft, Arbeit und Brot. Es entstanden die ersten

Sozialgesetzgebungen.

Der moderne europäische Sozialstaat ist die organisierte Solidarität zwischen Starken und Schwachen, Arbeitern und Arbeitslosen, Gesunden und Kranken, Jungen und Alten. Er macht den Armen aus dem Objekt des Erbarmens zu einem Subjekt von Rechten, die aus seiner Menschenwürde folgen: Krankenversicherung, Sozialversicherung, Altersrente: All das ist „strukturelle Barmherzigkeit" (Wolfgang Thierse). Der moderne Sozialstaat versucht auch, Raub und Totschlag abzuschaffen und „Räuber" zu sozialisieren. Und wenn der moderne Sozialstaat auch noch ökologisch wird, kann er Barmherzigkeit auch gegenüber Tieren und Pflanzen und der Erde insgesamt organisieren. Je mehr erneuerbare Energien verwendet werden und die Industrie sich von waste-making industry auf recycling industry umstellt, desto besser wird es dem Gesamtsystem der Erde gehen, die unser aller Heimat ist.

Aber ohne eine Kultur des Erbarmens geht die Motivation für die Sozialgesetzgebung verloren. Diese Kultur muss heute gegen die soziale Kälte des Neoliberalismus und die kapitalistische Verdrängung der Schwachen, der Arbeitslosen, der Kranken, der Kinder und Alten verteidigt werden. Denn nur eine Kultur der Barmherzigkeit kann die Sozialgesetze rechtfertigen und

„unterlassene Hilfeleistung" nicht nur individuell, sondern auch sozial und politisch einklagen.

Barmherzigkeit ist die Seele sozialer Gerechtigkeit.

Barmherzigkeit kann auch zur Quelle internationaler Hilfeleistung werden. Das ist heute bei Naturkatastrophen selbstverständlich, bei politischen Katastrophen wie Bürgerkrieg und zerfallende Staaten aber schwierig wie derzeit in Syrien und Somalia zu sehen ist. Immerhin hat sich das Bewusstsein durchgesetzt, dass „die Staatengemeinschaft", d. h. die UNO, bei Völkermord eingreifen und helfen muss. Ganze Völker können wegen „unterlassener Hilfeleistung", „unter die Räuber fallen."

Auch in den Sozialstaaten ist private Barmherzigkeit nötig: Die Caritas der katholischen Kirche und die Diakonie der Evangelischen sind in Deutschland unverzichtbar. Auch wenn das „soziale Netz" die größte Not auffängt, gibt es viele Obdachlose, Kranke und alte Menschen, die sozusagen durch die Maschen dieses Netzes fallen.

Zuletzt ist auch das persönliche Erbarmen notwendig. Das persönliche Erbarmen ist die Übersetzung der Barmherzigkeit Gottes in unser menschliches Verhalten zueinander. Unser kleines Erbarmen heiligt dieses Leben und ist eine Resonanz auf die Große

Barmherzigkeit Gottes. Persönliches Erbarmen ist unbedingt und unmittelbar in der Zuwendung zum Anderen. Persönliches Erbarmen ist großzügig und rechnet nicht. Persönliches Erbarmen ist selbstverständlich und selbstvergessen.

Persönliches Erbarmen ist auch in der Empörung über die Unmenschlichkeit von Verhältnissen und die Unbarmherzigkeit von Menschen. Persönliches Erbarmen ist Versöhnung mit Feinden und Vergebung von Schuld. Persönliches Erbarmen ist ein Leben im weiten Raum der Barmherzigkeit Gottes.

VIII. DIE ÖKOLOGISCHE ZUKUNFT DER CHRISTLICHEN THEOLOGIE

Wir stehen heute am Ende des Modernen Zeitalters und am Anfang der ökologischen Zukunft unserer Welt, wenn unsere Welt überleben soll. Es ist ein neues Paradigma im Entstehen begriffen, das die menschliche Kultur und die Natur der Erde anders verbindet, als es im modernen Paradigma der Neuzeit geschehen ist. Das moderne Zeitalter war durch die Machtergreifung des Menschen über die Natur und ihre Kräfte bestimmt. Diese Eroberungen und Bemächtigungen der Natur sind heute an ihre Grenzen gekommen. Alle Anzeichen deuten darauf hin, dass sich das Klima der Erde durch menschliche Einflüsse drastisch verändert. Die Eiskappen der Pole der Erde schmelzen, der Wasserstand erhöht sich, Inseln verschwinden, Dürreperioden nehmen zu, die Wüsten wachsen usw. Wir wissen das alles, aber wir tun nicht, was wir wissen. Die meisten Menschen verschließen die Augen oder sind wie gelähmt. Doch nichts befördert die Katastrophen so sehr wie gelähmtes Nichtstun.

Wir brauchen ein neues Naturverständnis und ein neues Menschenbild und damit eine neue Gotteserfahrung in unserer Kultur.

Eine neue Ökologische Theologie kann uns dazu helfen. Warum ausgerechnet die Theologie? Weil das Naturverhältnis und das Menschenbild des modernen Zeitalters von der modernen Theologie bestimmt wurde: Das war die Weltherrschaft des gottgleichen Menschen; das war das weltlose Verständnis Gottes und die gottlose Auffassung der Welt; und das war der mechanistische Begriff der Erde und aller nichtmenschlichen Erdbewohner, die es „untertan" zu machen galt.

Es gibt einen alten Witz: Zwei Planeten treffen sich im Weltall. Fragt der Eine: „Wie geht es Dir?" Antwortet der Andere: „Es geht mir ziemlich schlecht. Ich bin krank. Ich habe homo sapiens." Sagt der Eine: „Das tut mir leid. Das ist schlimm. Ich habe das auch gehabt. Aber tröste dich, es geht vorüber."

Das ist die neue, planetarische Perspektive auf die Menschheit: Geht diese menschliche Planetenkrankheit vorüber, weil sich das Menschengeschlecht selbst abschafft, oder geht sie vorüber, weil das Menschengeschlecht weise wird und die Wunden heilt, die es dem Planeten „Erde" bis heute zufügt?

1. Das neue Menschenbild: Von der Mitte der Welt zur kosmischen Integration, oder: von der Arroganz der Weltherrschaft zur kosmischen Demut

Bevor wir Menschen „die Erde bebauen und bewahren" und irgendeine Welherrschaft oder Schöpfungsverantwortung übernehmen, sorgt die Erde für uns. Sie schafft die günstigen Lebensbedingungen für das Menschengeschlecht und bewahrt sie bis heute. Nicht uns ist die Erde anvertraut, sondern wir sind der Erde anvertraut. Die Erde kann ohne uns Menschen leben und hat es Millionen von Jahren getan, aber wir können nicht ohne die Erde leben.

Wir können das an der modernen Lesart der biblischen Schöpfungsgeschichte beweisen, denn die biblischen Schöpfungsgeschichten sind tief im Bewusstsein und Unterbewusstsein der modernen, westlichen Menschen eingewurzelt.

a) Nach der modernen Lesart ist der Mensch die „Krone der Schöpfung." Allein der Mensch ist zum Bild Gottes geschaffen und zur Herrschaft über die Erde und alle Erdgeschöpfe bestimmt: „Macht euch die Erde untertan ... und herrscht über die Vögel unter dem Himmel und alle Tiere auf Erden" (Gen. 1, 28). Nach Psalm 8, 7 hat Gott den Menschen zum „Herrn gemacht über deiner Hände Werk, alles hast du unter seine Füße getan." Danach soll der Mensch die Erde und alle seine Mitgeschöpfe wie ein Pharao „unterwerfen." Nach dem zweiten Schöpfungsbericht soll er eher wie ein Gärtner Gottes Garten Eden „bebauen und bewahren." Das klingt milder und achtsamer, gleichwohl ist der Mensch in beiden Schöpfungsgeschichten das Subjekt und die Erde samt aller ihrer Bewohner ist sein Objekt. Das ist die berühmte „Sonderstellung des Menschen im Kosmos", wie Max Scheler sie nannte. Diese Bibeltexte sind mehr als 2500 Jahre alt, sie wurden aber erst vor 400 Jahren in der Zeit der Renaissance „modern".

In der Zeit der Renaissance wurde dieses biblische Menschenbild gesteigert: Der Mensch steht in der Mitte der Welt. Den klassischen Text lieferte Pico della Mirandola 1486 in seiner Schrift „Über die Würde des Menschen." Er beginnt mit einem Zitat des islamischen Gelehrten Abdallah: „Nichts gibt es in der Welt, das bewunderungswürdiger ist als der Mensch", und sieht den Menschen „aus der Reihe des Universums hervorschreiten beneidenswert nicht nur für die Tiere, sondern auch für die Sterne, ja sogar für die überweltlichen Intelligenzen." (die Engel)

„Den übrigen Wesen ist ihre Natur durch die von uns (scil. Gott) vorgeschriebenen Gesetze bestimmt und wird dadurch in Schranken gehalten. Du aber bist durch keine unüberwindlichen Schranken gehemmt, sondern du sollst nach deinem eigenen freien Willen, in dessen Hand ich dein Geschick gelegt habe, sogar jene Natur dir selbst vorherbestimmen. Ich habe dich in die Mitte der Welt gesetzt, ... damit du als dein eigener, vollkommen frei und ehrenhalber schaltender Bildhauer und Dichter dir selbst die Form bestimmst, in der du zu leben wünscht",(10f).

Als Ebenbild des Schöpfers ist der Renaissancemensch ein „Schöpfer seiner selbst", und - wie heute oft gesagt wird - seine „eigene Erfindung." Die Welt steht unter dem gesetzlichen Zwang der Notwendigkeit, der Mensch aber ist ihr freier Herr. Er macht sich selbst zum „Maß aller Dinge", zum Erfinder seiner selbst und zum Herrscher seiner eigenen Welt.

Von dem Engländer Francis Bacon kam der Ruf, der bis in meine Jugend hinein das deutsche Erziehungssystem prägte: „Wissen ist Macht." Er verband mit dem wissenschaftlich-technischen Machtgewinn über die Natur einen Erlösungstraum: Der Mensch wurde als Gottes Ebenbild zur Herrschaft über die Natur geschaffen. Durch den Sündenfall verlor er diese gottbestimmte Herrschaft. Durch Naturwissenschaft und Technik gewinnt er „a restitution and reinvesting (in great part) to the souveregnty and power which he had in his first state of creation." Während jedoch nach der Bibel des Menschen Gottebenbildlichkeit seine Herrschaft über die Natur begründet, argumentierte Bacon umgekehrt: die Herrshaft über die Natur begründet seine Gottebenbildlichkeit. Welches Gottesbild steht dahinter? Wie Gott der Herr des Universums ist, so soll der Mensch als sein Ebenbild Herr der Erde werden. Von allen

Eigenschaften Gottes ist in dieser Analogie nur die Allmacht übrig geblieben.

Der französische Philosoph Rene Descartes ging in seiner Schrift „Über die Methode" 1637 einen Schritt weiter. Durch Wissenschaft und Technik soll der Mensch zum „Herrn und Eigentümer der Natur" werden.
Er teile die Welt auf in die res cogitans des menschlichen Geistes und die res extensa der Natur. In der Natur sieht der denkende Geist nur Objekte von messbarer Ausdehnung. Die Reduzierung der Naturerkenntnis auf Vermessungen wurde zur Grundlage moderner Naturwissenschaft. Das ist die reductio scientiae ad mathematicam. Er reduzierte damit den menschlichen Körper auf die vermessbare Lokalität der menschlichen Seele. Sein Schüler der Arzt LaMettrie zog daraus den Schluss: „L'Homme machine."(1748)

b) Nach der neuen ökologischen Lesart derselben Schöpfungsgeschichten der Bibel ist der Mensch das letzte Geschöpf Gottes und damit das abhängigste Geschöpf. Der Mensch ist für sein Leben auf der Erde auf die Existenz der Tiere und Pflanzen, der Luft und des Wassers, des Lichtes und der Tages- und Nachtzeiten, auf die Sonne und den Mond und die Sterne angewiesen und kann ohne diese nicht leben. Es gibt den Menschen nur, weil es alle diese anderen Geschöpfe gibt. Sie alle können ohne den Menschen existieren, aber die Menschen nicht ohne sie. Also kann man sich den Menschen nicht als göttlichen Herrscher oder als einsamen Görtner gegenüber der Natur vorstellen. Was immer seine „Sonderstellung", und seine besonderen Aufgaben sein mögen, der Mensch ist ein Geschöpf in der großen Schöpfungsgemeinschaft und „ein Teil der Natur." Bevor nach der zweiten Schöpfungsgeschichte dem Menschen göttlicher „Atem" eingehaucht wird, ist er „Erde vom Acker" (Gen 2,7), und bevor Menschen die Erde „bebauen und bewahren" wissen sie: „Von Erde bist du genommen und zur Erde sollst du wieder werden." (316)

Nach den biblischen Traditionen hat Gott nicht nur dem Menschen seinen göttlichen Geist eingehaucht, sondern allen seinen Geschöpfen:

„Verbirgst du dein Angesicht, so erschrecken sie, nimmst du weg ihren Odem, so vergehen sie und werden zu Staub.
Du sendest aus deinem Odem, so werden sie geschaffen, und du erneuerst die Gestalt der Erde." (Psalm 104,29.30)

Man kann daraus folgern: Hängt des Menschen Gottebenbildlichkeit am göttlichen Geist, der in ihm wohnt, dann sind alle Geschöpfe, in denen der Geist Gottes wohnt, Gottes Ebenbild und müssen so geachtet werden. Auf jeden Fall gehören die Menschen mit der Natur der Erde so eng zusammen, dass sie in derselben

Bedrängnis und in der gemeinsamen Hoffnung auf Erlösung sind. Menschen werden nicht von dieser Erde, sondern mit dieser Erde von Vergänglichkeit und Tod erlöst werden.

Paulus hörte das „Seufzen und Sehnen nach der Erlösung des Leibes" (Röm 8,23) bei denen, die vom Geist Gottes bewegt werden. Er hörte darum auch das „Seufzen und Sehnen" der nicht-menschlichen Schöpfung um sich herum (8,22). Er war überzeugt, dass es der Geist Gottes selbst ist, der uns und die ganze Schöpfung nach der Erlösung vom Todesgeschick seufzen lässt. Der gegenwärtige Geist ist der Anfang der neuen Schöpfung, in der der Tod nicht mehr sein wird, denn er ist der Geist der Auferstehung Jesu und die weite Gegenwart des Auferstandenen. Die orthodoxe Theologie hat das mit der Hoffnung nicht nur auf die Vergottung der Menschen, sondern auch auf die Vergottung des Kosmos zum Ausdruck gebracht: „Die gesamte Natur ist für die Herrlichkeit bestimmt, deren die Menschen im Reich der Vollendung teilhaftig werden."

Menschen sind in ihrer Eigenart, ihrer Bestimmung und ihrer Hoffnung auf Leben ein Teil der Natur. Also stehen sie nicht in der Mitte der Welt, sondern müssen sich in die Natur der Erde und in die Gemeinschaft ihrer Mitgeschöpfe integrieren, um zu überleben. Die Arroganz der Macht über die Natur und die Freiheit, mit ihr zu machen, was sie wollen, steht ihnen nicht zu, sondern vielmehr eine

„kosmische Demut" und eine achtsame Rücksicht bei allem, was sie der Natur antun. Erst wenn uns unsere Angewiesenheit auf das Leben der Erde und die Existenz der anderen Lebewesen bewusst wird, werden wir aus „stolzen und unglücklichen Göttern" (Luther) zu menschlichen Menschen werden. Wahres Wissen ist nicht Macht, sondern Weisheit.

2. Gott und die Welt: Von der Unterscheidung von Gott und Welt zur trinitarischen Schöpfungslehre: von einer gottlosen Welt zur Welt in Gott und Gott in der Welt

a) Die moderne Theologie hat dem biblischen Schöpfungsglauben die fundamentale Unterscheidung von Gott und Welt zugeschrieben. Die Welt ist nicht aus dem ewigen Wesen Gottes, sondern aus seinem freien Willen hervorgegangen. Wäre sie aus Gottes ewigen Wesen hervorgegangen, dann wäre sie selbst göttlicher Natur. Sie wäre dann wie Gott sich selbst genügend, in sich begründet und vollkommen. Als eine Schöpfung Gottes aber sind Himmel und Erde weltlich, himmlisch und irdisch, aber nicht göttlich. Die moderne Auslegung betont, dass der israelitische Schöpfungsglaube die Welt entgöttert, entdämonisiert und im modernen Sinne „säkularisiert" habe. „Profana illis omnia quae apud nos sacra", sagten nach Cicero die weltfrommen Römer über die gottlosen Juden. Mit ihrem Schöpfungsglauben hat Israel die Fruchtbarkeitskulte in Kanaan abgeschafft, wie die Eliageschichte erzählt. Darum haben sich moderne Wissenschaftler wie Sir Isaac Newton auf die Bibel berufen, als sie die aristotelische „Weltseele" aus ihrer Weltanschauung vertrieben und die Welt als seelenlosen Mechanismus verstanden. Schon in Israel fielen die Tabus der altorientalischen Naturreligionen. Die Natur wurde zur Welt der Menschen: „Macht euch die Erde untertan." Das haben moderne Theologen aufgegriffen und die Natur der wissenschaftlichen Erforschung und der technologischen Nutzung der Menschen ausgeliefert. Die wissenschaftlichen Menschen selbst wurden wertfrei, agnostisch oder atheistisch angelegt. Der strikte Theismus der Neuzeit verbannte Gott in das sog. Geheimnis der Transzendenz, um die Welt in einer transzendenzfreien Immanenz für den Menschen zu haben. In letzter Konsequenz wurde in der Theologie der Moderne Gott weltlos gedacht, um die Welt gottlos zu beherrschen und ohne Gott in ihr zu leben. Ist Gott allein im Jenseits, dann kann man das Diesseits gott-frei erobern und nach eigenen Vorstellungen gestalten.

Arnold Gehlen fasst das Ergebnis treffend zusammen:

„Am Ende einer langen Geschichte der Kultur und des Geistes ist die Weltanschauung der 'entente secrète', die Metaphysik der einverstandenen und streitenden Lebensmächte, zerstört worden, und zwar durch den Monotheismus von der einen, den wissenschaftlich-technischen Mechanismus von der anderen Seite her, für den seinerseits der Monotheismus, die Natur entdämonisierend und entgötternd, den Platz erst freigekämpft hatte. Gott und die Maschine haben die archaische Welt überlebt und begegnen sich nun allein."

Das Erschreckendste an dieser Vision ist, dass zwischen dem transzendenten Gott und der Maschinenwelt der Mensch, wie wir ihn kennen, nicht mehr vorkommt: Er ist selbst zur Maschine geworden, nicht zum Gott.

Wie aber kann man unter diesen negativen Voraussetzungen die Welt als „Schöpfung Gottes" verstehen? Man könnte so argumentieren:

Die modernen Naturwissenschaften haben es nur mit der Wie-Frage zu tun: Wie funktioniert etwas?, nicht mit den Fragen nach dem Grund und dem Sinn von etwas. Sie antworten nicht auf die erste metaphysische Frage: Warum ist überhaupt etwas und nicht vielmehr nichts? Die Frage nach der Kontingenz der Welt bleibt unbeantwortet. Die Theologie beantwortet diese Frage mit der Vorstellung von der Schöpfung der Welt aus dem freien Willen Gottes. Gott musste die Welt nicht schaffen, also muss sie nicht da sein, es gefiel ihm aber, eine Wirklichkeit ins Dasein zu rufen, die nicht göttlich ist, aber seiner Güte entspricht. Mit dem Begriff der Entsprechung (Analogie) wird die Distanz von Gott und Welt überbrückt. Die Welt und ihre Ordnungen sind ein Echo auf das Schöpfungswort Gottes; sie sind Resonanzen auf sein ewiges Lied; Sie entsprechen in ihrer Güte dem höchsten Gut. Aber die Welt existiert außerhalb Gottes und Gottes Handeln an ihr ist ein externes Handeln.

b-1) Es gibt jedoch ein tieferes ökologisches Verständnis der Schöpfung: Der Schöpfer ist seiner Schöpfung nicht nur äußerlich, sondern auch innerlich verbunden: Die Schöpfung ist in Gott und Gott ist in der Schöpfung. Nach der ursprünglichen christlichen Lehre ist der Schöpfungsakt ein trinitarischer Vorgang: Gott der Vater schafft durch sein ewiges Wort in den Kräften des heiligen Geistes die Welt. Sie ist eine nichtgöttliche Wirklichkeit, aber von Gott durchdrungen. Wenn alle Dinge von Gott dem Vater, durch Gott den Sohn und in Gott dem Heiligen Geist geschaffen sind, dann sind sie auch von Gott, durch Gott und in Gott.

> „So haben wir doch nur einen Gott,
> den Vater, von dem alle Dinge sind und wir zu ihm,
> und einen Herrn, Jesus Christus,
> durch den alle Dinge sind und wir durch ihn." (1 Kor 8,6).

Basilius schreibt in seiner Schrift „Über den Heiligen Geist":

„Sieh bei der Erschaffung dieser Wesen den Vater als den vorausliegenden Grund, den Sohn als den schaffenden (Grund) und als den vollendenden (Grund) den Geist, so dass die dienenden Geister im Willen des Vaters ihren Anfang haben, durch die Wirklichkeit des Sohnes in das Sein geführt werden, und durch den Beistand des Geistes vollendet werden."

Sehen wir den Schöpfungsakt als einen solchen trinitarischen Vorgang an, dann kann er nicht nur „Gott dem Vater, dem Allmächtigen" zugeschrieben werden, sondern mit gleichem Gewicht auch dem Sohn und dem Geist. Er ist auch kein Akt „nach außen" (ad extra), sondern ein Akt im Leben der ganzen Trinität. Sofern der Geist durch seine Energien in allen Geschöpfen wirkt, treibt und lebt, ist Gott in seiner Schöpfung gegenwärtig und seine Schöpfung hat in ihm Bestand. Ist der Heilige Geist nach Basilius „der Vollender", dann sind alle Geschöpfe durch die Energien des Geistes auf ihre zukünftige Vollendung ausgerichtet und werden zu ihr angetrieben. Die „Vollendung" der Schöpfung besteht nach den biblischen Traditionen darin, dass der dreieinige Gott seiner vollendeten Schöpfung „einwohnt" und alle Geschöpfe dann an seiner ewigen Lebendigkeit teilhaben (Ofb 21,1-3).

b-2) Es folgt aus dieser trinitarischen Sicht der Schöpfung die Vorstellung einer geistgewirkten Welt. In den Kräften seines Geistes ist Gott in allen Dingen und alle Dinge sind in Gott. Man kann sich den Gottesgeist in der Welt auch als Kraftfeld vorstellen, das alle Dinge energetisiert.

In der mittelalterlichen Welt hat Hildegard von Bingen die Welt so erfahren:

„Der Heilige Geist ist lebenspendendes Leben,
Beweger des Alls und Wurzel alles geschaffenen Seins,
er reinigt das All von Unlauterkeit,
er tilget die Schuld und salbet die Wunden,
so ist er leuchtendes Leben, würdig des Lobes,
auferweckend und wiedererweckend das All."

In der Reformationszeit finden wir in Johannes Calvins „Institutio" eine entsprechende Sentenz:

„Denn der Geist ist überall gegenwärtig und erhält,
nährt und belebt alle Dinge im Himmel und auf Erden.
Dass er seine Kraft in alles ergießt und dadurch allen
Dingen Wesen, Leben und Bewegung verheißt, das ist
offenkundig göttlich." (I,13.14)

In der trinitarischen Schöpfungslehre wird das Werk des transzendenten Vaters mit der immanent verströmenden Gottheit des Heiligen Geistes verbunden mit dem Ergebnis, dass die geschaffene Welt insofern als göttlich anzusehen ist, als sie von göttlichen Kräften getragen und bewegt wird. Das ist kein „Pantheismus", denn Gott und Welt sind unterschieden. Das ist auch kein „Pantheismus", der sagt, dass alle Dinge „in Gott" sind. Dass Gott durch seinen Geist in allen Dingen präsent ist, sagt am besten die alttestamentlich-jüdische Schechina-Lehre aus: Gott will inmitten des Volkes Israel „wohnen." Gott wird in der neuen Schöpfung für immer „wohnen", wenn alle Dinge seiner Herrlichkeit voll sind (Jes 6,3). Die neutestamentliche Denkform, die wir bei Paulus und Johannes finden, nannte die altkirchliche Theologie die Perichoresis, die wechselseitige Einwohnung: Gott in der Welt - die Welt in Gott.

> „Wer in der Liebe bleibt,
> der bleibt in Gott
> und Gott in ihm." (1 Joh 4,16)

3. „Macht euch die Erde untertan" - „die unser aller Mutter ist"?

Die moderne Theologie hat in der Erde immer nur das gesehen, was sich der Mensch nach dem ersten Schöpfungsbericht „untertan" machen soll. Im Buch Jesus Sirach 40, 1 aber wird die Erde „unser aller Mutter" genannt. Kann man seine eigene Mutter unterwerfen, kann man sie ausbeuten, zerstören und verkaufen?

Die neue ökologische Theologie geht davon aus, dass die Erde unsere „Heimat" ist:

„Die Menschheit ist Teil eines sich ständig fortentwickelnden Universums. Unsere Heimat Erde bietet Lebensraum für eine einzigartige und vielfältige Gemeinschaft von Lebewesen ... Die Lebensfähigkeit, Vielfalt und Schönheit der Erde zu schützen, ist eine heilige Pflicht" (Erd-Charta 2000).

a) Um die Erde „untertan" zu machen, muss sie vorn Menschen zum Objekt degradiert werden, das wissenschaftlich erforscht und technisch beherrscht werden kann. Sie muss ihrer Subjektivität beraubt werden und ihre seit alters her beachtete „Weltseele" verlieren. Das geschah durch das mechanistische Weltbild, das die Naturwissenschaften seit 400 Jahren verbreitet haben. Robert Boyle, der auf die moderne Chemie zurückgeht, wollte statt von Natur nur vom „mechanism" sprechen. Isaac Newton entwarf das Weltbild der kosmischen Maschine, die wie ein Uhrwerk funktioniert. Sie ist so vollkommen, dass ihre Zeit rückwärts und vorwärts laufen kann.

Die metaphysische Voraussetzung des mechanistischen Weltbildes ist die einfürallemal geschaffene, fertige und vollkommene Welt. Die Gottesvorstellung ist der Deismus, nach dem Gott als Architekt die Welt so vollkommen geschaffen hat, dass es weiterer göttlicher Eingriffe nicht bedarf. Gott würde seiner eigenen Vollkommenheit widersprechen, wenn er sein Werk nachträglich durch Wunder korrigieren müsste. Es ist kein Wunder, dass der französische Physiker Laplace auf Napoleons Frage nach Gott antwortete: „Sire, ich hatte diese Hypothese nicht nötig". Den Weltmechanismus kann man aus sich heraus erklären, wenn er denn vollkommen ist.

Ist jedoch die Welt unvollkommen und noch nicht fertig, dann funktioniert das mechanistische Weltbild nicht, weil es nur die Realität der Welt, nicht aber ihre Potentialität abbildet. Im Blick auf die Evolutionsbiologie lässt sich sagen: Von der potentiellen Vielfalt der Lebensformen ist nur ein kleiner Teil verwirklicht. Die möglichen Formen des Lebens sind unabsehbar. In einer zukunftsoffenen Natur sind auch die Naturgesetze nicht zeitlos, sondern veränderliche „habits of nature."

Die neuen Astrowissenschaften haben die Wechselwirkungen zwischen den unbelebten und den belebten Bereichen unseres Planeten Erde nachgewiesen. Daraus wird die Vorstellung gebildet, dass die Biosphäre der Erde zusammen mit der Atmosphäre, den

Ozeanen und Landflächen ein einzigartiges, komplexes System bildet, das die Fähigkeit besitzt, Leben hervorzubringen und Lebensräume zu schaffen. Das ist die vieldiskutierte Gaja-Theorie von James Lovelock. Trotz des poetischen Namens der griechischen Erdgöttin ist damit keine Vergottung der Erde gemeint. Die Erde wird aber als lebendiger Organismus aufgefasst, der Leben hervorbringt und Lebensräume schafft.

Fasst man Leben im engen biologischen Sinn, dann ist die Erde nicht „lebendig", weil sie sich nicht reproduziert. Sie ist jedoch mehr als lebendig zu nennen, weil sie Leben hervorbringt. Sie ist auch kein „Organismus", wie wir biologische Organismen kennen. Sie ist mehr als ein Organismus, weil sie Organismen hervorbringt. Die Erde ist ein Subjekt eigener Art, unvergleichbar und einzigartig. Die Erde ist ein Subjekt eigener Art, unvergleichbar und einzigartig. Die Erde ist keine zufällige Ansammlung von Materie und Energie, sie ist weder blind noch stumm. Sie ist intelligent, weil sie Intelligenzen hervorbringt. An einem bestimmten Punkt ihrer Evolution fing die Erde an, zu fühlen, zu denken, sich ihrer selbst bewusst zu werden und Ehrfurcht zu empfinden. Wir Menschen sind Erdgeschöpfe. Also stehen wir der Erde nicht gegenüber als ihr Subjekt, sondern sind in unserer Menschenwürde Teil der Erde und Glieder der irdischen Schöpfungsgemeinschaft. Wir selbst sind „Mitgeschöpfe" mit den anderen Lebewesen. Dieses kosmische Gemeinschaftsgefühl ist umfassender als alle Bereiche der Natur, die wir erkennen und beherrschen können. Darum ist es heute an der Zeit, die Heiligkeit der Erde ins Zentrum zu rücken und uns bewusst in die Erdgemeinschaft zu integrieren.

Die Gaja-Theorie entspricht durchaus den reichen biblischen Traditionen von der Erde.

Die Erde ist nach dem ersten Schöpfungsbericht kein Untertan der Menschen, sondern ein großes schöpferisches Geschöpf und darin einzigartig. Sie bringt Leben hervor, sie „bringt hervor lebendiges Getier, jedes nach seiner Art, Vieh, Gewürm und Tiere des Feldes" (Gen 1,24). Die Evolution des Lebens und die Erdgeschichte sind ineinander verschränkt. Die Erde bietet nicht nur Lebensraum für eine Vielfalt von Lebewesen, sondern ist auch ihr hervorbringender Lebensschoß.

Die Erde steht im Gottesbund. Hinter dem Noahbund „mit euch, mit euren Nachkommen und allen Tieren der Erde bei euch" (Gen 9, 9-11) steht der Gottesbund der Erde: „Meinen Bogen setze ich in die Wolken und er wird mir ein Zeichen des Bundes zwischen mir und der Erde sein" (Gen 9, 13). Dieser Bund bringt die Erde in eine direkte Verbindung mit Gott. Er ist das göttliche Geheimnis der Erde.

Die Rechte der Erde in ihrem Gottesbund kommen in der Sabbatgesetzgebung zur Geltung: „Im siebten Jahr soll die Erde (Land) seinen großen Sabbat dem Herrn feiern." (Lev 25,4) Die Erde hat ein Recht auf die Sabbatruhe, damit sie ihre Fruchtbarkeit regenerieren kann. Wer den Sabbat der Erde missachtet, macht das Land zur Wüste und wird das Land verlassen müssen. (Lev 26,33).

Der Gottesgeist ist schöpferische Lebenskraft: Spiritus vivificans. Er wird „auf alles Fleisch ausgegossen" (Joel 3,1), das ist, auf alle Lebewesen. Wird der „Geist aus der Höhe" ausgegossen, wie es bei Jesaja 32,14.16 heißt, dann „wird die Wüste zum Acker werden und das Recht wird in der Wüste wohnen ... und der Gerechtigkeit Frucht wird Frieden sein."

Nicht zuletzt birgt die Erde das Heilsgeheimnis: „Die Erde tue sich auf und bringe Heil. Gerechtigkeit wachse mir zu" (Jes 45,8). Der Prophet Jesaja nennt den Messias Israels sogar „eine Frucht der Erde" (Jes 4,2)

Nach der christlichen Versöhnungslehre hat Gott durch Christus „den Kosmos versöhnt" (2 Kor 5,17). Gott hat das All dadurch „versöhnt", dass „alles zusammengefasst wird in Christus, was im Himmel und auf Erden ist" (Eph 1,10; Kol 1,20). Der auferstandene Christus ist der kosmische Christus und der kosmische Christus ist das „Geheimnis der Welt", er ist in allen Dingen gegenwärtig. Der kosmische Christus ist zuletzt der kommende Christus, der die Welt erlösen und Himmel und Erde mit seiner Gerechtigkeit erfüllen wird. Nach dem apokryphen Thomasevangelium sagt Christus:

> „Ich bin das Licht, dass über allen ist.
> Ich bin das All, dass All ist aus mir hervorgegangen
> Und das All kehrt zu mir zurück.
> Spalte ein Holz: Ich bin da.
> Hebt einen Stein auf und ihr werdet mich finden."
> (Logion 77)

4. Natürliche Theologie: Voraussetzung oder Zukunft der Offenbarungstheologie?

Wir kommen auf ein besonderes Thema der christlichen Theologie zu sprechen, das in der ökologischen Wende zur Erde und ihren Lebenszusammenhängen aktuell wird: die natürliche Theologie. Während damit traditionell jedoch eine indirekte Erkenntnis Gottes aus der Natur gemeint war, brauchen wir heute eine indirekte Erkenntnis der Natur aus Gott. Die ökologischen Krisen zerstören die Lebenszusammenhänge der Erde. Um sie den Zerstörungskräften zum Trotz zu bewahren, brauchen wir eine ihnen überlegene Bejahung der Erde und eine unbesiegbare Liebe zum Leben. Gibt es eine größere Bejahung und eine stärkere Liebe als den Glauben an die Gegenwart Gottes in der Erde und ihren Lebenszusammenhängen? Wir brauchen eine Theologie der Erde und eine neue Spritualität der Schöpfung.

a) Die christlichen Traditionen verstanden „natürliche Theologie" als eine Erkenntnis der Existenz und des Wesens Gottes aus dem „Buch der Natur" mit Hilfe der angeborenen Vernunft der Menschen. Diese natürliche, vernünftige Gotteserkenntnis ist noch keine christliche Gotteserkenntnis, dient ihr aber als ihre universale Voraussetzung:

> „Gott, der Anfang und das Ende aller Dinge,
> kann mit dem Licht der menschlichen Vernunft
> aus den geschaffenen Dingen mit Sicherheit erkannt
> werden",

erklärt Vaticanum I. Nach Thomas von Aquin, auf den diese Lehre zurückgeht, ist christliche Theologie die Theologie der übernatürlichen Offenbarung. Sie setzt die natürliche Theologie auf die gleiche Weise voraus, wie die Gnade die Natur voraussetzt. Natürliche Gotteserkenntnis gehört in den Vorhof der übernatürlichen Gotteserkenntnis und ist kein Gegenstand des

Glaubens, sondern eine vernünftige Vorbereitung auf den Glauben. Mit Hilfe der kosmologischen Gottesbeweise kann jeder vernünftige Mensch erkennen, dass ein Gott ist und dass Gott einer ist.

Auch der vormoderne Protestantismus hat die natürliche Theologie so verstanden: Es gibt eine Gotteserkenntnis aus dem „Buch der Natur" und eine übernatürliche Gotteserkenntnis aus dem „Buch der Bücher." Natürliche Gotteserkenntnis ist dem Menschen in seinem Gewissen angeboren und wird von ihm durch die Erkenntnis des Wirkens Gottes in der Natur erworben. Natürliche Theologie gründet in einer „natürlichen Religion." Durch diese Erkenntnis aber wird man nicht selig, sondern nur weise. Seligkeit bringt erst die Selbstmitteilung Gottes in seiner Offenbarung durch Jesus Christus. Das Phänomen der „natürlichen Religion" geht auf die Schöpfung zurück. Sie ist ein Rest der paradiesischen Gotteserkenntnis des ersten Menschen, die durch den Sündenfall zwar verdunkelt, der Erhaltung der Menschen aber dient und ihre Sehnsucht nach Gott begründet. Die übernatürliche Offenbarung Gottes bringt die Erkenntnis der Gnade Gottes und damit eine Wiederherstellung der paradiesischen Gotteserkenntnis. Die Offenbarungserkenntnis zerstört oder ersetzt die natürliche Theologie nicht, sondern bringt sie zurecht und vollendet sie.

Natürliche Theologie ist keine Offenbarungstheologie und steht nicht in Konkurrenz zu ihr. Offenbarungstheologie ersetzt natürliche Theologie nicht und macht sie auch nicht überflüssig. Als Karl Barth 1934 seine Schrift „Nein!" gegen die natürliche Theologie schreibt, hat er diese Differenz übersehen. Es ging damals in Wirklichkeit um die Politische Theologie der „Deutschen Christen" und der Nazis, die deutsche „Blut und Boden"-Theologie. Durch die Erkenntnis der Selbstoffenbarung Gottes wird ein Mensch selig, aber nicht weise; durch die Erkenntnis Gottes in der Natur wird er weise im Umgang mit der Erde, aber nicht selig. Glücklich wird der Mensch erst, wenn er sowohl selig wie weise wird. Karl Barth hat das später in seiner „Lichterlehre" nachgeholt.

b) Schon 1946 hat mein Lehrer Hans-Joachim Iwand eine These aufgestellt:

„Die natürliche Offenbarung ist nicht das, wovon wir herkommen, sondern das Licht, auf das wir zugehen.
Das lumen naturae ist der Abglanz des lumen gloriae ...
Die Umkehr, die heute von der Theologie gefordert ist,
besteht darin, die Offenbarung unserem Äon,
die natürliche Theologie aber dem kommenden Äon zuzuweisen.
Das Thema der wahren Religion ist das eschatologische Ziel der Theologie."

Die prophetischen Traditionen des Alten Testaments geben ihm Recht:

„Ich will mein Gesetz in ihr Herz schreiben ...
und wird keiner den anderen lehren und sagen:
Erkennt den Herrn, sondern sie sollen mich alle kennen,
beide groß und kein, spricht der Herr." (Jer. 31, 33 34)

Das ist der verheißene „neue Bund." Dann soll Gotteserkenntnis im Lande wohnen; dann werden alle Lande seiner Herrlichkeit voll sein; dann wird sich die partikulare Israelverheißung Gottes universal erfüllen. Wenn Gott in einer neuen Realpräsenz erscheint und dieser gottfremden Welt ein Ende bereitet, wird Gotteserkenntnis so „natürlich" und selbstverständlich sein, dass keiner den anderen „lehren" muss: Sie werden ihn alle erkennen und werden alle das Gute tun, weil das Gesetz Gottes ihnen ins Herz geschrieben ist, so dass auch keine den anderen ermahnen muss. Wenn dieser neue Tag Gottes beginnt, wird christliche Theologie sich selbst aufheben, weil sie erfüllt ist.

Ist diese Theologie im Reich der Herrlichkeit Gottes die wahre „natürliche Theologie", dann sind die „natürliche Religion" hier und die „natürliche Theologie", die dem Menschen jetzt möglich sind, nur erst ein Vorschein und eine Verheißung ihrer Zukunft. Das aber heißt:

Eine realistische Theologie der Natur in ihrem gegenwärtigen Zustand versteht alle Dinge als Realverheißungen ihrer eigenen Zukunft im Reich der Herrlichkeit. Alle Dinge sind transparent für ihre Zukunft.

Ein realistische Theologie der Natur bringt das „Seufzen der Kreatur" und ihre Sehnsucht nach Befreiung von der Vergänglichkeit zur Sprache. Diese Erde ist kein Paradies, sondern in einer Geschichte von Ordnung und Chaos begriffen. Natürliche Theologie ist eine Vision ihrer guten Zukunft im Kommen Gottes. Also ist die wahre natürliche Theologie im gegenwärtigen Zustand der Erde und der Menschen kein Endzustand, sondern eine theologia viatorum. Alle Geschöpfe sind leidend und hoffend mit uns auf dem Weg. Die Harmonie von menschlicher Kultur und der Natur der Erde ist eine Weggemeinschaft. Dem „unruhigen Herzen" der Menschen entspricht eine unruhige Welt.

Die so beschriebene natürliche Theologie ist eine Theologie des Heiligen Geistes und der Weisheit Gottes. Der allen Dingen innewohnende Geist Gottes ist die gegenwärtige Brücke zwischen der Schöpfung im Anfang und dem Reich der Herrlichkeit. Darum kommt es darauf an, gegenwärtig in allen Dingen und Lebenszusammenhängen die Triebkräfte des göttlichen Geistes zu erkennen und im eigenen Herzen die Sehnsucht des Geistes nach dem ewigen Leben der zukünftigen Welt zu spüren.

5. Spiritualität der Sinne - Mystik des gelebten Lebens

Es gibt eine Vernunft der Gedanken und einen Verstand der Gefühle. Es gibt den esprit de geometrie, sagte Pascal, und den esprit du coeur. Spiritualität ist Hinwendung des Herzens. Wir wenden uns in der Spiritualität dorthin, wo wir den Geist Gottes erfahren. Das war lange Zeit eine Spiritualität der Seele und des inwendigen Menschen. Der evangelische Mystiker Gerhard Tersteegen dichtete:

> „Schließ zu die Tore deiner Sinnen
> und suche Gott tief drinnen."

Das kann aber auch eine Spiritualität der Sinne werden, wenn der Heilige Geist in der Natur der Erde erfahren wird wie in der kosmischen Mystik der Hildegard von Bingen und im Sonnengesang des Franz von Assisi. Dann muss man nicht in das eigene Innere „einkehren", sondern umgekehrt aus sich herausgehen und mit allen Sinnen die Außenwelt erfahren. Man muss sich dem Leben in die Arme werfen. Diese kosmische Mystik läuft zwar der abendländischen Spiritualität seit Augustinus entgegen, sie ist aber heute für eine ökologische Zukunft der Menschen und der Erde gefragt.

Unsere körperlichen Sinne verbinden uns mit der Welt. Man muss sie nicht nur gebrauchen, um leben und arbeiten zu können, man muss sie auch pflegen, ausbilden und mit Ehrfurcht vor dem Leben und vor der Gegenwart des lebendigen Gottes kultivieren.

Wir sehen mit unseren Augen zwar die Dinge der Welt, aber wir haben das Schauen nicht gelernt. Erst wenn wir still werden und schauen, nehmen wir die Schönheit eines Baumes oder das Wesen einer Blume wahr. Erst wenn wir schauen und uns für den Eindruck des Gegenübers öffnen, lieben wir die Dinge und die Menschen um ihrer selbst willen.

Wir hören mit unseren Ohren die Geräusche der Außenwelt, wir hören den Lärm, die Stimmen, die Musik. Aber haben wir das Hinhören gelernt, das selbstvergessene Horchen auf das Andere, das Neue? Das Judentum und das Christentum sind Hörreligionen: „Höre, Israel ..." beginnt das Schema Israel, und Maria „hörte" die Stimme des Engels und nahm sich seine Worte zu Herzen. Es gibt nicht nur ein Hören mit den Ohren, sondern auch ein „Hören mit dem Herzen." Das ist ein tiefes Hören mit dem ganzen Körper. Es geht einem dann, wie man sagt, „durch und durch."

Gott atmet durch die ganze Schöpfung. Ergreift uns sein Geist des Lebens, dann erwacht in uns eine ungeahnte Liebe zum Leben und unsere Sinne werden wach:

> „Entflamme Sinne und Gemüt
> dass Liebe unser Herz durchglüht..."

heißt es im Pfingsthymnus von Rabanus Maurus.

Um dem Zynismus der Vernichtung des Lebens in unserer Welt heute zu widerstehen, müssen wir die wachsende Gleichgültigkeit des Herzens überwinden. Die neue Mystik des Lebens durchbricht diese inneren Betäubungen, die Gefühlskälte gegenüber fremdem Leiden und das Übersehen der Leiden der Natur. Wer das Leben, das gemeinsame Leben, zu lieben beginnt, der wird dem Töten von Menschen und der Ausbeutung der Erde widerstehen und für eine gemeinsame Zukunft kämpfen. Er wird mit offenen Augen beten und auf das Seufzen der bedrängten Kreatur hören.

> Wenn wir Gott lieben,
> umarmen wir die ganze Welt.
> Wir lieben Gott mit allen unseren Sinnen
> in den Geschöpfen seiner Liebe.
> Gott wartet auf uns in allem, was uns begegnet.

사랑과 정의의 하나님
지은이: 위르겐 몰트만 / 옮긴이: 김균진

초판 1쇄 인쇄 2014년 4월 30일

발행처: 서울신학대학교 출판부
발행인: 유석성

등 록: 1988년 5월 9일 제388-2003-00049호
주 소: 경기도 부천시 소사구 호현로 489번길 52(소사본동) 서울신학대학교
전 화: (032)340-9106
팩 스: (032)349-9634
홈페이지: http://www.stu.ac.kr

정 가: 20,000원

Seoul Theological University Press
Printed in Korea

ISBN: 978-89-92934-58-9 93230

이 도서의 국립중앙도서관 출판시도서목록(CIP)은 서지정보유통지원시스템 홈페이지 (http://seoji.nl.go.kr)와 국가자료공동목록시스템(http://www.nl.go.kr/kolisnet)에서 이용하실 수 있습니다. (CIP 제어번호 CIP2014012678)